国家自然科学基金青年科学基金项目（项目编号：72104121）成果

政府研发补贴
与企业探索性创新

高雨辰 ⊙ 著

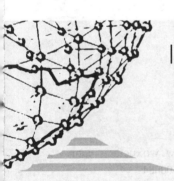

清华大学出版社

北京

内 容 简 介

本书分为理论、实证和政策三篇,主要探讨政府研发补贴如何推动企业探索性创新和技术升级,并揭示其中间机制。理论篇全面阐述研究主题,介绍国内外实践,明确研究框架。实证篇围绕四项独立却相互关联的实证研究,深入剖析研发补贴对企业探索性创新的影响。政策篇构建分析框架,为科技创新政策制定提供理论指导,分析我国研发补贴政策现存问题并提出建议。

本书可供高校科研院所、政府部门、企业界的研究者、管理者和决策者参考。

本书封面贴有清华大学出版社防伪标签,无标签者不得销售。
版权所有,侵权必究。举报:010-62782989,beiqinquan@tup.tsinghua.edu.cn。

图书在版编目(CIP)数据

政府研发补贴与企业探索性创新/高雨辰著.
北京:清华大学出版社,2024.8.--(清华汇智文库).
ISBN 978-7-302-66974-6
Ⅰ.F279.244.4
中国国家版本馆 CIP 数据核字第 2024CQ2291 号

责任编辑:徐永杰
封面设计:李伯骥
责任校对:王荣静
责任印制:宋 林

出版发行:清华大学出版社
网　　址:https://www.tup.com.cn,https://www.wqxuetang.com
地　　址:北京清华大学学研大厦 A 座　　邮　编:100084
社 总 机:010-83470000　　邮　购:010-62786544
投稿与读者服务:010-62776969,c-service@tup.tsinghua.edu.cn
质量反馈:010-62772015,zhiliang@tup.tsinghua.edu.cn

印 装 者:大厂回族自治县彩虹印刷有限公司
经　　销:全国新华书店
开　　本:170mm×230mm　　印　张:17　　字　数:257 千字
版　　次:2024 年 8 月第 1 版　　印　次:2024 年 8 月第 1 次印刷
定　　价:158.00 元

产品编号:106827-01

推荐序 Foreword

高雨辰的学术新著邀请我撰写序言，我感到非常荣幸。他在硕士及博士学习和研究期间，就表现出了强烈的学术内驱力，特别重视将前沿的经济学和管理学理论与中国企业的创新实践相结合，并注重研究方法的不断完善，已经在科技政策与创新领域建立很好的学术声誉。

关于政府如何促进企业创新，学界一直存在不同观点。一方面，有学者坚信政府的研发补助是弥补市场失灵的关键手段；另一方面，也有观点认为这种补助可能扭曲市场竞争，诱使企业倾向于寻求非市场竞争性的利益，即所谓的"寻租"现象。这些不同观点共同构成了关于政府角色在促进企业创新中作用的复杂讨论。

在当前国家高度重视科技创新，并视其为提升国家竞争力的核心要素之际，雨辰的研究为理解政府补贴与企业创新之间的内在关系提供了重要的视角，并作出了有意义的拓展。通过引入"行为附加性"这一概念，本书扩展了我们对政府研发补贴影响的认知，不仅聚焦于公共研发资助投入与产出的直接效果，还深刻剖析了政策如何对企业内部变革，包括资源配置、组织学习与知识管理等方面所产生的深远影响。这种多维度的分析框架，让我们能够更全面地评估政策的综合效益。同时，本书还深入探讨了政府补贴政策与企业创新行为之间的复杂关系，揭示了企业在政策支持下如何通过有意识的变革，塑造自身的创新能力，推动更高质量的创新，进而促进技术升级。

本书结合国内外的政策案例和基于江苏省高新技术企业的实证研究，翔实阐述了研发补贴对企业创新策略及行为模式的具体影响。尽管实证数据主要来源于江苏省，但其研究成果仍具有很好的一般性意义。江苏省作为我国的经济发达地区，其在创新政策的设计与实施方面所积累的丰富经验，无疑为相关领域的研究提供了宝贵的借鉴。

  我衷心期望本书能够引发广大学者及政策制定者的深入讨论与研究，共同探讨政府如何以更为有效的方式支持企业的创新发展。

中国科学院大学、上海科技大学
2024 年 1 月

前言

政府研发补贴（public R&D subsidy）作为推动企业创新的重要政策工具，承载着深刻的经济激励使命。在当前我国高度重视科技自主创新与高质量发展的时代背景下，本书从克服系统性失灵的视角出发，深入剖析政府研发补贴对企业探索性创新（exploratory innovation）的影响，揭示其中错综复杂的关系与微妙的互动，旨在为我国制定科技创新政策、推动产业技术升级提供理论支撑。

传统研究认为，研发补贴的核心功能在于消除市场失灵，对企业的研发和创新活动产生直接影响。在评价研发补贴效用时，已有相关研究通常关注其对企业研发投入以及以专利申请和新产品销售为代表的研发产出的影响。然而，仅从投入和产出附加性角度衡量政府研发补贴的实施效果，容易过度简化研发过程，从而导致政策效果评估的偏差。因此，本书引入"行为附加性"（behavioral additionality）的概念，强调政府政策对企业研发行为的深远影响。这一概念关注在政策支持下，企业在创新和研发过程中的有意识变革，尤其是资源分配、组织文化、学习机制和知识管理方面的改变。本书特别从组织学习的角度出发，深入探讨政府研发补贴如何促使企业在新知识探索、接纳、吸收及应用的行为模式上实现显著转变，从而形成具有更高质量的探索性创新，进而推动产业升级。

在管理学理论层面上，本书旨在为理解研发补贴如何在微观层面上影响企业的研发决策和实践提供更为深入和全面的视角，揭示其影响企业探索性创新的复杂中间机制。更为重要的是，从组织学习视角出发，本书进一步剖析了研发补贴如何塑造企业学习环境，以及这种环境如何调节并影响探索性创新整体进程。在公共政策制定的层面上，尤其针对科技创新政策制定，本书期望为政策制定者提供全新视角,即从演化论和系统性角度重新审视研发补贴政策制定逻辑。

本书分为三大篇,共计 8 章内容。

在理论篇,首先对研究主题进行全面阐述,基于讨论研究缺口,进一步明确本书系统探讨的主要研究问题,明确三个关键概念,包括政府研发补贴、企业层面的行为附加性以及探索性创新。随后,本书还详细介绍研发补贴政策在国内外的实践情况。国外实践部分涵盖：美国的小企业创新研究（Small Business Innovation Research，SBIR）计划、欧洲"地平线2020"计划等国际典型研发补贴政策；中美科技竞争背景下的美国、欧盟、日本围绕半导体产业与技术的研发补贴政策新动态；日本与欧盟面向绿色可持续发展的研发补贴政策。在国内实践部分,本书回溯了我国研发补贴政策的发展历程；介绍了包括直接研发补助、税收优惠和贴息贷款在内的我国研发补贴主要类型；深入分析我国研发补贴政策的现状,以及部分地方政府研发补贴的共同点和不同侧重。

在实证篇,本书包含四项实证研究,均以 2010 年至 2014 年江苏省高新技术企业中从事制造业的中小型企业为样本,以中国科技型中小企业技术创新基金（Innovation Fund for Small and Medium Technology-based Firms，Innofund）为主要研究对象进行了深入探讨。其中,第一项研究关注中央与地方政府研发补贴的异质性效应,阐明了其对企业探索性创新的推动作用,并进一步验证了专业化产业集聚与研发补贴的交互效应。第二项研究对企业研发补贴额对企业探索性创新的双重影响进行了更深入的剖析,并探讨了技术能力和对外研发合作在其中的调节作用。第三项研究则探讨了公共研发补贴对企业通过向大学学习实现知识创造的驱动作用,以及引进高学历研发人员的中介传导机制,并凸显了以科技园为代表的外部环境对企业学习行为的影响。第四项研究则关注了不同类型研发补贴,尤其是研发贴息贷款,对企业探索性创新的复杂影响。这一系列研究有助于深化对政府研发补贴影响企业探索性创新的认识,为未来政策决策和企业战略提供了理论基础和实证依据。

在政策篇，本书依据实证研究成果，遵循熊彼特增长理论逻辑，整合演化经济学、组织学习视角与系统理论，构建了一个创新性、系统性的分析框架，为针对系统失灵（system failure）的科技创新政策制定提供理论指导。在此基础上，本书深入剖析并反思了我国研发补贴政策现存的关键问题，并有针对性地提出政策建议。此外，本书还提出了若干未来研究方向。

高雨辰
2024 年 1 月

目录 Contents

理论篇

第1章 研究背景与关键概念定义 ………………………………… 2

  1.1 研究背景 ……………………………………………………… 2
    1.1.1 政府研发补贴：应对研发市场失灵的一种政策工具 …… 2
    1.1.2 行为附加性：从全新视角评估研发补贴的效果 ………… 3
  1.2 研究问题 ……………………………………………………… 6
    1.2.1 研究问题的提出 …………………………………………… 6
    1.2.2 关键概念的界定 …………………………………………… 8
  1.3 预期贡献 ……………………………………………………… 9

第2章 研发补贴政策的国内外实践 …………………………… 11

  2.1 研发补贴政策的国际实践 …………………………………… 11
    2.1.1 国际典型研发补贴政策介绍 …………………………… 12
    2.1.2 中美科技竞争背景下的美国、欧盟、日本研发补贴政策 … 18
    2.1.3 面向绿色可持续发展的研发补贴政策 ………………… 24
  2.2 研发补贴政策在中国的发展 ………………………………… 25
    2.2.1 中国研发补贴政策的发展历程 ………………………… 25
    2.2.2 中国研发补贴的主要类型 ……………………………… 26
    2.2.3 中国研发补贴政策发展现状 …………………………… 29
  2.3 本章附录 ……………………………………………………… 37

第3章 文献综述与研究框架构建 ··· 46
3.1 政府研发补贴和企业研发投入与产出附加性的研究 ··· 46
3.1.1 市场失灵和研发补贴的作用 ··· 46
3.1.2 研发补贴的机制 ··· 50
3.1.3 不同形式的研发补贴 ··· 54
3.1.4 关于研发补贴与投入和产出附加性的实证研究 ··· 56
3.2 政府研发补贴与行为附加性的研究 ··· 64
3.2.1 行为附加性的概念与定义 ··· 64
3.2.2 学习视角下的企业行为附加性 ··· 70
3.2.3 行为附加性的实证研究 ··· 72
3.3 行为附加性的中介作用研究 ··· 79
3.4 现有文献评述与研究框架 ··· 81
3.5 本章附录 ··· 83

实证篇

第4章 政府研发补贴能否促进企业的探索性创新 ··· 88
4.1 研究背景 ··· 88
4.2 理论背景和假设发展 ··· 91
4.2.1 政府研发补贴与企业探索性创新 ··· 91
4.2.2 中央政府和地方政府研发补贴计划 ··· 93
4.2.3 产业集聚与研发补贴的交互作用 ··· 95
4.3 数据、测量和方法 ··· 96
4.3.1 数据和研究背景 ··· 96
4.3.2 变量选取 ··· 100
4.3.3 方法设计 ··· 103
4.4 实证结果 ··· 103
4.4.1 描述性统计 ··· 103

4.4.2 政府研发补贴与企业探索性创新 ·················· 105
　　4.4.3 稳健性检验 ························· 108
　　4.4.4 替代性解释 ························· 112
4.5 讨论与结论 ···························· 113
　　4.5.1 实践意义 ·························· 116
　　4.5.2 研究局限和未来展望 ····················· 117
4.6 本章附录 ····························· 118
　　4.6.1 产业及地区分布 ······················· 118
　　4.6.2 倾向性得分匹配样本 ····················· 119
　　4.6.3 内生处理效应回归结果 ···················· 121

第5章 过犹不及：研发补贴对企业探索性创新的双重影响 ··· 124
5.1 研究背景 ····························· 124
5.2 研究情境 ····························· 126
5.3 研究假设 ····························· 128
　　5.3.1 研发补贴对企业探索性创新的双重影响 ············· 128
　　5.3.2 研发合作和技术能力的调节作用 ················ 130
5.4 数据与方法 ···························· 131
　　5.4.1 数据来源 ·························· 131
　　5.4.2 变量选取 ·························· 132
　　5.4.3 方法设计 ·························· 134
5.5 实证结果 ····························· 134
　　5.5.1 描述性统计 ························· 134
　　5.5.2 假设检验 ·························· 134
　　5.5.3 稳健性检验 ························· 139
　　5.5.4 进一步检验 ························· 141
5.6 讨论与结论 ···························· 143
　　5.6.1 理论贡献 ·························· 144

	5.6.2	政策和管理启示	145
	5.6.3	研究展望	146
5.7	本章附录		147
	5.7.1	倾向性得分匹配样本	147
	5.7.2	产业及地区分布	149

第6章　研发补贴如何影响高科技中小企业的知识创造行为　151

6.1	研究背景		151
6.2	研究情境		154
6.3	理论基础和假设		156
	6.3.1	研发补贴与高科技中小型企业通过大学创造知识	156
	6.3.2	与大学开展研发合作和高学历人力资源的中介作用	157
	6.3.3	科技园区的调节作用	160
6.4	数据、变量和方法		162
	6.4.1	数据说明	162
	6.4.2	变量测度	163
	6.4.3	研究方法	164
6.5	实证结果		165
	6.5.1	描述性统计	165
	6.5.2	研发补贴与中小企业通过大学创造科技知识	169
	6.5.3	稳健性检验	174
6.6	讨论和结论		179
	6.6.1	理论贡献	179
	6.6.2	实践启示	180
	6.6.3	未来研究方向	181
6.7	本章附录		182
	6.7.1	倾向性得分匹配样本	182
	6.7.2	工具变量的第一阶段回归	185

第7章 政府直接研发补贴与贴息贷款对企业研发产出的影响 　186
7.1 本章研究背景 　186
7.2 文献回顾和假设提出 　189
7.3 数据与方法 　192
7.3.1 数据与研究背景 　192
7.3.2 变量 　194
7.3.3 研究方法 　195
7.4 实证结果 　196
7.4.1 描述性统计 　196
7.4.2 直接研发补贴和贴息贷款对研发产出的影响 　198
7.4.3 稳健性检验 　201
7.5 讨论 　204
7.6 结论 　205
7.7 本章附录 　207
7.7.1 倾向性得分匹配样本 　207
7.7.2 产业及地区分布 　209

政策篇

第8章 结论、理论贡献与政策启示 　212
8.1 研究结论 　212
8.2 理论贡献：重新审视研发补贴研究的新视角 　214
8.3 实践启示：面向系统失灵的科技创新政策制定 　218
8.4 我国研发补贴政策的主要问题 　220
8.4.1 补贴设计有待改进，支撑高质量创新的能力相对不足 　220
8.4.2 地方补贴合力不足，难以发挥国内超大规模市场优势 　221
8.4.3 配套政策存在缺项，产业生态系统建设需进一步加强 　222
8.5 我国研发补贴政策的对策建议 　223

8.5.1 加强战略需求凝练，强化国家有组织科研 ………………… 223
　　　8.5.2 提高补贴统一规范，助力内源式创新发展 ………………… 223
　　　8.5.3 精准强化政策配套，培育产业创新生态系统 ……………… 224
　　　8.5.4 改革优化补贴模式，引导企业聚焦原始创新 ……………… 224
　8.6 未来研究方向 ……………………………………………………… 225

参考文献 ………………………………………………………………… 228
后记 ……………………………………………………………………… 256

理论篇

第 1 章
研究背景与关键概念定义

1.1 研究背景

1.1.1 政府研发补贴：应对研发市场失灵的一种政策工具

研发补贴是包括各项经济激励措施在内的一系列政策工具，是企业从政府无偿取得的货币性或非货币性资产，旨在推动和鼓励企业进行研发和创新活动（Becker, 2015; David et al., 2000; Dimos et al., 2016; Garcia-Quevedo, 2004）。其制定与实施是公共经济学和产业经济学的核心问题之一（柳卸林，2014）。在我国日益强调科技自立自强与高质量发展的新发展阶段下，研发补贴也具有重要的政策研究价值（苏竣，2021）。

作为政府直接干预企业研发和创新活动的一种重要手段，研发补贴主要的功能是帮助消除研发与创新相关的市场失灵，其理论支撑来自 Arrow（1962）所提出的研发活动外部性特征。该理论认为研发活动具有正外部性，会使从事研发活动的个体收益低于社会收益，进而导致市场上的研发投入水平低于社会最优水平。具体而言，研发相关的市场失灵主要来源于三个原因：①研发活动具有非竞争性和非排他性的公共商品特征（Arrow, 1962; Bush, 1945; Nelson, 1959）。②信息不对称，从事研发的企业可能无法吸引外部资金的支持（Arrow，1962）。③创新负债（liability of newness），研发活动往往具有高度不确定性和极高的风险性，且投资的财务回报周期也很漫长（Hall et al.，2010）。与研发相关的市场失灵会导致组织层面的研发投入不足，从而阻碍企业的创新能力发展和创新绩效的提高（Jourdan et al.，2017）。因此，"有必要对企业的研发进行政府干预"（Stiglitz，1988）。研发补贴是一种政府应对企业研发相关的市场失灵的重要干预措施，通过缓解金融资金短缺、降低研发成本、共同承担研发风险、向企业提供背书等途径，在一定程度上弥补市场失灵（Amezcua et al.，2013；Dimos et al.，2016；Jourdan et al.，2017；Lee et al.，2010）。研发补贴通常作为竞争前补贴，对市场的扭曲作用较小（David et al.，2000；Klette et al.，2000；Martin et al.，2000）。依据世界贸易组织（WTO）颁布的《补贴与反补贴措施协议》[①]，研发补贴被列为不可诉补贴或绿灯补贴，被各个国家和地区广泛使用。

1.1.2　行为附加性：从全新视角评估研发补贴的效果

附加性是评价政府研发补贴效果的一个重要指标（Dimos et al.，2016）。该指标测量的是相比企业在没有获得补贴的情况下，由研发补贴带来的额外的研发投入与产出，即由研发补贴所产生的研发投入和产出的增加情况（Dimos et al.，2016；Georghiou et al.，2006；Gök et al.，2012）。

投入附加性（input additionality）是从资源基础视角界定的概念，指的是研发补贴是否促使企业增加研发投入，以及增加的程度。换言之，投入附加性可以评估政府研发补贴是否为企业创造了额外的资金池，无论是通过增加内部研发投入还是吸引外部投资，从而达到社会最优（Gonzalez et al.，2008；Lerner，1999；Marino et al.，2016；Toole et al.，2009）。

---

① Agreement on subsidies and countervailing measures[EB/OL]. https://www.wto.org/english/docs_e/legal_e/24-scm_01_e.htm.

目前在研发补贴的相关研究中，投入附加性的概念与标准的新古典主义经济学理论保持一致（Colander，2000）。

产出附加性（output additionality）是一个以结果为基础的概念，指的是由研发补贴带来的研发产出的增加（Falk，2007；Guan et al.，2015）。基于研发过程，研发产出可以进一步分为技术产出和经济产出，主要通过专利的申请量和新产品的销售额来衡量（Guan et al.，2015）。一部分研究认为，研发补贴可以增强企业的研发能力，进而提升企业的研发与创新产出，如专利的申请量和新产品的销售额（Hussinger，2008；Jourdan et al.，2017）。

目前的相关研究主要关注研发补贴对企业的研发投入与产出的附加性效应（additionality effect）（Cerulli，2010；David et al.，2000；Garcia-Quevedo，2004；Zuniga-Vicente et al.，2014）。但是，如果认为额外的研发投入一定会增加企业的研发产出，单纯地从投入附加性和产出附加性的角度来评估政府研发补贴的实施效果，会把研发的过程过分简单化，进而导致政策效果评估的偏差（Falk，2007；Gök et al.，2012）。研发补贴能否带来产出附加性，在现有的研究中有着截然不同的结论（Dimos et al.，2016）。例如，尽管研究证实了直接研发补助对企业层面的研发支出有促进作用（Liu et al.，2016），但直接研发补助的效果仍然存疑（Boeing，2016；Guan et al.，2015；Wang et al.，2017）。在中国情境下，由于更强的政府干预，以及复杂的行政审批与考核制度，研发补贴存在一定的政府失灵（Guan et al.，2015；Wang et al.，2017）。根据 Guan 和 Yam 的研究，中国政府的直接研发补助对企业层面的专利申请量和新产品销售额均没有显著的正向影响。之所以会产生这些矛盾的研究结果，主要是因为前人研究忽视了企业在接受研发补贴后如何改变其研发行为的问题（Chapman et al.，2015；Gök et al.，2012）。为此，Buisseret、Cameron 和 Georghiou（1995）引入行为附加性的概念，并在近些年受到了学界越来越多的关注（Gök et al.，2012）。

行为附加性凸显了政府政策对企业研发行为的深远影响。这指的是在政府政策干预下，企业在其创新与研发过程中，创新与研发策略、方法和实践所发生的有意识的变革，这些变革旨在更高效地将研发投入转化为产出（Buisseret et al., 1995; Falk, 2007）。行为附加性能够捕捉到研发补贴为企业的研发能力带来的重大提升（Falk, 2007; Knockaert et al., 2014）。这种变革不仅仅是关于资源的分配，更是关于组织内部文化、学习机制和知识管理的改变。从学习的角度看，行为附加性是企业在探索、接纳、消化和应用新知识时的行为模式所发生的显著转变（Clarysse et al., 2009）。因此，行为附加性可以更全面地反映研发补贴对企业研发活动的影响，为我们提供了一个更为深入和全面的视角，帮助我们理解研发补贴如何在微观层面上影响企业的研发决策和实践（Georghiou et al., 2006）。此外，行为附加性的概念不囿于基于市场失灵的政府干预企业研发活动的逻辑。从演化理论和创新系统的视角出发，行为附加性可以帮助政府应对更大范围的研发相关的系统失灵，揭示了政府如何通过研发补贴来应对更为复杂和多元化的系统性研发问题和挑战（Gök et al., 2012）。

作为研发补贴所带来的第三种附加性影响，行为附加性为传统的基于投入和产出附加性的研发补贴研究作出了重要的补充（Knockaert et al., 2014; Wanzenboeck et al., 2013）。对研发补贴所带来的行为附加性的研究主要侧重于企业如何通过外部连接以获取、学习和开发创新相关资源（比如知识），以及企业如何内化并使用这些资源，以形成更多的研发产出与创新绩效（Chapman et al., 2015; Clarysse et al., 2009; Gök et al., 2012）。因此，有关行为附加性的研究可以进一步打开政府研发补贴对企业层面研发活动影响机制的"黑箱"，帮助我们理解怎样更好地利用由研发补贴所带来的投入附加性，以及获得产出附加性。

1.2 研究问题

1.2.1 研究问题的提出

行为附加性强调了政府政策,特别是研发补贴,如何塑造和驱动企业在创新和研发方面的行为变革,从而更好地实现企业的研发能力提升与研发的高质量产出(Clarysse et al., 2009)。近年来,研究者们对研发补贴如何影响企业的研发活动进行了深入探索。这些研究揭示了研发补贴如何鼓励企业扩大研发项目的规模与范畴、提升技术创新能力,以及如何促进企业与外部实体的合作和知识共享。这些研究虽然有助于理解研发补贴所引起的企业层面研发行为的附加性,为我们提供了宝贵的见解,但是,研发补贴对企业研发行为的影响仍存在多个未被充分探索的领域和问题,存在研究缺口。

首先,行为附加性相关的实证研究并不充分。尤其是很少有研究探讨在中国等新兴经济体的情景下,研发补贴对企业的行为附加性所产生的影响,特别是关于研发补贴是如何改变受助企业的新知识获取与利用等学习行为的研究还十分匮乏。传统的支持企业创新的科技政策往往只关注是否促进了企业的研发投入以及专利申请量或者新产品销售等简单的研发产出,忽略了通过政策支持以促进企业改变研发行为,从而跳出熟悉技术区域,打破原有路径依赖,扩大知识搜索范围,以进行新的技术开发和开拓新的市场。这种企业学习并利用全新技术知识的探索性创新一方面能够发展基础研究和前沿技术,提升企业创新能力,促进产业转型升级,另一方面有助于破除我国原始创新少、核心"卡脖子"技术依赖国外的局面。但是,企业扩大搜索范围、增加知识库,并在此过程中吸收复杂的新知识,往往会产生高昂的成本。为了避免高昂的转换成本,企业会更倾向于利用其熟悉的知识来扩展旧有的成熟技术。尽管探索性创新可能会提高企业的长期绩效、支撑高质量发展,但企业仍可能不愿参与。因此,我国应通过设计并使用适当的政策工具来鼓励企业通过吸收和采用新的知识进行探索性创新,从而避免被锁定在目前的低附加值陷阱。在相关的政策工具中,研发补贴促进企业研发与创新水平的实践也由来已久。从《国家中长期科学和技术发展规划纲要(2006—2020

年)》,到"创新驱动发展战略",我国政府陆续推出各种研发补贴计划,配置大量的资金资源支持企业的研发创新活动,提高企业的研发能力。但是,鲜有研究检验并剖析我国研发补贴政策对企业探索性创新的影响。

其次,企业层面的异质性可能会影响政府研发补贴对行为附加性的效果。基于前人研究的结论,从学习的角度出发,企业不同的经验,不同的技术与知识储备,以及不同的发展阶段都会潜在影响研发补贴对企业研发行为的影响效果(Clarysse et al.,2009),但是相关的实际证据十分匮乏。此外,前人研究表明,中央政府和地方政府的政策对企业的财务绩效和创新绩效有不同的影响(Li et al.,2018; Zheng et al.,2015)。但是,中央与地方政府的这种差异性是否在研发补贴影响企业研发行为的效果中存在不同的影响,此类的研究仍然十分匮乏。

此外,中国政府还设计和采用了由市场驱动的研发补贴方案,如贴息贷款和税收优惠,以选择具有较强市场潜力的企业来给予研发补贴(Guan et al.,2015)。这虽然在一定程度上弥补了直接研发补助的不足,但是,这些市场驱动的研发补贴对企业研发产出的实际效果仍然十分模糊,缺乏相关的实际证据。

因此,为了更好地理解研发补贴在中国的实施效果,本书将从学习视角出发,尝试进一步分析政府研发补贴与企业研发产出的中间机制,着重对企业接受研发补贴后的研发、学习行为的改变进行研究,而将探索性创新这一能够帮助企业完成技术转型升级的创新类型作为核心的输出变量。为此,本书的研究将回答以下三个关键的研究问题。

(1) 政府研发补贴是否以及如何促进受资助企业的探索性创新?

(2) 从企业内部的演化视角和外部的系统视角出发,存在哪些权变因素,并如何调节政府研发补贴对企业探索性创新的影响?

(3) 不同形式的政府研发补贴对企业的探索性创新存在哪些异质性影响?

具体而言,研究将结合知识基础观(knowledge-based view)和组织学习理论(organizational learning theory),探讨研发补贴对企业的探索性创新的影响。在中国情境下，本研究定义了企业内部两种主要的促进知识获取的学习行为，即与大学和科研院所的研发合作和通过招收高学历研发人员升级内部人力资源，分别来源于行为附加性中的网络附加性（network additionality）和能力附加性（competence additionality），并对应组织学习理论中的组织间学习行为（inter-organizational learning）和先天学习行为（congenital learning）。这两种行为将作为政府研发补贴和企业研发技术产出关系中的中介机制在研究中加以验证。同时，两种学习行为所对应的学习能力也是重要的企业内部权变因素，纳入异质性检验当中。

研究还将进一步分析和比较中央与地方政府补贴项目对企业探索性创新的不同影响。同时，区域创新环境也可能影响受研发补贴资助企业的学习和创新。因此，研究还进一步检验了专业化产业集聚与研发补贴的相互作用，以及对企业探索性创新的联合影响。研究还将考虑以科技园区为代表的创新中介和基础设施的作用。

此外，研究还将深入比较和探讨中国的两种不同形式的研发补贴方式——直接研发补助（direct grants）和研发贴息贷款（subsidized loans）对企业探索性创新的差异化影响。

1.2.2 关键概念的界定

政府研发补贴：在本书中，政府研发补贴定义为政府通过采取经济激励措施来促进和鼓励企业承担和履行研发行为的政策工具（Becker，2015；David et al.，2000；Dimos et al.，2016）。政府研发补贴分为政府直接财政支持和政府间接财政支持，包含直接研发补助、研发税费优惠、研发贴息贷款（Furman et al.，2002；Georghiou，2002；Griliches，1990；Guan et al.，2015；Guo et al.，2016）。

研发产出：在本书中，研发产出的定义为通过研发活动所形成的成果，包含经济产出和技术产出（Guan et al.，2015）。企业研发的经济产出通常由企业层面的新产品销售额来衡量，而技术产出则是通过企业的新专利申请量来衡量（Furman et al.，2002；Georghiou，2002；Griliches，1990；

Guan et al., 2015; Guo et al., 2016)。

行为附加性：在本书中，行为附加性定义为由获得研发补贴所导致的，企业在研发过程中的学习行为的变化（Clarysse et al., 2009）。具体而言，本书主要讨论了学习过程中的两种行为：新知识获取和新知识利用。最终形成了探索性创新（exploratory innovation）。基于中国情境，本研究认为，与外部大学和科研院所的研发合作和通过招募高学历研发人员所进行的内部人力资源升级，是企业获取新知识的两个重要途径。

探索性创新：本书首先定义了新技术以及相关知识的范畴。参考 Ahuja 和 Lampert（2001）的研究，新技术以及相关知识是对企业而言的全新或不熟悉的技术以及相关知识。企业在这种技术与知识领域中缺乏先前经验，尽管这些技术与知识可能已经存在于该产业中。这种新技术以及相关知识的利用行为一方面可能是企业用于加强和改进企业已有的技术（Geels et al., 2007），另一方面则可能是帮助企业转变了自身所从事的主要产业技术（Hall et al., 2003）。企业通过学习和利用这些新技术以及相关知识可以帮助其进行技术的转型升级。其次，本书将探索性创新定义为使用了新技术及知识的企业研发技术产出。

1.3 预期贡献

在学术探讨的深度上，本书的研究不仅仅是对研发补贴的现有知识的延伸，更是在中国特定的背景下对政府研发补贴如何影响企业研发行为的深入研究。此研究的核心价值在于它为我们揭示了研发补贴与企业实现高质量研发成果之间复杂而微妙的联系，尤其是在探索性创新方面。

此外，本研究还深入探讨了企业内部学习行为如何在这一过程中起到关键的中介作用。特别是，从组织学习的角度，研究解释了研发补贴如何构建和优化企业的学习环境，并详细阐释了这种环境的塑造如何调节和影响企业的探索性创新过程。这不仅为研发补贴政策的制定提供了新的理论视角，也为相关研究领域增加了新的理论和实际证据。

在公共政策制定的层面上，特别是在科技创新政策制定方面，本研究为政策制定者提供了一个全新的视角。传统的政策制定方法往往基于标准的新古典主义经济学理论，而本研究则从演化论和系统性的角度出发，重新审视了研发补贴政策的制定逻辑，为政策制定提供了更加全面和深入的理论支撑。

在实践应用的层面，在中国将"科技自立自强"提到战略支撑地位，推进科技创新，建设科技强国，实现创新驱动发展的背景下，本研究为政府支持能否帮助企业提升研发能力，推动技术升级和促进其进行高质量创新提供了参考依据。对于推动创新链、产业链、资金链和人才链的深度融合，本研究不仅为相关科技创新政策的制定提供了理论支撑，也为实践应用提供了实证研究的基础。

第 2 章 研发补贴政策的国内外实践

2.1 研发补贴政策的国际实践

对于发展中国家而言,研发补贴政策是推动产业快速发展的关键措施。即便是在强调自由市场经济的环境中,发达国家也广泛采用研发补贴政策来促进产业发展。以美国为例,为了激励小型科技企业的研发活动,美国设立了"小企业创新研究计划"项目,为这些企业的研发提供无偿资助。这一政策的实施,不仅促进了美国科技企业的发展,还显著提升了其整体经济实力和国际竞争力。欧盟也采取了类似的策略,通过"欧盟框架计划"为企业研发提供补贴。值得一提的是,在 2014 年启动的第八项框架计划——"地平线 2020"中,欧盟开始为中小型企业的研发提供单独预算,以激励这些企业的创新活动。这一政策的实施,不仅有助于提升欧盟的整体科技水平,也有助于增强与提高其经济实力和国际地位。此外,韩国也采取了多种形式的政府研发补贴,包括政策金融、技术开发基金和技术开发准备金制度等。这些政策旨在补贴和激励幼稚产业的发展,从而服务于韩国的技术追赶战略。这些政策的实施,不仅有助于提升韩国的科技水平,还有助于增强其整体的经济实力和国际竞争力。

同时有研究表明,研发补贴也是各国政府应对剧烈冲击和重大危机的重要手段。例如，经济合作与发展组织（OECD）在 2013 年的一份报告中指出，2008 年金融危机之后大多数 OECD 国家都提高了创新型企业的研发补贴受助比例。这些措施旨在帮助这些企业克服金融危机所带来的挑战，促进经济的复苏和增长。受新冠肺炎疫情影响，全球企业都面临利润缩水、资金紧张的问题，普遍对研发投入更加谨慎。为此，各国政府也使用研发补贴工具来鼓励企业进行研发投入。例如，日本政府拓展了研究开发税收优惠政策，为企业的研发活动提供税收减免；提高了法人税的扣除限额，使得更多的研发费用享受税收减免；延长了税收优惠的时限，为企业提供了更长的缓冲期。这些措施帮助企业分摊了一部分研发不确定性所带来的风险，不仅减轻了企业的经济压力，还鼓励企业在经济困难的情况下维持研发投入水平。

2.1.1 国际典型研发补贴政策介绍

1. 美国的小企业创新研究计划

美国的小企业创新研究计划是一项旨在支持小型高科技企业进行创新和科技研究的政府计划。该计划于 1977 年开始试行，并在 1982 年得到国会批准的《小企业创新发展法》的支持，于 1983 年正式实施。SBIR 计划的目标是促进小型企业的发展，推动科技创新，增强美国在全球市场的竞争力。在 SBIR 计划的实施过程中，美国政府特别注重与制造业相关的加工创新、设备创新、系统创新和人员培训等方面的支持。2004 年 4 月，美国政府发布了 13329 号行政执行令，明确规定参与 SBIR 计划的各部门要优先保证一定比例的 R&D（科学研究与试验发展）资金用于支持这些领域的发展。这一举措进一步突出了 SBIR 计划在推动美国制造业创新和升级方面的重要作用。

SBIR 计划是由美国联邦政府资助的三阶段项目，由国家科学基金会（National Science Foundation, NSF）、国家卫生研究院（National Institutes of Health, NIH）、国防部（Department of Defense, DoD）等部门提供支持。作为美国最大的联邦科技研究和发展项目之一，该计划旨在鼓励小型高科技企业进行创新，推动科技进步，提高经济效益和维护国家安全。为了实现这些目标，SBIR 计划要求 NSF 将国家科研经费的 10% 下拨给小型企业，支持其在科技领域的创新研究。这些资金主要用于企业的研究和开发、原型制造、产品测试和商业化，以及专利申请和市场分析等方面。通过这些措施，SBIR 计划不仅促进了企业的成长和竞争力，还满足了政府部门对科技创新的需求。同时，该计划还鼓励企业在科技领域进行风险性和探索性的研究，支持其将研究成果商业化，以便更广泛地为公众所用。

SBIR 计划的治理结构由管理、协调、执行和绩效评估等主体构成，各主体各司其职、协同合作，确保计划的顺利推进。SBIR 计划的主管机构是美国中小企业局（SBA）。作为内阁级联邦机构，SBA 为中小企业提供全方位的专业支持，包括咨询、资金和承包等方面。SBA 的核心职责包括制定和颁布相关政策、项目宣传与信息收集、监督项目实施并向国会报告工作。小企业创新研究跨机构政策委员会是 SBIR 计划的协调机构，该委员会由科技政策办公室主任牵头，多个参与机构和 SBA 的代表组成。该委员会的主要职责是制定政策建议，以提高 SBIR 项目的效率和效果。相关法律规定，包括国防部、国家科学基金会和国家卫生研究院在内的多个联邦政府部门，作为 SBIR 计划的执行主体，负责推进项目的实施。这些部门每年按照法定要求和比例分配研发经费，以支持小型企业的技术创新和研发活动。例如，《小企业创新发展法》规定，年度研发经费超过 1 亿美元的联邦部门，如教育部、能源部、国家宇航局等，必须执行"小企业创新研究计划"。按照法定比例，这些部门每年需拨付不少于研发预算的 1.25%，以支持小企业的技术研发与创新活动。自 1992 年以来，这一比例逐年增长，至 2017 年已提升至 3.2%。国家科学院（NAS）负责对 SBIR 项目进行定期绩效评估和监管，以确保项目达成预期目标和成果。根据《小企业创新研究计划政策指令》的规定，自 2011 年 12 月 31 日起，国家科学院每 4 年需向美国中小企业局、合作机构的负责人以及相关委员会提交一份详尽的研究报告，介绍项目的实际成果并提出政策建议。

参与美国SBIR计划资助申请的中小企业，必须严格遵循"SBIR和STTR计划适用的规模和资格标准"所规定的资格要求。这些要求明确指出，申请企业必须是规模不超过500人的营利性组织，且地理位置须在美国境内。在评审环节，SBIR计划会组建一支由项目研究领域的专家组成的评审团队，他们将根据企业质量、创新程度、技术含量和市场潜力等评估标准，对申请项目进行严格的评估。

在评审基础上，SBIR计划根据技术发展的阶段特点划分为三个明确的阶段，以满足不同阶段项目的资金需求，提高了资金分配和使用的效率。

第一阶段为可行性研究阶段，着重于概念证明和科技可行性论证，在这个阶段，小企业创新研究计划扮演了政府研发合同采购的角色，主要协助中小企业完成基础研究，确立技术构想和商业预期。资助金额最高可达15万美元（各机构可适当增加资助额，但不得超过限额的50%），为期6个月。项目承担企业在此阶段必须完成资助合同规定的研究或分析工作，并提出第二阶段的研发计划，方可正式进入下一阶段。

第二阶段为主要研发阶段，致力于技术开发和进一步发展概念，为商业化做准备。已通过可行性研究阶段的申请者进入研发阶段，其资金支持以前一阶段成果为基础。获得资助的企业需提交有关项目成果的商业化计划书，该阶段时限由项目承担企业与资助机构商议确定，最长通常不超过2年，但可根据项目特殊性适当延长。申请者最多可连续获得100万美元的资金支持（各机构可适当增加资助额，但不得超过限额的50%）。

第三阶段为研发成果推广和商业化阶段，聚焦于产品商业化。SBIR计划通常不再资助第三阶段的小企业。受资助企业在这个阶段通常通过政府采购计划、私人投资者或资本市场寻找资金。在获得研发阶段资助并完成资助合同规定任务的企业中，80%以上可进入研发成果推广和商业化阶段。企业在其他资金的支持下，完成小企业创新研究资助合同中的所有后续任务，包括将研究成果商业化、提供商品和服务给联邦政府获得政府采购合同，以及进行研发工作。此时，各机构必须与获资助者就相关工作的绩效进行谈判并颁发第三阶段资助，履行对SBIR获资助者的承诺，践行SBIR计划促进小企业发展的广泛意图。

SBIR 计划已成功地引导众多符合条件的小企业加入国家研发体系，显著提升了它们的商业化能力和盈利潜力，有力地推动了小企业的技术创新。截至 2024 年 6 月，SBIR 计划已资助项目超过 18.7 万个，累计资助金额超过 726 亿美元。① 每年约有 1/3 的项目首次由小企业申请，而约有一半的企业在第二阶段成功实现商业转型。该计划不仅为众多小型高科技企业的成长提供了强有力的支持，而且促进了学术、产业和政府之间的合作与沟通，加速了科技成果的实际应用。就社会效益而言，截至 2022 年 9 月，在美国 SBIR 计划的资助下，受助企业已发布 7 万项专利，计划支持了近 700 家上市公司，以及吸引了大约 410 亿美元的风险资本投资。② SBIR 计划催生了科技创新和推动了经济蓬勃发展，对美国在国际科技竞争中保持领先地位发挥了重要作用。尤其在国防领域，该计划展现出了显著的效果和广阔的发展前景。其中，"好奇者"号火星探测器、E-2 鹰眼预警机以及美太空军的"天基红外系统"预警卫星分析等项目都是该计划的杰出成果。

2. 欧盟"地平线 2020"计划

为了缓解 2011 年的欧洲债务危机并进一步加强科技创新，欧盟采取了一系列措施，其中关键的举措是整合既有的三个主要科技创新计划：框架计划（Framework Programme，FP）、竞争与创新计划（EU Competitiveness and Innovation Framework Programme，CIP）以及创新与技术研究院（European Institute of Innovation and Technology，EIT）。在第 7 框架计划（FP7）结束之后，欧盟启动了名为"地平线 2020"的新项目，其预算达到了近 800 亿欧元，体现了欧盟对科技创新的高度重视和决心。2013 年 12 月，欧盟委员会正式宣布了这一计划，旨在全方位支持欧洲的科研与发展、提升企业竞争力，以及加强产学研之间的合作。该计划致力于实现欧洲 2020 战略的目标，进一步将欧盟打造成为基于知识、创新的社会和经济

---

① SBIR 官网数据：https://www.sbir.gov/sbirsearch/award/all。
② Uncle Sam's Top-Performing Venture Fund[EB/OL]. https://americancompass.org/uncle-sams-top-performing-venture-fund/.

体,推动构建欧洲研究创新聚集地。

"地平线 2020"作为欧盟科技创新政策的核心资助策略,旨在确保计划的成功实施。该计划明确了三大核心目标,首先是要强化欧盟的科研实力和能力,为持续创新提供必要的支撑。其次,该计划旨在提升私营领域,特别是企业在科技创新方面的领导地位,推进科研成果从实验室走向市场,实现经济和社会的双重效益。最后,该计划还旨在通过科技创新来应对社会挑战,如环境、公共健康和教育等,从而增进公民的生活品质。自 2014 年启动以来,地平线 2020 计划已显著推进欧洲的科研进步,提升了企业的创新能力,并有效地解决了多个社会问题。这一计划的成功实施不仅凸显了欧盟在科技创新上的决策与执行力,还为其未来科研创新路径提供了坚实支持。

"地平线 2020"作为一项国际性的科研项目,广泛向全球各地的研究机构及科研工作者开放。为了确保项目的顺利进行,欧盟采用了差异化的资助策略,将参与国家分为三类:一是欧盟成员国及其海外机构;二是与欧盟签署合作协议的国家;三是包括工业化国家、新兴经济体及发展中国家在内的其他国家。在推动研发和创新的协同过程中,该计划采取了多种资助形式,旨在满足不同研发需求,从而全面支持各项任务的实施。这些资助方式覆盖了从基础研究、技术创新到商业化的各个阶段。为了确保资金的高效利用,地平线计划结合了赠款与非赠款资助工具,如奖励机制、政府采购、股权投资和贷款等。针对不同类型的科研创新活动,资助方式和资金比例也会进行相应的调整,以实现资源的最优配置。

在创新和研究领域,欧盟实施了有力的财政政策,提供百分百赠款支持。此举旨在激发科研机构和企业在深入研究与创新方面的积极性,进一步开拓新知识、开发新技术。通过这种方式,欧盟凸显了其在推动创新活动中的关键作用,并为科研人员和企业提供了稳定的资金保障,确保研究工作的顺利进行。此外,针对协调与支持活动,欧盟也提供全额赠款支持。这些活动主要涉及各类支持措施,如组织会议、研讨会和培训课程等。此类活动的目标是促进各方的交流与合作,确保各项研究和创新活动的顺利实施。

欧洲研究理事会则为前沿研究提供了百分百资助。该机构专注于支持具有前瞻性和原创性的研究项目，引领未来科技发展趋势。玛丽·居里行动计划则在稳定资助研究人员方面发挥了积极作用。该计划通过提供全额赠款，旨在培养新一代的科研人才，并为他们提供培训和职业发展所需的资金和资源，以支持他们在各个领域的科研工作中取得卓越成果。

针对中小型企业，欧盟提供了不同阶段的资助。第一阶段是一次性赠款，旨在帮助企业启动或扩展业务。第二阶段为70%的赠款，支持企业进一步发展并实现创新计划。第三阶段则提供金融工具支持，如贷款和风险投资，以帮助企业实现商业化和市场推广。

此外，欧盟还通过跨国合作机制鼓励国家间的科研合作。例如，欧洲研究区网络联合资助（ERA-NET）和欧洲联合计划联合资助（EJP）等项目为各国研究机构和企业提供了共同研究机会，促进了知识和技术的共享与交流。这些项目的资助比例分别为不超过33%和70%，为参与者提供了资金支持，推动跨国合作的顺利进行。

欧盟还通过预商用采购和政府采购活动来鼓励创新解决方案的研究与开发。这两种机制为企业提供了市场机会，使它们将研究成果转化为实际产品和服务。预商用采购和政府采购活动的资助比例分别不超过30%和50%，为相关项目提供必要的资金支持。

最后，欧盟还设立了奖金制度，作为一种特殊的激励方式，旨在表彰杰出的科研人员和具有创新能力的企业。这些奖金的赠款比例根据不同奖项有所差异，但都是为了奖励在科技和创新领域作出重大贡献的个人或团队。

欧盟对科技和创新的高度重视体现在其资助机制上。"地平线2020"作为一项综合性项目，有效整合了学术研究、企业创新和成果转化等多个方面，确保了从科研起点到实际应用的全链条支持。这种综合性的资助方式，不仅为科研人员和企业提供了稳定的资金保障，激发了他们的创新活力，而且有力推动了科技的进步，加速了科研成果的产业化进程。这不仅增强了欧盟内中小企业的国际竞争力，更为整个欧盟在社会、环境和经济领域的深远影响奠定了坚实基础。2024年1月披露的欧盟"地平线2020"评价报告显示^①，该计划在2014—2020年间共资助了超过35 000个项目，形成了近4 000项专利和商标，有力地支持了欧盟科技型企业的发展与突破性技术创新。与未参与该计划资助的企业相比，受到"地平线2020"资助的企业的营业额和总资产增长了30%。从长远角度看，到2040年，与该计划相关的每欧元成本将带来5欧元的收益，充分地体现了这一计划对科技创新投资的价值与影响力。

2021年1月，欧盟又正式实施了"地平线欧洲"（2021—2027）计划。与"地平线2020"相比，"地平线欧洲"展现了一系列显著的新变化和特点（贾无志 等，2022）。首先，它从任务导向的设计理念转向了影响力导向，强调研发框架计划对科技、经济和社会的综合影响，旨在使民众更直接地体验到科技创新的威力。预算方面，"地平线欧洲"投入955.17亿欧元，比"地平线2020"增长了30%，重点关注绿色协议和数字转型，特别强调应对气候变化的相关项目。此外，为了更好地促进科研创新，它对研发框架进行了大幅度的优化和调整，更加注重全链条的科技创新。在科研领域布局上，它特别关注与民生紧密相关的绿色发展和数字转型，同时也布局了众多前沿领域研究。

对于科技成果的产业化，"地平线欧洲"特设了欧洲创新理事会（EIC），投入100亿欧元，强化支持具有创新潜力的项目。在推动科学知识的共享方面，该计划全面推行"开放科学"政策，强调数据的开放共享。此外，为了更有效地利用创新资源，该计划加强了各个层面和领域之间的协调合作。最后，欧盟在国际科技合作政策上也进行了调整，更加强调对等和公平竞争原则，旨在提高欧盟在全球科技创新中的影响力和竞争地位。

2.1.2 中美科技竞争背景下的美国、欧盟、日本研发补贴政策

1. 美国：研发补贴政策大幅转向

在中美科技竞争日益加剧的背景下，美国也强调使用研发补贴政策保持其技术领先性来进行科技竞争。其中，最为典型的政策是美国总统拜登于

---

① Horizon 2020 evaluation shows that investment in EU research and innovation greatly pays off[EB/OL].(2024-01-09).https://ec.europa.eu/commission/presscorner/detail/en/ip_24_461.

2022年8月9日签署的《芯片和科学法案》。该法案是在《2022年美国竞争法案》的基础上，通过重新修改和整合而推出的针对芯片和科技的研发补贴与支持的专项法案。该法案提供为期5年总金额约为2 800亿美元的投资，其中包括向半导体行业提供约527亿美元的资金支持，并为了鼓励企业在美国进行芯片研发和制造而提供价值240亿美元的投资税抵免。此外，该法案在未来几年还将提供约2 000亿美元的科研经费支持。

美国政府为支持本国半导体行业，将提供500亿美元的美国芯片基金（CHIPS for America Fund）。其中，390亿美元为直接补贴，将在5年内逐年拨款，即2022财年190亿美元，2023财年至2026财年每年50亿美元。这笔直接补贴的大部分将用于推动本土尖端和先进制程的晶圆制造，另将有20亿美元的直接补贴专项用于成熟和传统制程，以保障汽车和军事等关键行业所需的核心芯片供应。就执行情况而言，自从2023年12月根据芯片法案提供第一笔拨款以来，美国商务部已经向包括三星电子（64亿美元）、台积电（66亿美元）、美光科技（61.4亿美元）和英特尔（85亿美元）等在内的芯片制造商拨款超290亿美元。[①] 作为回报，这些芯片设计商和制造商承诺在美国当前和未来的芯片制造项目中投入约3 000亿美元。此外，美国商务部还将有权使用其中至多60亿美元的资金，用于向企业提供直接贷款或贷款担保。同时，美国政府还将拨款110亿美元用于半导体产业的商业研发。美国政府计划在2022财年初期投入50亿美元作为半导体研发专项资金的启动资金。其中，20亿美元用于国家半导体技术中心（NSTC），25亿美元用于国家先进封装制造计划，5亿美元资助美国国家标准与技术研究院（NIST）及美国制造业研究所（Manufacturing USA Institute）。接下来4年，这四个机构将获得60亿美元的后续补助。2024年2月，美国政府已经宣布投资超50亿美元建设国家半导体技术中心。5月，美国芯片法案办公室正式发布了《2024年国家半导体技术中心路线图》。[②]

[①] 数据整理自CHIPS FOR AMERICA: https://www.nist.gov/chips/funding-updates.
[②] The National Semiconductor Technology Center: The vision for 2024[EB/OL]. (2024-05-24). https://www.nist.gov/system/files/documents/2024/05/24/NSTC%20Roadmap_FINAL.pdf.

除了由美国商务部管理的美国芯片基金，美国政府还将拨款20亿美元给美国芯片国防基金，以重点支持微电子共用网络和半导体劳动力培训。此举将推动"微电子社区计划"（Microelectronics Commons）的实施，并促进大学中半导体领域的原始创新，以及相关技术从实验室向产业界的转移。同时，美国芯片国际科技安全和创新基金将获得5亿美元拨款，与国务院、美国国际开发署、进出口银行及美国国际开发金融公司合作，旨在增强国际信息和通信技术安全，特别是提升半导体供应链的安全性。此外，美国政府还将拨款2亿美元给美国芯片劳动力和教育基金，为美国国家科学基金会提供资金，以促进半导体相关人才的培养。预计到2025年，半导体产业将新增9万个劳动力。

除直接补贴和资助计划外，美国政府还实施了税收优惠政策，旨在进一步激励半导体行业在美国进行研发和制造。《促进美国制造半导体》法案（FABS法案）作为关键的法律框架，为在美国进行半导体制造的企业提供了25%的税收抵扣。据预测，此退税措施的总规模将达到240亿美元。符合条件的企业可以选择将这些税收抵扣视为直接的税款支付［即"直接支付"（Direct Pay）］，从而直接提升其税后利润率。这种税收抵扣适用于在2022年12月31日之后启动并在2027年1月1日之前开始实施的投资。FABS法案的核心目标在于广泛推动和支持本土的半导体制造业，进一步巩固美国在全球半导体产业中的领先地位。

《芯片和科学法案》的推行，不仅局限于其核心目标，还将在更广的范围内展开。为了进一步强化美国在基础科学领域的领先地位，法案计划投入2 000亿美元资金。此举旨在强化联邦层面对基础科学的支持，并对美国国家科学基金会等科研机构进行改革。本法案的核心目标在于加速人工智能、量子计算、先进制造和材料科学等领域的技术研发。通过这些领域的创新，美国的半导体产业将得到更为广泛和深远的支持。

该法案也一定程度上反映了美国利用研发补贴进行科技创新的所谓"积极"政策。在该法案中，美国政府在半导体领域使用研发补贴的方式呈现以下几种特征。

（1）强调集中优势资源支持龙头企业研发。《芯片和科学法案》重点扶持具有"即战力"以及深厚行业积淀的成熟、领先企业。例如，通过产业规划和鼓励政策大力支持英特尔、美光科技等龙头企业。这与美国以往强调通过补贴中小型企业（如SBIR项目）或者婴儿产业促进创新和发展具有较大不同。这一补贴逻辑的转变表明美国意识到若要参与全球最重要产业的激烈竞争，需要领军企业承担国家任务，研发和量产最先进技术。

（2）《芯片和科学法案》重点规范了产业扶持中的出资、减税、补贴等环节，确保对企业和产业的创新扶持有法可依。此举旨在形成长期的国家产业发展战略，推动产业持续发展，降低因政党轮替导致的后续拨款中断风险。对于美国制造业应对芯片供应链危机而言，此法案相当于提供了一份额外的保障。在功能性产业政策的框架下，美国政府采取了多种手段与措施，对先进制造领域的创新研发活动给予支持。同时，这些措施巧妙地避开了WTO补贴与反补贴协议的约束，以一种相对"隐形"的方式支持产业发展与创新。为了确保该法案的有效实施，白宫专门成立了"芯片法案"办公室，负责具体协调和实施《芯片和科学法案》的相关内容。

（3）补贴政策的体系性显著增强。《芯片和科学法案》通过补贴政策，为美国半导体产业的持续领先地位构建了一套涵盖先进制造能力、前沿技术研发、人才培养和技术应用等环节的全方位支持体系。这一转变标志着美国在应对半导体产业发展问题时，已经从传统的解决市场失灵转向解决整个系统失灵的战略视角。例如，《芯片和科学法案》计划在未来5年内投入1 699亿美元的科研经费，用于研究和开发可能重塑"竞争赛道"和"游戏规则"的下一代前沿技术。同时，配套设立"芯片劳动力和教育基金"以及"科技、工程和数学（STEM）劳动力基金"，以吸引和培养优秀人才，支持美国芯片产业的可持续发展。此外，《芯片和科学法案》还对半导体产业链上的关键环节加大投资，如设计软件、生产设备等，以确保美国在全球半导体产业中的技术领先地位。

2. 欧盟：强化联盟并力推内部整合

欧洲长期以来一直是全球半导体产业的关键地区，拥有众多知名半导体公司。但从2021年开始，欧洲却经历了芯片供应的"荒漠"，这种短缺影响了各个产业部门，甚至影响了战略性的安全领域。为了有效应对芯片供应短缺危机，确保半导体技术和应用的供应稳定性、弹性和技术前沿地位，欧盟当局于2022年2月8日推出了《欧盟芯片法案》(*EU Chips Act*)。该法案计划投入430亿欧元，希望到2030年将欧盟在全球半导体市场的份额增加至20%。这430亿欧元资金的来源包括300亿欧元的欧盟各个国家拨款和130亿欧元的公私合作资金，其中包括110亿欧元的公共投资和20亿欧元的私人资金构成的"欧洲芯片基金"。最终，《欧盟芯片法案》于2023年9月21日正式生效。

在《欧盟芯片法案》中，"欧洲芯片计划"是一项至关重要的研发支持项目。该计划致力于在整个欧盟范围内加强半导体技术的研发，促进尖端和新一代半导体和量子技术的使用，进而提升欧盟的半导体设计能力、系统集成能力、芯片生产能力以及数字化与绿色双转型。该计划涉及多个关键领域，包括建立欧洲范围的半导体研发平台、资助先进试验线以增强供应链稳定性、投资替代技术以及促进成员国间的技术协作与交流。此外，该计划通过设立专项基金，为半导体企业提供融资支持，特别是针对初创企业和中小型企业。该计划还得到了"地平线欧洲"和"数字欧洲"计划的资金支持，进一步确保了其顺利实施。

整体来看，欧盟的此项举措不仅有助于缩小欧洲在半导体领域的技术差距，还有助于提升其在全球半导体产业中的竞争力，以应对日益激烈的国际竞争和技术变革挑战。《欧盟芯片法案》具有如下几个显著特点。

（1）加强欧盟芯片生态系统建设。《欧盟芯片法案》旨在通过促进产业创新强化欧盟在基础研究领域的全球领先地位。《欧盟芯片法案》汇集了现有研发项目，创建新的"开放式"研发与创新基础设施，鼓励企业之间开展研发合作。欧盟也同时投入大量资金支持新项目研发，其表示将"调动430多亿欧元的公共和私人投资"。公共投资的最大部分来自"欧洲共同利益重要项目"（IPCEI）；私人投资方面，欧盟设立了"芯片基金"，利用欧洲投资基金，为该行业的初创企业筹集20亿欧元的股权融资。

（2）实施新的国家援助豁免政策。《欧盟芯片法案》允许欧盟国家向有意愿在欧盟建立尖端"巨型晶片厂"的制造商提供补贴，但鉴于高端芯片不满足欧洲工业补贴项目的条件，《欧盟芯片法案》确立了新的国家援助豁免政策，即允许欧盟国家对使用欧盟尚未采用，但在其他地方已采用的尖端技术晶圆厂提供补贴，以此促进芯片制造业的发展。

（3）强化危机管理与应对措施。《欧盟芯片法案》不仅强化了对半导体行业的监管，还构建了一套应急方案。具体来说，欧盟委员会将代表其成员国和相关行业实施"联合采购"策略，以确保获得国家资助的晶圆代工企业优先满足欧盟客户的需求，同时为这些企业设定出口限制，以维护欧盟企业的权益。此外，在半导体供应链管理方面，《欧盟芯片法案》建立了一套协同机制，涉及成员国、欧洲半导体委员会（ESB）以及欧洲芯片基础设施联盟（ECIC）。该机制旨在增进各方合作，共同监测、评估和预测欧盟乃至全球的半导体供应状况，特别是关注潜在的短缺和危机。在半导体供应链遭遇紧急状况时，欧盟委员会有权启动应急阶段并采取相应的政策措施，旨在稳定市场和缓解危机。

从长远看，《欧盟芯片法案》将稳固欧盟在技术领域的领先地位，并积极培养技术实力。此举将有力支持知识从实验室向产业界的顺畅转化，进而使欧盟在创新下游市场占据技术主导地位。通过降低对全球其他地区或第三国半导体厂商的依赖，欧盟将进一步强化自身的技术及生产能力建设。此外，欧盟还将加强与半导体领域关键参与者的内部合作，以更大程度地保障芯片供应的稳定性、自主性和先进性。

3. 日本：借力美国以谋求产业复兴

自20世纪80年代末至2019年，日本在全球半导体市场的份额已从近50%下滑至10%。当前，日本的半导体产业相较于全球领先技术水平落后约10年。为确保在新一轮科技产业竞争中保持优势，日本经济产业省于2021年深入研究并制定了《半导体和数字产业发展战略》。同年年底，在批准的预算修正案中，"半导体产业基盘紧急强化一揽子方案"获得7 740亿日元的预算。该方案计划拨出6 170亿日元用于强化半导体生产体系，包括5G通信技术（第五代移动通信技术）、半导体相关技术的研发；投资 470 亿日元用于模拟芯片和电源管理部件的生产；以及投资 1 100 亿日元用于下一代半导体的研发。

在《半导体和数字产业发展战略》的指导下，日本政府决定采取一系列措施，以振兴本土芯片产业。首先，日本将与美国建立战略合作伙伴关系，利用美国的先进技术与日本在设备与材料方面的优势，共同致力于在 2 纳米及更先进制程的研发与制造上取得重大突破，从而提升日本在半导体领域的竞争力。为此，政府初期将提供 700 亿日元资金支持，并在 2023 年 4 月底宣布再投入 2 600 亿日元以加强研发工作。其次，为推动未来半导体技术的发展，日本政府于 2022 年 12 月成立了"前沿半导体技术中心"（LSTC），旨在成为下一代半导体量产技术的研究开发基地。该中心将作为统一平台协调日本的半导体研究工作，为 2 纳米及更先进制程的技术研发提供支持。此外，日本政府积极鼓励全球领先的半导体制造商在日本拓展制造基地，进一步壮大其半导体产业集群。政府还表示，将为国内外制造商生产指定类型的半导体器件、设备、材料和原材料提供最高达 1/3 的资本成本补贴。这些措施旨在确保国内外制造商长期稳定地在国内生产，并在全球芯片供应短缺时优先保障日本市场的供应，从而增强国内产业的竞争力。

2022 年 3 月，日本还积极参与美国发起的"芯片 4 方联盟"（CHIP4）提议，共建联合工作组，进行下一代（尖端）半导体的研发工作。其总体愿景是在 2030 年达成半导体企业收入增长 3 倍，提升至 13 万亿日元。

2.1.3　面向绿色可持续发展的研发补贴政策

随着近年来各国纷纷强调绿色转型，对企业在绿色技术创新上的扶持也在日益增强。例如，日本通过行政命令、税收政策、财政补贴和碳交易等手段，增加城市碳汇，推动交通、建筑、工业等领域的节能减排，保持了可再生能源研发转型的技术优势。2017 年，日本通过向中小企业提供 10 亿日元的补贴，进一步推动了能源管理。同时，结合碳排放限额和地球温暖化对策税等财税措施，日本有效提升了核电、可再生能源、交通运输和技术开发等领域的技术创新水平。近年来，日本先后颁布了《革新环境技术创新战略》和《2050年碳中和绿色增长战略》，投入30万亿日元以促进绿色技术发展，提出了碳中和产业分布图，持续增加新能源开发的财政补贴，并通过财政扶持、税收和金融扶持等手段支持技术创新。欧盟各国则不断推进能源税、绿色金融和新兴低碳技术投资等措施。2020年1月，欧盟委员会决定在未来10年内资助至少1万亿欧元，用于支持《欧洲绿色协议》中清洁能源安全转型、工业转型、高能效建筑和智慧交通等领域的低碳科技研发与示范工作。同年，欧盟启动了"地平线欧洲"计划，专注于气候变化、能源、可持续交通、自然资源等领域的研发创新。该计划为相关领域的技术创新提供了超过200亿欧元的定向补贴，进一步加强了欧盟国家在绿色技术创新方面的全面支持，通过大规模的投资推动绿色技术的发展和普及。

2.2 研发补贴政策在中国的发展

2.2.1 中国研发补贴政策的发展历程

中国在使用研发补贴作为政策工具来促进企业研发与创新水平的实践由来已久。从计划经济向市场经济转型的过程中，中国政府十分重视科学技术在经济发展中的作用（Benner et al., 2012; OECD, 2008）。在改革开放初期，中国政府主要采用国家级科技计划，大力投资科技开发和科技建设，以加快对先进国家的科技追赶（Guan et al., 2015）。随着经济的快速增长，中国越来越强调自主创新的重要性，并将创新作为经济发展的关键驱动力，也是提高国家核心竞争力的关键因素（Serger et al., 2007; 柳卸林 等, 2017）。为了推动自主创新，中国政府开始加大对研发补贴的投入。

中国政府于2006年颁布了《国家中长期科学和技术发展规划纲要（2006—2020年）》，以期将我国建设成为世界领先的创新国家（Liu et al., 2017）。该纲要的总体部署集中在高技术产业的自主创新上，提出了重点领域和优先主题的科技创新任务。这一计划强调了提升高科技产业的技术能力，加强自主创新能力的薄弱环节，克服科技投资不足的问题（Gao，

2015; Liu et al., 2016)。为了实现这一目标，中国政府通过各种形式的研发项目提供相关支持，其中包括大量的政府研发资金。这些资金主要用于支持企业、科研机构和高校等创新主体的研发活动，包括基础研究、应用研究和试验发展等（Boeing, 2016）。

2012年，中国政府制定了"创新驱动发展战略"，企业被确定为创新和经济增长的核心主体（Liu et al., 2016）。根据新熊彼特经济增长理论，国家的经济增长高度依赖于企业的原始创新以及相关的研发能力（Aghion, 2011; Aghion et al., 1992）。为了推动这一理论的实践，我国中央政府和地方政府纷纷推出各种研发补贴计划，并配置了大量的资金资源以支持企业的研发和创新活动，旨在提升企业的研发能力（Guan et al., 2015; Guo et al., 2016; Liu et al., 2016; Liu et al., 2017; Wang et al., 2017）。

2.2.2 中国研发补贴的主要类型

1.三种重要的研发补贴工具

中国政府通过设计不同形式的研发补贴，为企业的研发提供资金支持，并鼓励民营企业参与到国家科技项目中（Larédo et al., 2016）。这些补贴形式多样，主要有三种重要的研发补贴工具，分别是直接研发补助、税收优惠和贴息贷款（Guan et al., 2015; Xin et al., 2016）。

其中，直接研发补助是中国政府支持企业创新活动的传统政策工具，用于直接弥补企业的资源短缺，也一直是激励我国企业进行技术创新的重要手段（Guan et al., 2015）。这类补助通常通过国家财政，包括中央政府和地方政府，直接向企业提供资金来支持其进行研发工作。这包含了创新专项资金、研发专项拨款、产业升级补贴等，主要用于对当前生产技术的改造，对新技术研发、创新的资助，促进技术应用和产业化推广、专利申请，鼓励产业发展、转型，促进生产设备更新、生产线引进等，较为典型的项目有重点支持生物技术、航空航天和新材料等高技术产业研究的"863计划"，专注于农业、能源、信息、材料制造等国家战略性科技问题研究的"973计划"，旨在促进高新技术成果市场化的"火炬计划"，以及科技型中小企业技术创新基金等项目。以2003—2020年中国A股上市公司的相关补贴数据为例（聂辉华 等，2022），此类研发补贴占补贴条目的比例约为44.11%。为了确保研发补贴的有效利用，政府在筛选受直接研发补助资助的企业和项目时，会根据技术水平和市场前景进行评估（Guan et al., 2015）。此外，为了避免因提供过多的政府资金而影响企业自身的研发投资，近年来部分补贴政策要求受资助企业对直接研发补助进行1：1的配额，即企业需要至少投入与其所获得政府研发补贴数额相等的金额作为研发投资（Guo et al., 2016）。这实际上给直接研发补助在单个企业总的研发投入的比例上设置了上限（Hsu et al., 2009）。近年来，为了使企业引进和培养高水平人才、研究人员（例如博士后或者科研团队等），政府还为企业提供了吸纳人才补贴，用于企业引进高水平科研团队的科研经费以及人才内部培养的经费。

  另一项重要的研发补贴类型是税收优惠，包括直接优惠和间接优惠。直接优惠指通过直接减免企业一定的应纳税所得额、使企业适用较低的税率或者退税等方式来减轻特定企业的税负。间接优惠指通过研发费用的加计扣除、资产的加速折旧、税收抵免、延期纳税等方式，降低企业所得税的应纳税额，从而实现对企业的税收优惠。其中，间接优惠中有一类针对目标企业的投资者，即投资于科技类企业的投资者可以获得资本利得税或红利税的优惠。此外，税收优惠中涉及的税种包括企业所得税和个人所得税以及增值税、消费税、关税等流转税。此类补贴根据企业的基本研发支出通过退税、税收减免、税费返还等税收优惠来支持企业创新发展，投入研发和促进企业设备更新和技术升级（Guan et al., 2015）。以2003—2020年中国A股上市公司的相关补贴数据为例，税收优惠的补贴条目占比仅为7.25%，但是其补贴金额最高，显示了一定的普惠性。

  此外，政府还通过提供信贷补贴为企业提供贷款贴息，融资补贴或奖励和信贷支持。贴息贷款实质上是一种低息的商业贷款，由政府代替受助企业向商业银行偿还部分或全部利息（Grau et al., 2012），以促进企业的研发投入和创新产出。目前，中国政府意识到孤立地使用某一种研发补贴工具会带来政府失灵，并将多种研发补贴工具混合使用，以通过互补来获得协同效应。

2. 中国科技型中小企业技术创新基金

1999年5月，为提升我国中小企业技术创新能力，国务院借鉴美国中小企业科技创新计划的经验，批准设立科技型中小企业技术创新基金。此举标志着我国政府对科技型中小企业的关注与支持。科技型中小企业技术创新基金由科学技术部负责管理，财政部实施监管。该基金的目标是通过中央财政拨款，为符合条件的中小企业提供资金支持，以缓解其在创新过程中面临的资金压力，并进一步发挥政府资金在企业创新中的引导作用。

科技型中小企业技术创新基金的核心目标在于推动、扶持和引导科技型中小企业的技术创新，特别是在高新技术领域的产业化发展。因此，创新基金着重扶持产业化初期（种子期和初创期）的科技型中小企业，这些企业拥有高技术含量和广阔市场前景，但面临较高风险，商业资金注入的条件尚不成熟，最需要政府的大力支持。创新基金通过提供资金援助，为这些企业的发展和壮大奠定基础，同时吸引商业资本的注入。创新基金以创新和产业化为核心，秉持市场导向，将国家级指令性研发计划如"863"与高技术产业化指导性计划如"火炬计划"紧密结合。作为中央政府的专项基金，创新基金遵循市场经济的客观规律运作，扶持各类所有制科技型中小企业，同时吸引地方政府、企业、风险投资机构和金融机构投资，逐步推动建立符合市场经济规律的高新技术产业化投资机制。此举旨在优化科技投资资源，营造有利于科技型中小企业创新和发展的良好环境。创新基金不仅推动了技术成果的市场化转化，还培育和壮大了一批具有中国特色的科技型中小企业，为加速高新技术产业化进程作出了贡献。

该基金的支持方式包括无偿资助、贷款贴息以及资本金投入，每次的资助金额一般在50万～200万元。创新基金根据企业及项目的具体需求，采取有针对性的支持方式和策略。无偿资助与贷款贴息的资金一般不超过100万元，少数项目上限可达200万元。至于资本金投入，其主要目的是吸引其他资本参与，资金额度通常不超过企业注册资本的20%，并可根据法律规定进行转让或在规定期限内以合作形式收回。

创新基金的申请条件着重强调了企业需遵循我国产业技术政策，具备合法注册资格，员工总数不超过 500 人，确保其中具备大专及以上学历的科技人员比例不低于 30%。此外，高科技研发支出占销售额的比例须达到 3% 以上，且至少有 10% 的员工从事研发工作。基金申请及获取流程的设计旨在最大限度地体现公平性与专业性。企业可在每年特定时间段内提交申请，专家和评估机构将对申请企业进行公正评估，并通过竞争方式确定资助对象。一旦资助名单确立，相关信息将公开透明，接受社会监督。获得资助的企业须定期报告项目进展情况，并在合同期满后接受验收，以确保资金合理运用和项目质量达标。项目资金将在项目获批后分两次发放，分别为项目启动时和项目验收合格后。从中央创新基金管理中心到各级地方政府，相关部门都将对企业项目资金使用、项目执行进展及项目质量实施严格监管和审查。

科技型中小企业技术创新基金于 2014 年终止，取而代之的是风险投资基金、产业基金等常规的市场化支持模式。截至 2014 年底，我国中央政府已累计投入 326 亿元专项资金，直接资助了超过 4.1 万家科技型中小企业。创新基金的实施成效显著，直接推动了 1.35 万家高新技术企业的发展。在受资助的企业中，上市企业数量分别占创业板的 26%、中小板的 15%、新三板的 15%（数据截至 2017 年 6 月）。[①]

2.2.3　中国研发补贴政策发展现状

1. 中国研发补贴政策现状

2003 年至 2021 年期间，我国的研发强度由 1.12% 增至 2.44%（图 2-1）。总研发支出从 2003 年的 1 539.6 亿元增至 2021 年的 27 956.31 亿元，年均增长率稳定在 17.75%（表 2-1）。[②] 尤其是政府的研发资金支出，由 460.6 亿元增至 5 299.7 亿元（2003—2021 年），平均增长率为 14.54%。然而，在

[①] 重启升级版"科创基金"莫让企业"患得患失"要帮他们"临门一脚"建言中国 175[EB/OL].(2022-03-07). http://cppcc.china.com.cn/2022-03/07/content_78093063.htm.

[②] 本章数据若无特殊说明，均来自《中国科技统计年鉴》（2004—2022 年）。

这一时期，政府研发资金占总研发支出的比例从29.9%降至19.0%，而企业研发资金占比从60.1%上升到78.0%（图2-2）。这表明，我国企业的研发活动越发活跃，公共资金可能发挥了撬动和引导作用，促使企业将更多资源投入研发活动中，而非直接弥补企业层面研发资源的不足。

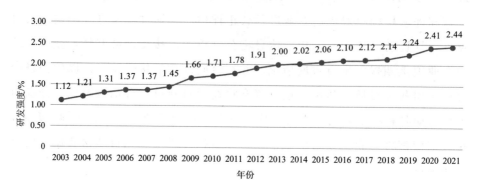

图 2-1　中国国家研发强度

表 2-1　2003—2021 年中国研发支出：按来源分类　　　10 亿元人民币

年份	总额	政府研发支出	企业研发支出
2003	153.96	46.06	92.54
2004	196.63	52.36	129.13
2005	245.00	64.54	164.25
2006	300.31	74.21	207.37
2007	371.02	91.35	261.10
2008	461.60	108.89	331.15
2009	580.211	135.827	416.27
2010	706.258	169.63	506.31
2011	868.701	188.297	642.06
2012	1 029.841	222.139	762.50
2013	1 184.66	250.057	883.77
2014	1 301.56	263.61	981.65
2015	1 416.99	301.32	1 058.86

续表

年份	总额	政府研发支出	企业研发支出
2016	1 567.68	314.08	1 192.35
2017	1 760.61	348.75	1 346.49
2018	1 967.79	397.86	1 507.93
2019	2 214.36	453.73	1 688.72
2020	2 439.31	482.55	1 889.50
2021	2 795.63	529.97	2 180.88

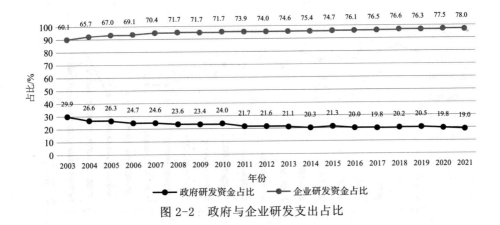

图 2-2 政府与企业研发支出占比

在我国，研发资金投入的另一个趋势体现为，政府越发注重公共政策对推动企业学习行为及提升企业技术能力的作用（Liu et al., 2017）。例如，我国正式的产业与大学之间的研发合作呈现稳定增长态势。大学科研经费来自企业的金额从 2009 年的 171.7 亿元增加到 2021 年的 710.4 亿元（图 2-3）。企业对大学科研经费的投入在大学总科研经费中的占比保持在 30% 上下。其中，2016 年至 2019 年，该比例有所下降，均低于 30%，但在 2020 年和 2021 年又回升到了 30% 以上。随着国家大力倡导建立企业牵头的创新联合体，以及强调企业"出题"高校参与解决产业"卡脖子"技术背后的原理问题，企业资助和参与高校研发活动的金额与比例仍然有望进一步上升。通过正式的产学研合作，企业与大学和研究机构建立紧密的合作关系，使企业直接获得并利用大学创造的前沿科技知识。这种合作模式不仅有助于推动科技与经济的紧密结合，还能够加速科技成果的转化和应用，提升企业的创新能力和竞争力。在本书研究的预调研中，来自地方科技部门工作一线的受访者普遍表示，研发补贴的主要目标是引导和激励高新技术企业在开展研发活动时，积极获取、创造和应用前沿科技知识。研发补贴可以用于支持企业引进先进技术、购买研发设备、聘请优秀科研人员等，从而为企业创造更好的研发条件。同时，政府还可以通过研发补贴引导企业加强与高校、科研机构的合作，共同开展技术攻关、转化科技成果，推动产学研深度融合。

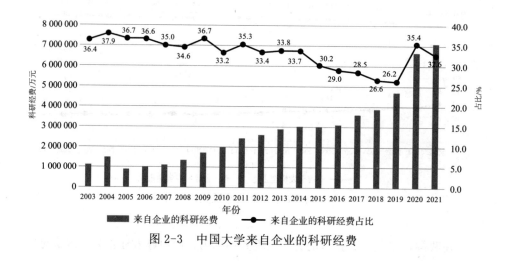

图 2-3　中国大学来自企业的科研经费

自 2019 年起，我国研发补贴政策正加快向高科技产业倾斜，在光伏、新能源车、风电等产业的补贴纷纷退坡。目前，我国耐用消费品制造业高额补贴持续性最为稳定，能源、民生相关领域和高科技产业次之。以退坡 1 年后的补助/资产与上一年的比值来衡量补贴的退坡程度，从大类来看，高科技产业和装备制造业补贴退坡程度最小，1 年后仍能保持 75% 以上。其中，半导体、通信设备、专用设备分别为 86.6%、83.8%、77.3%；而传统工业、耐用消费品制造业和服务业补贴退坡程度较大，特别是钢铁、化学原料、白色家电、航运和互联网传媒等领域，1 年后比值均低于 65%。

2022年，党的二十大报告提出，我国应加快实施创新驱动发展战略，坚持面向世界科技前沿、面向经济主战场、面向国家重大需求、面向人民生命健康，加快实现高水平科技自立自强。科技创新在高质量发展中的位势和作用更加突出。为此，报告强调要提升科技投入效能，深化财政科技经费分配使用机制改革，激发创新活力。

2022年12月，中央经济工作会议明确提出，要加强各类政策协调配合，统筹协调科技政策与其他政策，聚焦自立自强形成合力、集中发力、重点突破。与此同时，为实现高水平科技自立自强，取得经济高质量发展，需突出企业科技创新主体地位。在新发展阶段，我国科技政策的重要核心问题，包括研发补贴政策的制定，在于如何通过政策手段提升企业研发能力、推动技术升级和促进高质量创新。

2. 中国地方政府的研发补贴政策

现有研究表明，近年来我国的地方政府，尤其是地市级政府（含下属机构）正逐渐成为研发补贴的发放主体，是此类政策文件的主要制定者。为此，本研究通过北大法宝网站查询了2018年来部分省、市级政府发布的研发补贴政策（详见表2-2），并进行了梳理和分析。

首先，各地方政策基本上都明确将企业作为主要的资助对象，特别是那些在核心技术和自主知识产权方面有所表现的企业。这些企业不仅是经济增长的关键推动力，更是就业机会的主要创造者。为了促进它们的发展，各地政府均制定政策，为其提供资金支持和政策引导。各地政策都明确表示将优先支持在核心技术和自主知识产权方面取得突破的企业。

诸多资助对象中，科技创新企业与初创企业已逐渐成为各地政策关注的焦点。2021年1月23日，财政部与工业和信息化部联合发布通知，旨在助力"专精特新"中小企业实现高质量发展。这一政策旨在推动中小企业迈向高质量发展阶段，并支持国家级专精特新"小巨人"企业的发展。鉴于专精特新企业的高技术含量及市场潜力，它们往往能更容易地吸引包括风险投资、股权融资和债务融资在内的多元化资金注入。此外，通过支持公共服务示范平台，以资金、人才和技术等资源为纽带，期望这些企业能够发挥示范效应。以北京经济技术开发区为例,其在2022年12月发布的科技创新专项资金实施细则中明确提出,将特别关注具有高质量和潜力的企业,如独角兽、单项冠军以及国家级专精特新"小巨人"等资质企业。在申请直投支持时,这些企业将享有更高的优先级。此外,福建省也采取类似政策,为推动科技型中小企业在研发活动中购买的科技创新服务费用提供后补助,并为省科技"小巨人"企业提供研发费用加计扣除奖励。

各地政策在强化对企业支持的同时,也注重对高校和科研机构的资金投入。这是因为高校和科研机构是科技创新的重要来源。对它们的资助有助于促进科技成果的转化和应用,推动高质量经济发展。例如,北京经济技术开发区明确提出优先向"双一流"建设高校,或与经济技术开发区签订合作协议的重点高校、科研院所的科技成果转化项目给予投资支持。这一措施旨在鼓励高校与经济技术开发区加强合作,进一步推动科研成果向市场转化。郑州的重大科技专项则鼓励企业与高等院校、科研机构紧密合作。资助方式采用择优立项,通过核心技术突破和资源集成,开展产业关键共性技术研发和重大战略产品研制,每个项目的财政资助不低于1 000万元,并提供30%的启动资金。郑州的协同创新专项则面向基础研究能力强、研发投入力度大的高等院校、科研院所、医疗机构和省重大新型研发机构组织实施。这些政策调整和资助计划均旨在加强对高校和科研机构的支持,促进科技创新和经济发展的协同推进。

此外,各地政策还强调对公共服务平台的支持。这些平台包括技术转移转化平台、科技金融服务机构等,为科技创新提供必要的支持和服务。例如,北京经济技术开发区对拥有国家级实验室、工程实验室与企业技术中心等科研平台的创新型企业给予优先资助。福建的省级科技创新专项资金管理办法侧重于科技研发创新平台的建设,涵盖国家级与省级实验室、研究中心及临床医学研究中心等,并为相应平台提供配套的建设和运行资金。吉林针对科技创新基地建设制定明确政策,对新建或高效运营的创新基地(平台)提供资金立项、前期补贴及后续资助。安徽则为省属企业制定专项资助政策,以鼓励其设立科技创新平台与研发中心。通过资助这些平台,各地区政策目标在于提升科技创新的效率与效益,推动科技成果更为广泛地推广和应用。

在研发补贴的资助模式方面,各地方政府均提供了多元化的补贴类型。这些模式包括但不限于直接资金援助、税收减免、政府采购、奖励政策以及金融支持等。其中,股权投资作为一种普及的资助手段,旨在通过引导社会资本的投入,搭建招商引资的平台,从而推动区域内科创型企业的繁荣发展。在直接资金支持方面,各地政策通常提供科研项目经费、创业投资引导基金等形式的直接资金支持,以满足企业或科研机构的资金需求,促进科技创新和成果转化。税收优惠是另一种重要的资助方式,各地区政策通过减免税收或提高税收起征点等措施,减轻企业税负。政府采购亦是常见的资助手段,通过政府采购,可以推动科技创新产品在市场中的应用,促进企业经济效益和创新能力的提升。奖励机制也被各地方政府广泛采用,通过科技奖励、专利奖励等方式,激发企业和个人的创新积极性。在金融支持方面,各地区政策着重为企业提供金融援助,如设立科技银行、引导风险投资基金等,以解决企业在科技创新过程中的融资难题,推动科技成果的产业化。

在具体的省市政策中,福建明确了研发经费投入的分段补助机制,并利用创新券补助对外购买的科技创新服务费用。吉林采取前补助、后补助、股权投资和贷款贴息等多元化资助方式,关注基础研究、应用研究和科技人才培养等领域,尤其支持中青年科技人才和科技成果转化,与中国科学院合作推进高新技术产业化。安徽重点扶持省属企业开展创新示范项目的研发攻关、科技成果转化应用,以及对重要技术、装备和工艺的引进,并为在科技研发方面作出显著贡献的省属企业研发团队及骨干提供相应奖励。山西明确资助首次获得省级双创示范基地的项目,资金支持可达50%,并为优秀示范基地提供额外资金奖励和国家级推荐。此外,山西还为"山西智创城"及其企业提供专项资金,凸显对示范基地和智创城的重视。珠海覆盖科技创新理论、基础科学研究、高新技术研发、科技平台建设及防震减灾等领域的资助内容,并提供事前资助、事后补助、奖励补助和配套补助等多种资助方式。

苏州采用资助引导、补助奖励和政府购买服务三大方式,以推动科研与技术开发,为创新活动创造有利环境。郑州注重企业与高校及科研机构的合作,政策涵盖"揭榜挂帅"、协同创新和场景应用创新等项目,旨在关键技术、研究成果转化及智能制造等领域推动企业科技创新。此外,部分地区还特别注重与知名投资机构的合作,为企业提供更便利的融资途径和更多的资源对接机会。

总的来看,当下我国各地方政府正在大力强化研发补贴政策的实施,通过推出一系列政策举措,激励企业、高等教育机构以及科研组织加大研发投入,进一步提升创新能力。其政策趋势主要表现为以下三个方面:首先,政策手段越发多样。各地方政府均提供了包括直接资金支持、税收优惠、政府采购、奖励政策以及金融扶持等在内的多种补贴形式,同时创新补贴方式,重视科学供给。其次,政策执行更加侧重市场导向。在制定研发补贴政策时,地方政府充分考虑市场需求和产业发展趋势,鼓励企业开展与市场前景紧密相关的研发活动。通过政策引导,提升产品质量和竞争力,以适应不断变化的市场需求。最后,更加关注解决区域性、行业性和系统性问题,以克服市场失灵。例如,在制定研发补贴政策时,地方政府不仅关注企业的研发投入,还关注人才引进、科技成果转化、创新创业等方面,以全面推动区域科技创新。针对某些具有重要战略地位但市场机制难以有效发挥的产业,地方政府实施有针对性的研发补贴政策,推动产业技术升级和结构调整。综合而言,我国地方政府的研发补贴政策在推动科技创新、促进经济发展方面已经取得了显著成效,但仍需不断优化和完善,以更好地发挥研发补贴政策在促进科技创新和经济发展中的作用。

2.3 本章附录

部分地方政府研发补贴政策见表 2-2。

表 2-2 部分地方政府研发补贴政策

序号	法规名称	发布单位	层级	日期	资助对象和方式相关条款
1	《北京经济技术开发区科技创新专项资金实施细则》	北京经济技术开发区管理委员会	省、自治区、直辖市	2022年12月19日	申请科创资金的企业原则上应符合以下要求： （一）符合经开区重点支持的产业发展方向，具有良好的社会效益； （二）企业为具有较强创新能力、高成长潜力或拥有核心技术与自主知识产权的科技型、创新型企业； （三）企业须为公司制法人，并满足以下条件之一： 1. 企业或企业子公司在经开区进行工商注册、经营纳税； 2. 企业或企业子公司已签署入区协议或拟签署入区协议并于出资前完成入区协议签署。 （四）企业须承诺获得投资或支持后，其在经开区内的主体约定期限内不迁离经开区，不通过任何形式将经开区投资项目的产值、税收转移至区外； （五）项目实施企业中以无形资产作入股所占的比例不得超过企业总成本的30%。 建立重点项目优先支持机制，对以下项目，在申请直投形式支持时，在同等条件下优先给予投资支持： （一）独角兽、单项冠军、国家级专精特新"小巨人"等资质企业； （二）拥有相关领域国家级重点实验室、工程实验室（研究中心）、企业技术中心、示范工程（技术）中心等科研平台的创新型企业； （三）"双一流"建设高校，或经开区签订合作协议的重点高校、科研院所的科技成果转化项目； （四）经开区重点产业布局战略性项目，上市后备辅导项目； （五）符合第十五条"以赛代评"规定的企业； （六）承担北京市国际科技创新中心建设任务的重点项目； （七）上一年度获知名投资机构投资的企业

-37-

续表

序号	法规名称	发布单位	层级	日期	资助对象和方式相关条款
2	福建省《省级科技创新专项资金管理办法》	福建省财政厅、福建省科学技术厅	省、自治区、直辖市	2021年10月19日	专项资金主要支持以下项目： (一) 省级科技计划项目。用于列入省级科技计划的各类项目。 (二) 引才引智平台项目。用于国家级外专引智工作基地建设、示范推广和高端外国专家补助；省级引才引智项目、省级引才引智基地建设。 (三) 高水平科技研发创新平台建设。用于国家高水平科技研发创新平台的建设配套、运行费用和首席科学家工作经费等；省级重点实验室、工程技术研究中心、产业技术创新研究院、新型研发机构、临床医学研究中心、野外科学观测研究站、应用数学中心等科技研发创新平台的奖励补助。 (四) 创新券补助。用于对科技型中小企业在研发活动中对外购买的科技创新服务费用进行的后补助。 (五) 省级高新技术企业奖补。用于培育省级高新技术企业。 (六) 科技"小巨人"企业研发费用加计扣除奖励。用于省科技"小巨人"企业享受研究开发费用加计扣除前税前加计扣除政策发生的研究开发费用，实行奖励。 (七) 企业研发经费投入分段补助。用于鼓励和支持企业加大研发经费投入。 (八) 技术转移服务机构补助。用于扶持在促成我省科技成果转化工作中成效显著的技术转移服务机构和认定登记机构。 (九) 仿制药质量和疗效一致性评价研发奖补。用于省内药品上市许可持有人开展仿制药一致性评价的研发奖补。 (十) 企业重大科技成果购买补助。用于鼓励企业购买重大科技成果落地转化。 (十一) 省科技保险保费补贴。用于由科技部、中国保监会确定的科技保险中的A类险种（4个险种）、B类险种（3个险种）以及短期出口信用保险等8个险种保费补贴。 (十二) 省政府确定的其他科技创新项目

续表

序号	法规名称	发布单位	层级	日期	资助对象和方式相关条款
					专项资金根据科技规律、项目属性和产出效益等，有针对性地采取前补助、后补助（研发活动后补助、政策规定、股权投资、贷款贴息等支持方式。前补助是指在项目立项后核定预算、服务运行核定预算，给予部分或全部补助的项目，除以固定标准给予定额补助外，主要实行项目法分配，对以竞争择优遴选方式确定的项目，应当根据科研任务实施需要确定补助标准合同成交额和技术交易额等，下同），按一定项目承担单位先行投入资金，实施项目所需其余资金由项目承担单位先行投入资金，事后给予补助的支持方式，或者提供科技创新服务或项目法进行分配。根据国家和省确定的科技领域财政事权和支出责任，专项资金主要支持方主要支持分配方
3	《吉林省科技创新专项资金管理办法》	吉林省财政厅、吉林省科学技术厅	省、自治区、直辖市	2021 年 11 月 7 日	式如下： （一）科技研发 1. 基础研究。实行项目法分配，对通过竞争择优遴选的项目，金采取给予固定数额的无偿资助或联合基金资助的支持方式。鼓励地方政府、企业参与设立联合基金。其中，省自然科学基金出资占比科研机构、企业参与设立联合基金。其中，省自然科学基金出资占比例不高于 1：2。联合出资方为联合项目，符合联合基金资助的，应通过省自然科学基金联合出资方推荐申报的项目（不含所属医疗机构），科研院所给予资助。省自然科学基金（含联合基金）资助最低额不少于 8 万元（不含高于 1：1，科研院所出资方推荐申报的项目，符合联合基金资助范围的，应通过省自然科学基金联合出资方推荐申报的项目，符合联合基金资助范围内的，省自然科学基金下限），一般不超过 50 万元（低于基金资助下限），绩效一般不超过项目立项，下同），具体资助额度根据项目类别、研究难度、研究成本、绩效等因素分档确定。国家自然科学基金区域创新发展联合基金，按省政府与国家自然科学基金委员会签署的协议及相关规定执行。 2. 应用研究和技术研究开发。实行项目法分配，对竞争择优遴选的项目，综合采取前补助、后补助（研发活动后补助、股权投资、以及前补助和后补助相结合等支持方式。后补助一般不少于 50 万元（具有公益性，非营利性的社会公益研究一般不少于 10 万元），不超过 300 万元（重大科技项目 500 万元）

-39-

续表

序号	法规名称	发布单位	层级	日期	资助对象和方式相关条款
3	《吉林省科技创新专项资金管理办法》	吉林省财政厅、吉林省科学技术厅	省、自治区、直辖市	2021年11月7日	资助比例由专项计划管理部门根据实施主体、研发阶段、盈利预期、评审结果等分类分档确定。为强化专项资金的引导和撬动作用，鼓励企业牵头承担项目，科技经费分类投入，促进产学研结合，除特殊情况和最高不超过另有规定外，企业独立或牵头承担的项目，市县所属单独申报的项目，资助比例最高不超过50%；高校（含所属医疗机构）、科研院所所联合企业共同申报的项目，资助比例最高不超过60%；高校（含所属医疗机构）、科研院所联合单位自行筹措足额落实。项目承担单位承担的项目资金由省项目承担单位自行筹措足额落实。项目所需其余经费由省直部门预算非营利公益一类事业单位以及项目承担单位均为公益事业单位的非营利公益一类事业单位不必由企业共筹社会力量参与及投入的，可不受资助比例限制。目的确定补助额度。（二）科技创新基地（平台）建设主体、领域方向、建设（运行）成效，盈利预期（状况）等不同，分类采取优立项、前补助、后补助（平台）等方式。其中：①对新建或运行良好的基地（平台）、服务运行后补助（平台）等方式。其中：①对新建或运行良好的基地（平台），主要采取优先立项方式，支持申报单位的拟新科技研发和成果转化等项目。具体参照对科技研发、科技类成果转化类科研项目的支持和分配方式执行。②对纳入省直部门预算管理的公益一类科研事业单位的拟新建基地（平台），按部门预算项目审核后，可与部门预算统筹安排给予支持。③对新建设成基地（平台），建设单位按发展的实际情况，分类给予一次性立后补助，按给予补助。其中：基地（平台）建设按类研发资金软件（不包括生产用设备和软件），以及支持科技投入基地（企业投入中不含来自各级政府科技设备和软件（不包括生产用设备和软件），以及资金总额最高不超过200万元；科研经费）的资金配置性资金，申请单位的资金总额最高不超过1年及当年投入（企业投入中不含来自各级政府部门资助的财政性资金），资助比例按认定前1年及当年投入（企业投入中不含来自各级政府部门资助的财政性资金），资助比例按认定前3年及当年投入（企业投入中不含来自各级政府部门资助的财政性资金）的20%，资助额度最高不超过100万元；④对运行良好且周期内用于基地（平台）日常运行成本、科技产出贡献和承担的公益任务等因素，分类分年给予后补助，最高不超过100万元（限单单位使用可自行支配资金）的30%，一般不超过100万元。后补助基地（平台）服务功能确定，在规定范围内自主用于能力建设、科研活动的实际支出或科技服务活动相关支出

-40-

续表

序号	法规名称	发布单位	层级	日期	资助对象和方式相关条款
3	《吉林省科技创新专项资金管理办法》	吉林省财政厅，吉林省科学技术厅	省、自治区、直辖市	2021年11月7日	专项计划管理部门负责牵头制定基地（平台）建设运行、考核评估等具体管理制度办法，并将评估采取专家评审、现场评估等与主观评估相结合的方式，考核评估数据作为主要评估依据，评估结果为优秀的一般参评当年参评数量给1/5。对同一单位或同一基地（平台），不得以相同或相近的考核评估指标反成效给予重复支持。 根据《吉林省科研基础设施和大型科研仪器开放共享管理办法》（吉科发资〔2020〕285号），对开放服务效果良好、用户评价高的管理单位，采取后补助（服务运行后补助）的支持方式，按实际对外服务（不含对内服务）成交金额的20%核定补助总额度，单台套补助不超过5万元，每个管理单位每年补助总额最高不超过50万元。 （三）科技人才队伍建设。实行项目法分配，对通过竞争择优遴选的项目，采取科研经费形式的前补助或后补助支持方式。其中：①中青年科技创新创业青年科技人才（团队）项目，资助额度一般不低于20万元，不超过30万元；②青年成长计划项目，一类事业单位的，资助额度按不低于资助科研经费的50%提供科研经费支持。 长白山人才工程相关项目，在项目实施周期内，按照《吉林省"长白山人才工程"实施方案》《吉林省"长白山人才工程"管理办法》等有关规定执行。 （四）科技成果转移转化 1. 科技成果转化。实行项目法分配，对符合条件的科技成果转化项目，视实施主体、企业意愿、融资需求、转化阶段、预期效益等，优先采取股权投资、贷款贴息、合理采取后补助（研发投入后补助）、前补助等支持方式。其中：①股权投资按规定和专项资金有偿投入和利率的一定比例执行；②贷款贴息按贷款规定和后补助执行，单个项目或企业每年贷款贴息最高不超过200万元，同一项目支持不超过3年，累计支持不超过300万元；③后补助支持书中预期目标和经济效益的，对任务书约定的项目实际支出金额和一定比例计算补助金额，最高不超过30%，一般不超过300万元且主要支出是支持化过程中的研发投入，参照前补助的支持和分配方式执行

续表

序号	法规名称	发布单位	层级	日期	资助对象和方式相关条款
3	《吉林省科技创新专项资金管理办法》	吉林省财政厅、吉林省科学技术厅	省、自治区、直辖市	2021年11月7日	吉林省与中科院科技合作高新技术产业化项目，以成果转化落地实现产业化为目标，参照科技成果转化项目的支持和分配方式执行。技术转移体系建设。实行项目法和技术转移结合的分配方式，对运行良好且周期性考核评估结果为合格的技术转移示范机构，年度促成技术合同成交额在500万元以上的，按技术合同成交额的2.5%，分类分档给予一次性后补助，最高不超过50万元，由技术转移示范机构在规定范围内自主用于机构能力建设和科技服务活动相关支出。 3. 技术交易后补助。按照现行相关政策规定，对符合条件的企业技术交易、技术成果作价入股等技术交易补助事项，根据技术合同成交金额，注册资本实缴现金额等因素，给予一次性后补助，由相关单位在规定范围内自主用于科研活动直接费用支出。 （五）科技领域其他支出项 1. 地方科技创新。实行项目法分配。其中：①对科技特派员农村创业、产业示范区建设等，采取前补助、后补助（服务运行后补助）等给予前补助方式支持；②对星创天地创新创业、农业科技园区和农业高新技术产业示范区建设等，采取择优立项方式，参照科技计划类项目补助标准给予前补助方式支持；③对委托省农村科技创新基地（平台）项目的支持和分配方式参照省直预算单位实施的公益性农村科技信息化项目，根据项目预算给予成本性前补助支持；④对市县及所属单位自行组织开展的公益性农村科技信息化项目的资助比例和补助标准给予前补助支持。 2. 创新发展战略研究。实行项目法分配。重点（招标）项目最高不超过6万元，一般项目最高不超过4万元，中国工程科技发展战略咨询研究专项，按省政府与中国工程院签署的协议，相关规定及实施办法执行。 3. 国际科技合作研究。实行项目法分配，参照基础研究、应用研究和技术研究开发项目的支持和分配方式执行。 4. 中国创新创业大赛（吉林赛区）获奖企业数额固定一次性无偿资助。根据项目类型，按企业获奖情况，分类分档给予奖补。其中：一等奖40万元，二等奖25万元，三等奖10万元；初创组一等奖35万元，二等奖25万元，三等奖20万元；成长组一等奖30万元，二等奖20万元，三等奖10万元；成长组、初创组优秀奖10万元

续表

序号	法规名称	发布单位	层级	日期	资助对象和方式相关条款
4	《安徽省省属企业科技创新专项资金管理办法（暂行）》	安徽省财政厅、安徽省国资委	省、自治区、直辖市	2021年6月17日	专项资金支持内容为： （一）省属企业重点创新示范基地 （二）省属企业科技创新平台（中心）建设 （三）省属企业科技成果转化应用以及重要技术、装备、工艺引进、高层次人才引进等 （四）对做出突出贡献的省属企业研发团队及骨干予以奖励
5	山西省《山西省大众创业万众创新专项资金管理办法》	山西省财政厅、山西省发展和改革委员会	省、自治区、直辖市	2020年9月27日	双创资金支持对象和补助标准 （一）对首次认定的省级双创示范基地，给予一次性项目资金补助。补助按打捆项目投资总额一定比例（最高不超过50%）给予支持。其中，对区域类示范基地，企业类示范基地的补助总额最高不超过600万元，对高校和科研院所类示范基地的补助总额最高不超过400万元 （二）对经认定的省级双创示范基地建设中达到优秀的省级双创示范基地，给予项目资金补助。补助按打捆项目投资总额一定比例（最高不超过50%），优先推荐申报国家级双创示范基地。上述两项补助标准示范基地的补助，成功获批后，给予项目资金补助。对年度评估中达到优秀示范基地的，给予项目资金重点支持 （三）对区域类示范基地、企业类示范基地给予重点支持。其中，对在年度运营中达到得国家级"山西智创城"、对获得国家级"山西智创城"，给予项目资金补助。补助按打捆项目投资总额最高不超过500万元。对获得省"山西智创城"，给予项目资金补助，最高不超过1000万元。对领军企业、独角兽企业、瞪羚企业、头部企业，对创新支撑能力强、带动新兴产业发展快、创业带动就业明显、示范引领作用强的智创城，给予项目资金补助。补助按打捆项目资金总额（最高不超过50%）给予支持，单个智创城项目投资补助最高不超过1000万元 各单位资金支持按第七条规定的项目 双创项目单位按规定的最高额度内组织项目，具体项目内容如下： （一）双创公共服务体系建设。主要包括双创基地科技成果转化服务平台、创投金融服务平台、招才引智服务平台等双创公共服务平台建设，双创兴业支持平台空间建设、系统购置、设备购研、网络建设、线路铺设等内容

续表

序号	法规名称	发布单位	层级	日期	资助对象和方式相关条款
5	《山西省省级大众创业万众创新专项资金管理办法》	山西省财政厅、山西省发展和改革委员会	省、自治区、直辖市	2020年9月27日	（二）双创支撑平台建设。主要包括支撑大中小企业融通发展的创新创业服务平台，支撑大中小企业融通发展的创新创业服务平台，支撑大中小企业关键领域技术创新的创业服务平台，推动创新创业带动就业的重大科技服务平台，及创业培育和孵化、创新创业国际合作等双创支撑平台建设。主要支持平台以及创业空间建设、系统研发、设备购置、网络建设、线路铺设等内容。（三）社会效益明显的各类创新平台和新兴产业、公共服务技术与测试等其他创新创业创造项目
6	《珠海市科技创新专项资金管理试行办法》	珠海市科技创新局、珠海市财政局	市级	2020年5月28日	科技资金支持范围主要包括：（一）科技创新研究理论、战略、路径与方法等软科学研究；（二）基础自然科学研究、前沿技术应用研究、社会公益性科技研究；（三）高新技术产业、战略性新兴产业技术攻关、科技创新研发活动；（四）产学研合作与技术成果转化、科技成果支撑体系建设；（五）科技创新与创业孵化及支撑体系建设；（六）国家、省重大科技项目配套；（七）科学提升防震减灾综合能力；（八）与增强珠海科技创新能力与可持续发展相关的其他活动。科技资金资助方式主要包括事前资助、事后补助、奖励补助、配套补助等方式。（一）事前资助指项目申请单位在项目立项后完成前，按照项目合同（任务）书要求实施项目和使用的财政资金。（二）事后补助指项目申请单位已先行投入资金开展科研成从事技术支持、科技服务等工作，经市科技部门对其服务、投入、成效等事项进行评审或审核，并给予财政补助的资金。（三）奖励补助指项目申请单位获得市级及以上科技部门相关荣誉等事项给予的财政补助资金；配套省级科技部门相关荣誉等事项申请单位获得上级科技部门立项和资金支持，或者获得国家和省级科技部门资格认定，给予的财政补助资金。（四）配套补助指项目申请单位获得国家或省科技部门立项，总资助金额500万元及以上并由我市单位牵头申报时有明确规定的从事科技项目，配套补助项目原则上是获得国家或省科技部门立项，并由我市单位牵头项目实施组织申报时有明确规定。（五）市政府批准的其他方式

续表

序号	法规名称	发布单位	层级	日期	资助对象和方式相关条款
7	《苏州市市级科技创新专项资金管理办法》	苏州市财政局、苏州市科技局	市级	2020年11月24日	科创资金实行项目化管理，类别化支持，主要分为资助引导、补助奖励、政府购买服务等方式。科创资金主要用于引导和促进科学研究与技术开发，扶持各类科技创新活动，营造和完善自主创新创业环境，主要用于企业技术创新、产业体系建设、科技人才、科技金融等方面的相关工作，以及科技奖励、科技管理工作等
8	《郑州市重大科技创新项目管理办法》	郑州市科学技术局、郑州市财政局	市级	2023年2月10日	项目资助方式 重大科技专项主要依托龙头企业和行业领军企业，鼓励与高等院校、科研院所和其他企业组成创新联合体，通过核心技术突破和资源集成，开展产业关键共性技术研发和重大战略产品研制。采取定向择优或公开竞争的方式立项实施，单个项目财政支持资金不低于1 000万元，立项后给予30%的启动经费，项目执行期内根据中期评价绩效评价情况给予最高30%的项目经费，项目通过验收后给予后续经费"揭榜挂帅"研发专项主要面向重点企业和龙头企业，征集依靠其自身力量难以解决的重大需求或产业关键核心技术难题，通过组织社会力量揭榜的方式实施，提升我市产业自主创新能力和核心竞争力。项目所属行业领域应符合我市重点产业发展方向，企业发榜项目研发投入不低于300万元，不超过500万元给予立项支持，按照单个项目批复金额的50%，且不超过一定的技术合同经费，启动经费总额不超过研发方拨付首批资金的50%，医疗财政拟支持资金总额的50%，项目通过验收后给予后续经费协同创新重大新型专项主要面向基础研究和重大新型研发机构组织实施。采用由项目单位自选课题、自主管理、自主验收的方式，利用自有资金和其他资金，研发投入力度大的高等院校、科研院所，开展基础研究、应用基础研究和应用研究和成果转化。应用创新面向创新驱动产业，行业领军企业、行业领军科技企业，围绕产业、民生与社会治理，新一代信息、量子科技产业、智能物流、智能农业、智慧教育等场景应用，深度应用人工智能，智能诊疗、自动驾驶。采取项目单位立项实施，单个项目按照其实际投入的30%开展智能制造、开展前沿应用技术试验验证示范，开展前沿应用技术试验支持，立项后验收后给予后续经费给予最高500万元资金支持，项目建设完成并通过验收后给予后续经费财政支持不超过30%的启动经费

第 3 章
文献综述与研究框架构建

3.1 政府研发补贴和企业研发投入与产出附加性的研究

3.1.1 市场失灵和研发补贴的作用

现有研究已经证实，研发投入对企业、产业及国家经济增长具有显著的推动作用（Aghion et al., 1998；Arrow, 1962；Grossman et al., 1994；Romer, 1986, 1990）。然而，研发相关的市场失灵可能导致研发投资和创新能力不足等问题（Arrow, 1962；Griliches, 1994；Nelson, 1959）。

从本质上讲，研发具有典型的公共产品特征。研发活动具有非竞争性和非排他性的特点。企业的研发成果可能通过知识与创新溢出，被其潜在的竞争对手所利用，导致私人收益率低于社会收益率，从而阻碍企业获得与研发投资相关的收益（Griliches, 1994）。这种投资和回报的不匹配会降低企业在研发和创新活动上的投资积极性，从而使企业的研发投入无法达到社会最优水平（Arrow, 1962；Bush, 1945；Nelson, 1959）。

同时，由于信息不对称，从事研发的企业可能无法吸引外部资金支持（Arrow, 1962）。由于企业早期的技术通常都是保密的，外部投资者难以准确评估其所从事研发的价值（Hall, 2002a；Hall et al., 2010）。在资本市场不完善或是知识产权保护薄弱的情况下，这种情况可能会加剧（Hall,

2002a；Hsu et al.，2013；Klette et al.，2000），导致外部资本市场对研发的资金支持不足。

　　此外，从事研发与创新的企业还会面临创新负债的问题，尤其是具有高度不确定性和高风险性的突破性创新。同时，研发投资往往会经历多个阶段，且整个投资周期极其漫长，这导致研发投资的财务回报十分缓慢（Hall et al.，2010）。这些因素也降低了私人投资者对研发投资的积极性。此外，从事创新的企业通常缺乏合法性，难以吸引外部知识机构与其建立正式的合作关系，也很难吸引外部资金支持（Amezcua et al.，2013；Zimmerman et al.，2002）。

　　因此，各国政府逐渐意识到通过公共政策来支持私营企业进行研发活动的重要性。根据标准的新古典经济学的分析逻辑，政府可以利用政府研发补贴，包括直接补贴和税收优惠政策，对企业的研发投资进行激励（Arrow，1962；Dasgupta，1988；Dasgupta et al.，2005；Nelson，1959）。

　　基于新古典主义经济学，现有研究通过分析公共干预下研发的资本边际成本（marginal cost of capital，MCC）与边际收益率（marginal rate of return，MRR）之间的相互作用，以确定政府研发补贴的效用和具体补贴值（David et al.，2000）。如图3-1所示，向上倾斜的曲线是研发的资本边际成本，而向下倾斜的曲线是研发的边际收益率，两条曲线的交汇点 R^* 则是企业对研发活动的投资额。从理论上讲，提供直接研发补助金会潜在地提高研发的边际收益，从而提升企业的研发投资。按照类似的逻辑，税收优惠可以减少研发的边际成本，使得MCC曲线下移，以提高研发投资（David et al.，2000）。

　　在理论层面，关于研发补贴的设计及其有效性评估，有一系列原则可供参考（Lipsey et al.，1998）。在进行政策干预以促进研发补贴时，应确保接受补贴的企业在研发投入方面的成本降至最低水平。同时，企业通过研发补贴所获得的效益应超过补贴的成本。在此标准下，附加性效应已成为评估政府研发补贴有效性的核心指标。投入附加性是指研发补贴所导致的企业自身研发投资所增加的部分，从标准的新古典主义经济学角度看，研发投入与补贴之间有着清晰的逻辑联系（Colander，2000）。

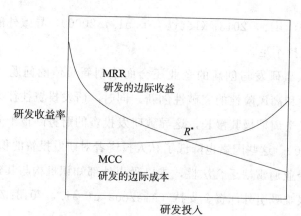

图 3-1 研发补贴对企业研发投入的影响：基于新古典经济学
资料来源：DAVID P A, HALL B H, TOOLE A A. Is public R&D a complement or substitute for private R&D? A review of the econometric evidence[J]. Research policy, 2000, 29(4-5):497-529.

然而，研发补贴也可能挤出受资助企业的研发投入，即挤出效应（crowd-out effect）（David et al., 2000; Garcia-Quevedo, 2004）。根据 Dimos 和 Pugh（2016）的综述研究，研发补贴造成对企业层面研发投入的挤出效应可以进一步分类（图 3-2）。总的来说，研发补贴对企业研发投入的挤出效应可以被分为部分挤出效应、完全挤出效应和过度挤出效应（Dimos et al., 2016）。其中，部分挤出效应指的是，虽然企业的研发投入总量超过了研发补贴前的投入，但与企业如果没有获得补贴的状态相比，研发补贴替代了一部分企业的研发投入。完全挤出效应是指企业研发投入的一部分被补贴数额完全替代，此时企业的总研发投入与其如果没有获得补贴的状态相比，在投资额上持平。过度挤出效应则是企业的研发投入的一部分完全被研发补贴替代，同时企业还减少了自身的研发投入，此时的企业总研发投入与其如果没有获得补贴的状态相比，反而减少了（Dimos et al., 2016）。

研发补贴对企业的研发产出的附加性效应概念则更加复杂。虽然产出附加性是刻画研发补贴是否可以纠正市场失灵所造成的研发产出不足的关键指标，但是，产出附加性通常难以测量，主要是难以解释额外的研发产出是否确实是由补贴所引起的（Dimos et al., 2016）。具体而言，产出附加性

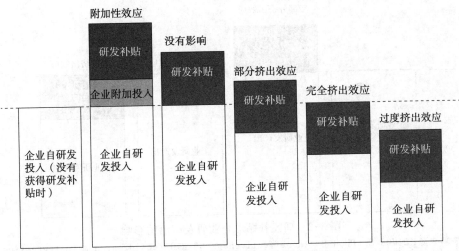

图 3-2 研发补贴对企业研发投入的影响

资料来源：DIMOS C, PUGH G. The effectiveness of R&D subsidies: a meta-regression analysis of the evaluation literature[J]. Research policy, 2016, 45(4):797-815.

需要满足研发投入与研发产出之间严格的线性假设，即更多的研发投入一定会产生更多的研发产出（Falk, 2007; Gök et al., 2012）。然而，实际的过程往往更为复杂且不可预测（Georghiou et al., 2006）。此外，对研发的政策干预在不同的研发种类、时长和阶段，其结果存在着区别（Hsu et al., 2009）。如果对研发产出没有更准确、更严格的定义，就很难评估研发补贴和研发产出之间的直接相关性（Buisseret et al., 1995; Georghiou, 2002）。一般来讲，在对产出附加性的效果评价上，研发产出的部分挤出效应和附加性效应之间的界限十分模糊，很难对附加性效应进行准确的评估（Dimos et al., 2016）。另外，对研发产出的完全挤出效应和过度挤出效应的区分则十分清晰（图 3-3）。完全挤出效应指的是企业在接受研发补贴后，其研发产出与其如果没有获得补贴的状态相比，仍保持在同一水平。过度挤出效应指的是企业在接受研发补贴后，其研发产出与其如果没有获得补贴的状态相比，反而变少了。

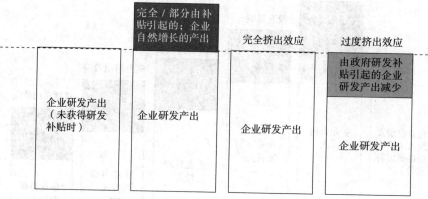

图 3-3 研发补贴对企业研发产出的影响

资料来源：DIMOS C, PUGH G. The effectiveness of R&D subsidies: a meta-regression analysis of the evaluation literature[J]. Research policy, 2016, 45(4):797-815.

3.1.2 研发补贴的机制

1. 缓冲效应：基于资源基础观和资源依赖理论

一部分现有研究采用资源基础观（resource-based view, RBV）来分析政府研发补贴对创新绩效的影响。根据资源基础观，技术能力及与技术相关的资源是推动创新的关键因素（Verona，1999）。在研发活动中投入资源有助于提升企业的技术能力，从而刺激创新（Wernerfelt，1984）。更高的技术能力有助于企业优化资源配置，提高创新绩效（Yam et al.，2004）。然而，技术研发与创新具有高风险性和不确定性，且有一定的公共产品性（Dimos et al.，2016；Hyytinen et al.，2005；Martin et al.，2000；Wernerfelt，1984）。因此，企业的技术研发与创新活动可能受到资源上的约束（Guariglia et al.，2014；Radas et al.，2015）。根据资源基础观，政府研发补贴的主要目的，在于通过直接增加企业进行创新活动的可利用资源，降低研发成本和提高收益（David et al.，2000；Radas et al.，

2015；Rangan et al.，2006）。

另一部分研究基于资源依赖理论，认为研发补贴可以为企业提供丰富的外部资源环境，使其在研发活动中不受外部环境的约束，这在一定程度上有助于企业进行整体的风险管理（Amezcua et al.，2013）。政府研发补贴缓解了（buffering）企业在研发上的资源不足，减轻了企业对外部组织的依赖，使其在一个相对独立的环境下进行研发活动，减少不良市场环境对企业造成的威胁，降低了企业进行不适宜的技术转变所形成的不确定性（Rangan et al.，2006）。此外，政府研发补贴帮助受助企业占据了更有利的竞争位置，避免了不利市场环境对企业的冲击，这使得企业更为积极地在研发活动中分配资源以提高其技术相关能力，从而形成更多的研发产出（Jourdan et al.，2017）。因此，政府提供研发补贴，将会撬动企业的研发资源投入，并增强企业的技术研发能力，从而形成附加性效应（Aschhoff et al.，2009；Bloom et al.，2002；Wernerfelt，1984）。

2. 信号效应和架桥效应：基于制度理论

除了直接提供资金支持，政府研发补贴还能为受助企业向投资者、其他创新主体和客户释放有效的信号（signaling），帮助受助企业获得外部融资，并促进其与外部创新主体建立正式的合作关系（Feldman et al.，2006；Kleer，2010；Lerner，1999；Takalo et al.，2010）。Lerner（1999）在对SBIR计划的研究中发现企业接受政府研发补贴相当于获得了一种政府背书，这种背书可以帮助企业吸引外部投资，特别是对高科技产业和新兴市场中的企业尤为重要。如前所述，信息不对称是导致研发失败的主要原因之一，信息不对称阻碍了企业在研发活动中吸引外部融资（Kleer，2010；Takalo et al.，2010；Wu，2017）。一方面，由于研发的公共产品性，从事研发活动的企业出于自我保护，通常不愿披露技术细节；另一方面，外部投资者也可能缺乏与研发活动相关的专业知识（Wu，2017）。这些都可能会导致外部投资者很难对研发项目的质量与风险进行准确的评估，使外部投资者对研发项目的投资保持谨慎，尤其是具有高风险性和不确定性的新技术（Kleer，2010）。因此，信息不对称会给企业带来外部融资困难的问题

(Ensthaler et al., 2014)。

为此，政府需要在其中发挥有效的中介作用，缓解企业与投资者之间的信息不对称。由于政府不是企业的直接竞争者，企业更倾向于向政府披露其研发信息。相关的研发信息披露也帮助政府筛选申请政府研发补贴的企业（Wu，2017）。因此，政府对研发项目的评估，被认为是相对准确与权威的。在专家评审的基础上，接受研发补贴的企业相当于获得了政府的认可和背书。由于这种政府背书是企业具有较高质量和商业潜力的信号，对以市场为导向的投资者来说，更愿意投资这类企业（Ensthaler et al.，2014；Kleer，2010；Takalo et al.，2010）。

制度理论认为，政府除了缓解信息不对称以外，通过研发补贴还可以增强企业的合法性，推动其与外部研发伙伴建立有效合作关系（Baum et al.，1991；Zeng et al.，2010；Zimmerman et al.，2002）。由于创新负债，从事研发和创新的企业在初始阶段可能缺乏合法性。企业的声望较低、研发的不确定性较高，这些都可能阻碍企业与外部伙伴建立正式的研发合作关系（Jourdan et al.，2017；Kim et al.，2015；Motohashi，2013）。然而，与外部合作伙伴的协作在研发活动中非常重要，因为这种研发协作可以降低研发的风险，为企业提供关键的互补资源，以使其保持竞争优势（Czarnitzki et al.，2017；Flynn，1993；Rodan et al.，2004）。通过研发补贴，政府为受助企业提供了背书，一定程度上提升了受助企业的合法性，有助于其吸引外部伙伴与之建立正式的合作关系（Amezcua et al.，2013；Jourdan et al.，2017）。实证结果表明，参与政府研发项目的企业更有可能与高校和科研院所建立合作关系（Feldman et al.，2006）。研发合作的建立同时也为外部的投资者提供了一个信号，增强他们对研发成功的信心，从而促进外部投资者对研发项目进行投资（Czarnitzki et al.，2012）。因此，这种架桥机制（bridging effect）也将促进接受研发补贴的企业增加研发产出（Amezcua et al.，2013；Jourdan et al.，2017）。

3. 挤出效应：基于公共选择理论

政府研发补贴也可能对企业的研发投入产生负面影响，导致政府失灵

（Jourdan et al.,2017；Wolff,2002）。例如，Boeing、Eberle 和 Howell（2022）的实证研究发现研发补贴增加一个标准差会使大中型企业的自研发支出减少6.5%。其主要的负面效应是源于公共选择理论的挤出效应（Dimos et al.,2016）。产生挤出效应的一个重要原因是政府的"选择胜者"行为（Dai et al., 2015a；Lach, 2002；Wang et al., 2017）。为了避免由于公共资金分配不当而造成的国有资产流失，政府更倾向于将研发补贴提供给高质量的企业，也就是在研发中更高的成功概率和更好财务表现的企业（Lach, 2002）。然而，即使没有研发补贴，这些高质量的企业也有极强的动机对研发进行投资。因此，将政府研发补贴提供给这些高质量的企业在某种程度上是冗余且过量的（Jourdan et al., 2017）。高质量的企业不需要额外的政府研发补贴，也能够保证其研发活动的成功（Lach, 2002）。如果这些企业获得了研发补贴，它们也很可能会选择使用政府资金替代自身的研发投入，这是由于对企业而言，政府的资金在使用成本上要比企业自身和从资本市场上获得的资金更便宜（Carpenter et al., 2002；Jourdan et al., 2017）。现有研究认为，即使获得了研发补贴的优质企业取得了引人注目的成功，但资助这些企业的行为未必使研发的回报达到社会最优水平（Wang et al., 2017）。这是由于真正资金短缺的企业在"选择胜者"的效应下未能获得研发补贴，缺乏公共支持，这些企业的研发可能会面临失败的风险，从而在根本上不能促进全社会的研发活动（Wallsten, 2000）。

公共部门的产权不明晰、公共资产的管理与绩效之间模糊的联系、激励机制不健全、私营部门目标不同等特点，也会抑制研发补贴受助企业从其他市场渠道获取资金支持（Dixit, 1997；Jourdan et al., 2017）。政府更倾向于支持那些符合国家科技战略或者会带来高水平的社会回报的研发活动（Stiglitz et al., 1999）。因此，基础研究、尖端技术和具有更多知识溢出的创新项目更容易获得研发补贴（Stiglitz et al., 1999）。然而，这些潜在的易获得补贴的研发活动与以市场为导向、以盈利为目的的企业在目标上并不一致。政府的战略目标有时甚至与市场是背道而驰的，导致受助企业在相关的研发项目中减少自身的研发投入，从而也可能降低创新产出（Wang et al.，2017）。

政府与企业目标的不一致性还可能会扭曲企业的管理和削弱企业的市场竞争性（Wang et al.，2017）。这是由于企业在公共资金的支持下，即使不提升自身的市场与技术能力，也能够存活下来（Jourdan et al.，2017）。因此在这种情况下，企业更倾向于把满足政府的要求放在首位，为了获取公共资源，企业有可能将其发展重点从发展技术能力转向能够确保持续获得政府资金的政治寻租能力，并将原本技术相关的资源配置在发展政治寻租能力上（Bonardi，2008；Chen et al.，2011）。这种资源转变效应（resource altering effect）导致企业技术能力发展的停滞甚至下降，从而抑制和降低了研发产出（Jourdan et al.，2017）。

此外，由于政府的技术知识和商业能力有限，它可能难以辨别和挑选出具有较高技术和市场潜力的企业（Wang et al.，2017）。在这种情况下，政府研发补贴也无法促进和帮助企业提高研发的投入和产出。即使政府研发补贴实行更为专业化的管理，在缺乏完善的创新生态系统中，也无法促进企业的研发水平和创新行为（Gans et al.，2008；Martin et al.，2000）。例如，如果没有知识产权保护机构、组织间协作和信息交流，研发补贴同样也无法提高企业的研发产出（Mcdermott et al.，2009；Stuart et al.，2016；Wang et al.，2017）。

3.1.3 不同形式的研发补贴

传统的政府研发补贴策略，通常采用直接资金注入的方式实施，即直接向相关企业提供财政资金支持。此种直接补贴方式作为弥补企业研发资源不足的主要手段，尤其在资本市场尚未充分成熟的转型经济体中，发挥着至关重要的作用（Zheng et al.，2015）。即使有研究表明，中国政府的直接研发补助可以促进企业的研发投入（Liu et al.，2016），但是直接研发补助的作用仍然存在争论（Guan et al.，2015；Guo et al.，2016）。

直接研发补助作为一种行政性的事前补贴，可能会存在使用效率低下、挤出私人研发投入的问题，从而造成研发活动的产出不足（Hall et al.，

2000；Perez-Sebastian，2015)。中国的政府干预强度相较于西方国家更大，且申请与使用研发补贴的行政制度较为烦琐，这使得中国的政府研发补贴可能存在更为严重的政府失灵问题（Guan et al.，2015；Wang et al.，2017）。因此，中国政府还设计与采用了多样化的政府研发补贴手段。其中，研发相关的税收优惠在学界与实践中被证明是相对比较成熟的方式（Hall et al.，2000）。

与直接补助不同，税收优惠减轻了企业在政府选择资助对象过程中所存在的被区别对待的问题，因此在一定程度上讲，税收优惠是一种普惠性的补助措施（Busom et al.，2014；Czarnitzki et al.，2011）。这意味着，所有从事研发活动的企业都可以享受税收优惠。税收优惠的基本机制是直接降低研发的边际成本，促使企业加大研发投资（David et al.，2000；Radas et al.，2015）。通过研发相关的税收优惠，政府能够避免直接补助对企业研发投入所造成的挤出效应，同时在理想状态下也能使受助企业获得最高的私人收益率，而不受政府对研发补贴用途的制约（Busom et al.，2014；David et al.，2000；Hall et al.，2000）。但是，税收优惠会影响企业研发活动的组成结构（Czarnitzki et al.，2011；David et al.，2000）。为了获得税收优惠，企业更倾向于投资那些具有快速回报的研发项目，而这些项目往往不是满足政府需求的那种具有较长周期但社会回报较高的探索性研发项目（Czarnitzki et al.，2011）。因此，虽然税收优惠是减轻研发补贴相关"政府失灵"问题的有效途径，但是税收优惠也不是纠正研发"市场失灵"最有效的政策工具（Czarnitzki et al.，2011）。

另一种补贴形式是研发贴息贷款（Huergo et al.，2010）。在中国，政府还主要通过研发贴息贷款的方式来进行资助。例如，中国政府在太阳能光伏产业、LED（发光二极管）产业中广泛使用了贴息贷款来支持企业的研发活动（Grau et al.，2012；Jiang et al.，2012；Liang，2014）。贴息贷款的补贴形式可以在一定程度上消除由政府直接补助的公共特性所造成的企业研发行为的扭曲（Xin et al.，2016）。政府希望依靠银行更为市场化的标准来选择研发贴息贷款的接受者，这些受助者具有更高的市场潜力，同时也往往更有研发动力（Xin et al.，2016）。通过贴息贷款，银行会和政府分担企业的研发风险。同时，相比不需要成本的直接研发补助，由于贴息贷款是需要企业在项目结束时偿还本金，因此受助企业在研发贷款的使用上将更为自律，且更有效率（Huergo et al.，2016）。

3.1.4 关于研发补贴与投入和产出附加性的实证研究

关于政府研发补贴最初的实证研究，证明了未经干预的研发活动所带来的企业层面与社会层面的回报率之间具有不一致性，从而为提供政府研发补贴的必要性提供了有力的支持（Griliches，1998）。在此之后，现有文献进行了大量的实证研究以证明研发补贴的有效性。

由于基于标准的新古典主义经济学理论的逻辑相关性更加清晰，大量实证研究都证实了研发补贴对企业研发投入的促进作用（Colander，2000；Dimos et al.，2016）。另外，验证研发补贴与企业研发产出之间相关性的实证研究数量还不是很多（Dimos et al.，2016）。例如，在Dimos和Pugh（2016）的文献综述中，2000—2013年的52项研究中，有48项讨论了研发补贴对企业研发投入的影响，其中15项研究也同时探讨了对研发产出的影响。单独关于研发补贴与企业研发产出之间关系的研究则仅有4项。

1. 研发补贴的实证研究方法

在研究方法上，研发补贴的相关实证研究主要面临内生性和潜在的选择性偏差的挑战（Almus et al.，2003；Becker，2015；David et al.，2000；Klette et al.，2000）。内生性问题主要来源于对受助企业的筛选过程和选择标准（Becker，2015）。具体而言，企业自身的一些与研发相关的属性可以影响其能否获得研发补贴的支持，这就会导致互为因果的情况出现（Becker，2015）。例如，企业的专利申请量是刻画企业研发能力的重要指标，也是政府选择研发补贴受助者的重要考量因素之一。那么在研发补贴影响研发产出的研究中，这就会导致互为因果的情况存在，从而产生内生性（Cerulli，2010；Gonzalez，Jaumandreu et al.，2005）。此外，对研发补贴的效果评估还会受到无法观测到的企业特性的干扰（Boeing，2016），即企业获得研发补贴与否可能会与误差项具有相关性（Busom，2000；Guo et al.，2016）。内生性问题将会导致线性回归具有不确定性，甚至出现自相矛盾的结果（Klette et al.，2000）。目前，在研发补贴的相关研究中，控制内生性的主要方法是使用工具变量（Beck et al.，2016；Guo et al.，2016）。通过使用工具变量，Oezcelik 和 Taymaz（2008）对土耳其制造业企业的研究证明了政府研发补贴对企业自身的研发投入具有显著的积极作用（工具变量见表 3-2）；Hewitt-Dundas 和 Roper（2010）通过对爱尔兰企业的研究发现政府研发补贴对企业的产出具有附加性效应，他们还发现政府研发补贴对企业的突破性和渐进性创新都有积极作用。

选择性偏差问题主要来自政府部门的"选择胜者"的行为，即政府会倾向选择那些本来就有极强研发能力，并可能会有更多研发产出的企业进行资助（Dimos et al.，2016）。例如，研发密集型和创新型企业更有可能获得研发补贴（David et al.，2000）；同时，公共机构更倾向于支持那些具有较高经济和创新溢出的研发项目（Almus et al.，2003）。因此，为了对政府研发补贴效果进行有效的研究，就必须将受助企业如果未能获得补贴的"反事实（counterfactual situation）"情况考虑进来（Almus et al.，2003），即比较接受了研发补贴支持的企业与其如果没有获得研发补贴情况下的各项研发指标。但是，受助企业没有获得研发补贴时的状态是无法观测到的，所以需要寻找一个在相关特性上与其十分接近的没有获得补贴的企业与之进行比较。为了解决选择偏差问题，以非参数匹配和倾向性得分匹配（PSM）为主的匹配方法在 2000 年后在研发补贴的研究中被普遍应用（Almus et al.，2003；Becker，2015）。近年来，以双重差分法（difference-in-difference）和断点回归（regression discontinuity design）为代表的准自然实验法也在研发补贴的研究中逐渐被普遍使用。

2. 研发补贴对投入和产出的影响研究

部分现有文献在对西班牙、意大利、芬兰、比利时弗兰德地区以及德国的企业的研究中采用了匹配方法，探索了政府研发补贴对企业研发投入的影响（Aerts et al.，2008；Almus et al.，2003；Cerulli et al.，2012；

Czarnitzki et al., 2013; Gonzalez et al., 2008)。总体而言,这些实证结果都否定了研发补贴对企业研发投入的挤出效应。除了对欧盟国家的研究,Koga(2005)以日本的223个高科技初创企业的数据为基础,也发现政府研发补贴可以有效地促进企业的研发投资。对发展中国家,如对土耳其的研究也证实了研发补贴对企业研发投入存在附加性效应(Oezcelik et al.,2008)。此外,其他一些实证研究还分析了研发补贴的信号效应,从而帮助企业吸引外部融资以间接地提高研发投入(Lerner, 1999; Meuleman et al., 2012)。例如,Meuleman和De Maeseneire(2012)发现获得研发补贴使企业同时获得了政府的背书,有助于其吸引外部融资,这种信号或者认证效应所发挥的作用对于初创企业更加明显。

一些学者还研究了研发补贴对企业研发产出的影响,包括以新专利申请量为主的技术产出和以新产品销售额为主的经济产出。Czarnitzki和Hussinger(2004)的研究否定了研发补贴对企业专利申请量的挤出效应,他们还发现获得研发补贴对于企业提升专利发明数量有积极的促进作用。Czarnitzki、Ebersberger和Fier(2007)基于对德国企业的研究,进一步否定了研发补贴对研发产出的挤出效应。他们还研究了芬兰企业的专利发明行为,发现研发补贴对于提升专利产出量有着显著促进作用。Hussinger(2008)使用两阶段选择模型对德国的制造企业进行研究,发现政府研发补贴对企业的研发强度和新产品销售额都有促进作用。Hottenrott和Lopes-Bento(2014)的实证研究则表明研发补贴提升了企业的新产品销售额。Bronzini和Piselli(2016)利用间断回归法对意大利的企业进行了研究,发现研发补贴显著提高了企业的专利申请数量。然而,Czarnitzki和Delanote(2017)发现研发补贴对企业新产品销售额没有显著的附加性效应,尽管他们的实证结果确认了研发补贴对企业研发投入具有显著的促进作用。

3. 研发补贴对投入和产出的非线性效应研究

一些实证研究也发现了研发补贴与企业研发投入之间可能存在非线性关系。Guellec和Van Pottelsberghe De La Potterie(2003)对经济合作与发展组织国家的研究表明,研发补贴和企业研发投入之间呈现倒U形关系。当研发补贴额占到企业自身研发投入的10%以前，政府研发补贴对企业研发投入有促进作用，达到并超过10%以后，政府研发补贴则开始挤出企业研发投入。Görg 和 Strobl（2007）利用双重差分法，以爱尔兰制造企业为样本进行了实证分析，他们也得到了相似的实证结果。他们的研究表明，小额研发补贴对企业研发投入具有附加性效应，但过多的直接补助可能会排挤私人研发投入。在 Jourdan 和 Kivleniece（2017）的研究结果中，尽管政府的补贴在开始时对企业的产出起到了积极的作用，但随着政府资源的重复性积累，政府补贴会抑制企业的绩效。政府补贴与企业绩效之间存在倒U形关系。吴伟伟和张天一（2021）的研究发现非研发补贴与研发补贴对新创企业创新产出具有非对称影响，研发补贴对新创企业创新产出具有倒U形影响，非研发补贴对新创企业创新产出具有积极影响。刘子諐、周江华和李纪珍（2019）的研究也证实补贴与创新产出之间的倒U形关系。

4. 企业异质性与研发补贴效果研究

目前，与研发补贴相关的研究越来越多地将企业层面的异质性属性视为影响研发补贴效果的关键因素（Becker, 2015; Liu et al., 2016）。在企业层面，企业的规模与研发补贴的效果密切相关（Busom, 2000）。Lach（2002）对以色列企业的研究发现研发补贴可以显著提高小企业的研发投入，但与大型企业的研发投入呈现负向关系。研发补贴对创新产出的影响效果也因企业规模而不同（Herrera et al., 2013）。例如，有实证研究表明，研发补贴对小企业的专利申请量有更加显著的附加性效应（Bronzini et al., 2016），而 Gimenez-Fernandez、Sandulli 和 Bogers（2020）对西班牙企业的研究则没有检验出研发补贴对新成立的小企业与老牌小企业在创新绩效方面的差异化效应。此外，企业的成熟程度也会影响研发补贴的有效性（Koga, 2005）。吴伟伟和张天一（2021）则发现新创企业金融化水平的提升能够强化研发补贴对创新产出的倒U形影响。

在产业层面，研发补贴的效果因企业所处产业的技术水平和特征的不同而有所区别。Gonzalez 和 Pazo（2008）对西班牙制造企业的研究表明，在低技术产业中，往往可以排除政府研发补贴对企业研发投入的挤出效应。

Becker 和 Hall（2013）基于英国企业的实证研究也得出了类似的结论，即政府研发补贴对于低技术产业中企业的研发支出有更为显著的促进效果。但是，Hall、Lotti 和 Mairesse（2009）在对意大利企业的研究中发现，在高科技产业中，政府研发补贴对企业研发投入的促进作用更为显著。

在更为宏观的层面，企业所嵌入的不同经济体，所处的不同时间段，都可能导致研发补贴的不同效果。Czarnitzki 和 Licht（2006）的实证研究发现，在东德的经济转型时期，研发补贴对东德企业研发投入的促进作用，相比西德要更为显著。然而，由于西德地区的创新系统更加完备，所以研发补贴对西德企业的研发产出的促进作用要更为显著。Hud 和 Hussinger（2015）的研究表明，在2008年金融危机前后，研发补贴对德国企业研发投入的影响效果有所不同。2008年之前，研发补贴对德国企业的研发投入呈现显著的促进作用，但金融危机之后的2009年，研发补贴则产生了挤出效应。

5. 不同研发补贴形式的有效性研究

依据不同的用途，一些学者在实证研究中进一步区分了直接研发补助，并分别验证了其作用。已有的实证研究表明，用于支持科学研究或者基础研究的研发补助能够促进企业的研发投入，而用于技术提升或者应用研究的补助则对研发投入产生挤出效应（Clausen，2009）。

除了直接研发补助，现有文献还对包括税收优惠和低息贷款在内的其他形式的研发补贴进行了一定程度的实证研究。研究表明，税收优惠政策对企业研发投入有促进作用（Baghana et al.，2009；Guellec et al.，2003；Kobayashi，2014）。例如，实证结果表明，在意大利，税收优惠比直接的研发补助更能促进企业的研发投入（Carboni，2011）。同时，其他几项关于税收优惠的实证研究表明，税收优惠可以促进企业的新产品研发和增加企业的专利申请量（Berube et al.，2009；Cappelen et al.，2012；Czarnitzki et al.，2011；Radas et al.，2015）。一项基于中国河北省505家高新技术企业的研究发现，税收优惠政策有利于企业创新绩效和高质量创新产出的提升；相反，政府的研发补贴对企业的创新绩效和创新质量均具有挤出作用（白旭云 等，2019）。

低息贷款相关的实证研究较少。部分相关实证研究分析了影响企业成功申请低息贷款的决定性因素。研究发现，处于高技术或中等技术水平的产业中，建立时间较短的企业或有先前获得政府研发补贴经历的企业，获得低息贷款的可能性更大（Heijs,2005;Huergo et al.,2010）。Huergo 等（2016）的实证研究还表明，低息贷款可以促进西班牙企业自身的研发投入。此外，低息贷款的这一附加性效应对小企业和制造企业更加显著。

6．中国研发补贴的效果研究

最近几年，关于中国政府研发补贴效果的实证研究不断增加。大多数有关中国研发补贴的实证研究，验证和探讨了研发补贴对企业研发投入是存在附加性效应还是挤出效应，这些研究一般使用企业的研发支出或者研发强度来测量企业的研发投入。

Cheng 和 Chen（2006）通过使用倾向性得分匹配方法对浙江省民营企业的实证研究表明，研发补贴对企业的研发支出没有显著性的促进作用。陈玲和杨文辉（2016）同样使用倾向性得分匹配（PSM）方法，基于 2010 年到 2012 年的中国上市公司数据，发现中国政府的研发补贴对企业自身的研发支出产生了显著的促进作用。Liu 等（2016）采用倾向性得分匹配和工具变量法证明了研发补贴对江苏省企业的研发支出有着显著的附加性效应（工具变量见表 3-2）。他们进一步发现，研发补贴所带来的附加性效应在规模较小的企业，财务受到更多约束的企业，以及在民营企业中更为显著。Boeing（2016）基于 2001 年至 2006 年的中国上市公司数据所进行的实证研究发现，企业在获得研发补贴之初会挤出自身的研发投入，但是这种挤出效应会逐渐消失，研发补贴也不会对企业的研发投入有显著的促进作用。

随着研究的不断细化，一部分学者发现促进企业创新的研发补贴额度存在一定的门槛，当补贴额超出这一门槛后，补贴可能会抑制企业的研发投入和创新产出。Dai 和 Cheng（2015b）通过对中国制造业企业的实证研究，发现了企业的私人研发投资与研发补贴之间呈倒 U 形的关系。当研发补贴达到一定门槛前，会促进企业自身的研发投入，但到达门槛后如果继续增加补贴，则会挤出企业自身的研发投入。与 Dai 和 Cheng 的实证结果相似，Yu

等（2016）通过对中国的可再生能源产业进行实证研究，也发现了研发补贴对企业自身研发支出的门槛效应。这些研究的实证结果表明，政府研发补贴只能在一定程度上促进企业的研发投入，但过多的补贴会对企业的研发投资行为产生消极影响。戴小勇和成力为（2014）基于门槛面板数据模型的回归结果则表明，研发补贴对企业自身研发投入的倒U形关系主要存在于国有企业，而对民营高科技企业的研发投入则会有显著的促进效果。

有关中国政府研发补贴的另一个主要研究方向是研发补贴对企业研发产出的影响，企业的研发产出通常由专利申请量和新产品生产和销售额来衡量。在产业层面，Hong等（2016）利用随机前沿分析（stochastic frontier analysis，SFA），发现政府研发补贴对中国高科技产业的专利活动存在消极影响。在企业层面，Xu、Huang和Xu（2014）通过对270家中国企业的实证研究，也证实了研发补贴与企业新产品开发之间具有显著的正相关性。Guan和Yam（2015）验证了20世纪90年代中国的研发补贴的效用。实证结果表明，中国政府的直接研发补助对企业的专利申请量和新产品销售额存在消极作用，而特殊贷款和税收优惠等市场驱动的补贴工具则对企业的新产品销售额具有显著的促进作用。Guo等（2016）采用倾向性得分匹配和工具变量法研究了中国科技型中小企业创新基金对包括专利数量、新产品销售额和出口额在内的企业创新产出的影响（工具变量见表3-2）。研究表明，相比未受助企业，受助企业的创新产出大幅增加。高雨辰等（2018）基于江苏省制造业企业的实证研究发现，研发补贴在促进企业的专利申请时，与大学科研院所的合作可以起到部分中介作用。叶阳平和马文聪（2023）研究了政府研发补贴对企业创新合作的差异化影响效应，具体关注高管团队社会资本的调节作用以及高管团队社会资本的调节作用在异质性企业中所存在的差异。

Xiong和Yang（2016）则发现研发补贴对处于技术早期发展阶段的光伏企业，在研发产出上有积极作用。但是，对处于技术发展中期和成熟期的企业而言，研发补贴对研发产出的促进作用并不显著。基于这一研究结果，Xiong和Yang（2016）还提出，政府在提供研发补贴时，应设立适当的进入和退出机制。

李凤梅等（2017）同样探讨了政府研发补贴在光伏产业中的作用，其研究结果表明，在光伏产业的国内市场与政策环境趋于稳定后，政府研发补贴通过促进企业的研发投入，对光伏企业的专利申请量起到了显著的促进作用。

Xin等（2016）则讨论和比较了不同形式的研发补贴（包括低息贷款和直接补助）的效果。实证表明低息贷款比直接补助对企业的研发投入的促进效果更好。此外，这种附加性效应几乎都发生在民营企业中。周江华等（2017）则在研究研发补贴对企业新产品销售额的影响时，区分了补贴类型。研究表明直接补助和税收优惠均提升了企业的新产品销售额，且企业的创新合作起部分中介作用，而企业创新能力则具有显著的调节作用。王宛秋和邢悦（2021）的研究发现，税收优惠对企业技术并购后的研发投入强度有显著的直接激励效应，财政补贴则是通过降低金融错配的抑制作用间接激励了企业研发投入。

还有一些学者探讨了在中国情境下，企业成功获得研发补贴的决定因素。通过使用断点回归，Wang等（2017）发现具有明显竞争优势和政治联结的企业更容易获得创新基金的研发补助。针对研发补贴对企业创新绩效的影响，Wang等（2017）的实证结果表明，研发补贴和企业的存活率、专利发明量或吸引风险投资之间没有直接的因果联系。Boeing（2016）发现中国政府更愿意为那些过往接受过政府研发补贴、有高质量发明的企业，以及国有企业提供研发补贴。陈玲和杨文辉（2016）发现中国政府的研发补贴主要提供给了经营自主权大、上市年限短、规模大以及有研发活动的本土企业。王红建、过江明和邢斐（2023）提出金融科技能通过提升企业信息透明度、抑制研发操纵倾向、规范补贴资金的使用等显著促进研发补贴对于企业研发投入的撬动作用。

还有一些基于中国情境的实证研究，验证了研发补贴所具有的信号效应，以及所带来的政府背书的作用。Wu（2017）基于中国上市企业2009年至2013年数据的实证研究，发现接受过国家研发补贴的企业更容易吸引并获得外部融资，相比国有企业，由研发补贴引发的信号效应，对私有企业的作用更加显著。高艳慧、万迪昉和蔡地（2012）的实证结果表明，政府研发补贴帮助企业获得了更多的银行贷款，这种促进作用仅在非国有企业以及市场化程度较低的地区显著。高雨辰、万滢霖和张思（2021）的研究表明，数字化转型通过提高信息交换的准确度和效率，帮助企业消除与外部融资提供者之间信息不对称，在一定程度上消除因政府补贴的消息来源单一所带来的信号扭曲效应，进而促进企业获得研发补贴后更好地吸引对外负债融资。Guo、Guo和Jiang（2022）利用基于倾向性得分匹配的双重差分法对中国制造业企业的实证研究发现，政府研发补贴通过直接资助和认证机制促进了企业获得外部融资，在地方政府效率较高且对商业活动干预较少的地区，政府研发补贴的效果更为显著。

解洪涛、陈昶旭和张建顺（2022）运用元回归分析方法，在梳理了122篇关于中国产业补贴与企业研发关系的实证文献后，对研究中的异质性因素进行了分解，并剔除了发表偏倚，从而获得了真实效应值区间。研究表明，异质性主要源于样本选择、方法使用以及发表偏倚。在以企业私人研发支出作为被解释变量的研究中，发表偏倚导致了30%～50%的高估效应。而在研发专利技术作为产出指标的研究中，剥离发表偏倚和实证方法带来的影响后，政府补贴对研发产出的影响显得微弱。在剔除发表偏倚后，真实效应值仅支持以研发总支出作为被解释变量的实证效果。因此，他们认为未来针对细分行业和细分补贴形式的案例研究更具意义。

3.2 政府研发补贴与行为附加性的研究

3.2.1 行为附加性的概念与定义

1. 研发的系统失灵：超越市场失灵

政府研发补贴的初衷是解决与研发相关的市场失灵，如研发投入不足等问题（Arrow, 1962; David et al., 2000; Dimos et al., 2016），然而，行为附加性的概念超越了研发的市场失灵的理论范畴（Gök et al., 2012）。行为附加性是基于演化视角来解决研发相关的更大范围的失灵，即系统失灵（Hall, 2002b; Metcalfe et al., 1997; Smith, 2000）。演化理论为更好地理解研发的系统失灵原理提供了若干关键的分析视角，也为制定更有效的创新政策提供了依据（Antonioli et al., 2012）。

根据演化理论，企业的创新行为是异质的，这可以归因于企业层面具体的规则、能力、认知水平和战略（Metcalfe, 1995; Nelson et al., 1982）。这些因素决定了企业的创新惯例（routines）（Metcalfe, 1995）。同时，从新熊彼特理论的角度出发，这种企业层面的创新惯例是动态且可选择的（Dosi et al., 1994）。组成并影响企业创新惯例的要素受到企业内外部互补和互动的因素影响（Kline et al., 1986）。基于这一论点，创新系统视角进一步强调，企业不是孤立地进行创新，而是通过与其他主体的相互作用和合作进行创新（Lundvall, 1992; Nelson, 1993）。企业与这些相关的创新主体，以及和这些主体间的相互作用共同构成了围绕企业的创新系统（Edquist, 2005）。因此，根据演化理论，企业的外部制度条件对其创新活动也十分重要（Lundvall, 1992; Nelson, 1993）。

新古典理论强调使用研发补贴对企业的创新相关资源直接进行补充和促进，与新古典理论不同，演化理论和创新系统视角强调对企业的创新能力提升，以及对企业所嵌入的创新系统的完善（Metcalfe, 2005）。因此，创新政策需要从更综合的视角进行再思考。创新政策在设计和执行上不再是简单地用来克服研发的市场失灵，更需要思考怎样用于克服研发的系统失灵（Smith, 2000）。现有的文献认为主要有两种系统失灵（Antonioli et al., 2012）：一种是有关知识创造与学习能力的系统失灵，最终会导致创新演化过程的失败（Malerba, 2009）。另一种则来源于企业所在创新系统的结构和配置上的问题（Smith, 2000）。

与知识创造和学习能力有关的系统失灵通常缘于人力资源不足以及企业内部的知识存量不足，这阻碍了企业对外部新知识的吸收（Cohen et al., 1989）。此外，这种类型的系统失灵也可能是企业在研发的过程中由于探索（exploration）和利用（exploitation）的失衡所导致的结果（Antonioli et al., 2012）。例如，当企业的研发活动具有高利用性且低探索性特点时，企业会倾向于把资源集中在其具有足够的知识存量且熟悉的技术领域（Ahuja et al., 2001）。此时，企业现有的核心能力就会形成组织惰性，导致企业的路径依赖，进而引发研发的系统性失灵（Leonard Barton，1992）。

造成与系统的结构和配置有关的系统性失灵主要有两个原因：①系统的正式制度与非正式制度过于薄弱（Smith，2000）。包括规章制度、标准、共同规范、信任和文化等在内的制度塑造了企业的外部环境，对企业的创新行为和绩效有着显著的影响。当这些制度十分薄弱、无法为企业的创新活动提供制度保障时，就会形成系统失灵（Smith，2000）。②企业缺乏或者没有适当的互动以及与之互动的要素（Edquist，2005；Malerba，2009；Metcalfe，2005）。从创新系统的角度出发，包括互补者、上下游伙伴甚至竞争对手在内的众多关键要素，以及企业与其的互动，都会对企业的创新有深刻的影响（Edquist，2005）。一方面，缺少适当的要素，可能会将企业限制在有限的交互学习中，阻碍企业通过学习来获得与创新相关的重要资源，以及企业相关关键能力的发展（Malerba，2009；Metcalfe，2005）。与要素之间的弱互动也降低了形成技术创新的共同愿景的可能性，并对创新系统中各个主体之间的协调产生负面影响，从而导致系统失灵（Carlsson et al.，1997）。另一方面，不适当的要素和互动可能导致过强的网络。在这种网络中，惯性会增加企业被现有轨道锁定的风险（Woolthuis et al.，2005）。

因此，为了解决系统失灵，在通过研发补贴对企业研发活动进行政策干预时，必须考虑怎样从根本上扩大和更新企业的知识存量，提升企业的技术能力和吸收能力。同时，还需要研发补贴为企业提供更多的机会与外部主体进行互动，特别是与适当的、创新相关的主体进行组织间学习。简而言之，研发补贴被寄望于产生企业层面的行为附加性。

2. 行为附加性的定义与分类

作为由政府对企业研发与创新活动的政策干预所产生的第三种附加性，行为附加性已经逐步被学术文献概念化（Buisseret et al.，1995；Falk，2007；Georghiou，2002；Georghiou et al.，2006）。Buisseret 等（1995）第一次对"行为附加性"进行了明确的定义，即行为附加性是发生在企业研发和创新相关的行为与战略中的持续变化。这些变化可以归因于政府政策的干预，例如，企业在研发补贴的支持下会进行更高风险的研发活动，或者建立更多的研发合作以获得更多外部知识。因此，Falk（2007）进一步提炼了行为附加性的定义，即行为附加性是在政策干预下，企业的研发和创新过程中所获得的符合政府与企业需求的行为改变。

使用行为附加性来评估研发相关政策实施效果的主要优点，在于可以评估接受补贴的企业在创新过程中的本质变化，以及技术能力的提高（Antonioli et al.，2012）。这种来源于政策干预的变化与深刻影响是无法用投入与产出的附加性来测量的（Antonioli et al.，2012），而行为附加性的概念可以帮助我们更好地理解政府对企业研发的政策干预是如何从本质上改变研发的过程，以及如何帮助企业以一种更持久的方式进行创新（Georghiou et al.，2006）。就具体的政府研发补贴的研究而言，行为附加性的概念可以从更全面的角度来剖析研发补贴的影响（Georghiou et al.，2006）。因此，行为附加性的概念已经在学术文献中得到了一定的关注（Antonioli et al.，2012；Falk，2007；Gök et al.，2012）。在创新政策的实践中，行为附加性也获得了越来越多的验证，并逐步运用到了创新政策效果的评价中（Georghiou et al.，2006）。

根据其基本定义，行为附加性的概念被不断扩展、细化与分类（Chapman et al.，2015；Falk，2007；Gök et al.，2012）。目前行为附加性可以从研发项目的实施和企业层面的认知能力的增强两个角度进一步细分（Falk，2007；Georghiou，2002；Knockaert et al.，2014）。

从研发项目的实施角度看，行为附加性可以被进一步分为范围（scope）、速度（acceleration）和规模（scale）的附加性（Falk，2007；Georghiou，2002）。

范围附加性指的是企业在接受研发补贴后，会将研发项目扩展至更大的技术领域，取得更广阔的应用范围和吸引更多的相关主体（Falk，2007）。但是，随着把研发项目的范围扩大到新的技术领域，企业可能会面临更高的技术风险和商业风险，这些风险来源于企业在陌生领域中缺乏相关的技术能力和业务经验（Ahuja et al.，2001；Falk，2007）。范围附加性也可以反映在与外部创新主体建立新的合作上，这种合作关系一方面可以扩大企业的知识范围（Clarysse et al.，2009）；但是另一方面，与外部合作伙伴建立新的关系，企业需要付出高昂的协调和维持成本（Dyer et al.，1998）。通过接受研发补贴，企业可以在一定程度上降低风险，减少与范围扩展相关的成本，因此研发补贴可能会促使企业产生范围附加性（Falk，2007）。

速度附加性被定义为由研发补贴对项目在时间上的影响，通常是加快项目的推进速度以捕捉市场窗口，使研发的技术产出更早地推广至市场（Georghiou，2002）。由于得到了政府的研发补贴支持，企业克服了项目中可能的资源短缺问题，因此研发项目具有"较早的开始时间，较短的实施周期，或者项目的提前完成"（Falk，2007），这些都属于企业的速度附加性。但是，企业为了产生速度附加性，通常更愿意从事短期项目而不是长期项目。在政府研发补贴的支持下，受助企业需要满足政府所提出的战略目标，从而从事一些长期项目。此时，企业可能会决定涉足那些自身短期业务需求以外的研究领域。在这种情况下，就会同时产生范围附加性（Falk，2007）。

规模附加性指的是在政府支持下，企业的研发项目规模与未获得资助时所计划的规模要扩大了（Georghiou，2002；Wanzenboeck et al.，2013）。企业接受研发补贴之后，对项目进行了更大规模的投入，此时投入附加性就可以被视作一种规模附加性（Falk，2007）。Falk（2007）还认为，规模附加性能够反映和捕捉企业研发行为在项目实施过程中的逐步变化。

行为附加性的另一角度是认知能力附加性（cognitive capacity additionality），有关由研发补贴带来的企业的管理能力、技术知识以及网络的提升（Bach et al.，2002，2005；Falk，2007；Knockaert et al.，2014）。与研发补贴相关的认知能力附加性所关心的核心问题，是政府的支持能否帮助改变受助企业的认知能力。Bach和Matt（2002）认为，企业认知能力的改变可以给企业在战略和能力获取上带来持续或永久的改变。从长远来看，企业认知能力的改变可能对企业的研发活动产生更为显著的影响（Bach et al.，2002，2005）。因此，认知能力附加性的概念十分适用于从演化理论的视角所进行的政府研发补贴效用的研究（Georghiou，2002）。

认知能力附加性被进一步分为网络附加性和能力附加性（Antonioli et al.，2014；Knockaert et al.，2014）。网络附加性指的是企业在政府的研发补贴资助下建立更多的有关研发的外部合作网络（Alexander et al.，2013；Falk，2007）。研发相关网络的合作对象不仅可以是大学和科研院所，也可以是行业内的其他相关主体，包括供应商、用户、互补者甚至竞争对手（Afcha Chavez，2011；Antonioli et al.，2014；Guisado-González et al.，2016；Marzucchi et al.，2015；Wanzenboeck et al.，2013）。一项研究表明，不同的合作对象，如学术机构和公司，对作为信号的研发补贴的接收和解读存在差异（Bianchi et al.，2019）。网络附加性可以被视作企业在产业内或产业间的合作网络的扩大。因此，网络附加性也被视为范围附加性的一种（Falk，2007）。能力附加性指的是企业内部能力的提升（Chapman et al.，2015；Knockaert et al.，2014）。目前，人力资源的提升，如高质量的研发人员的招聘和现有人员的培训，常被用来捕捉和刻画企业的能力附加性（Antonioli et al.，2014；Chapman et al.，2015；Knockaert et al.，2014）。此外，认知能力的两种附加性之间往往有着紧密的联系（Georghiou，2002）。例如，网络附加性需要企业有必要的内部能力来处理好合作伙伴之间的关系，因此企业的能力附加性就影响了其自身的网络附加性（Afcha et al.，2016）。

此外，另一项研究基于创新导向，从企业高管的创新态度研究了由研发补贴带来的企业行为附加性。Chapman 和 Hewitt-Dundas（2018）将行为附加性分为三种类型：对创新的支持（support for innovation），风险忍受度（risk tolerance）和对外部知识的开放程度（openness to external knowledge）。具体而言，企业高管对创新的支持主要是其对企业内部的创新行为的帮助，如支持新想法的发展和为创新活动提供充足的资源等。风险忍受度则是与企业高管进行具有不确定性的创新活动的能力和意愿有关。对外部知识的开放程度反映了企业高管利用外部知识促进创新活动的倾向（Chapman et al.，2018）。在中国情境下，靳光辉、王雷和马宁（2023）

基于中国A股制造业上市公司数据发现,政府补贴降低了企业经营风险,为高管从事风险相对更高的研发投资提供了激励。

还有一些学者研究了研发补贴对认知能力附加性的持续效应（persistency effect）和遗留效应（legacy effect）(Chapman et al., 2015; Clarysse et al., 2009; Gök et al., 2012)。遗留效应是指研发补贴在补贴期内对企业附加性所产生的进一步影响,以及企业在补贴期内所产生的滞后附加性(Roper et al., 2014)。持续效应则是指研发补贴在超过补贴期限后对企业产生的长期附加效果(Chapman et al., 2015)。如前所述,企业认知能力附加性可以为企业带来在战略和知识获取方面的持续或永久的改变,因此持续和遗留效应是认知能力附加性的重要研究方向(Gök et al., 2012)。如果忽略这些效应,则会导致对研发补贴在认知能力附加性上效果评价的误差(Chapman et al., 2015)。尽管研发补贴对企业行为附加性的持续和遗留效应是十分重要的,但是相关的研究还十分匮乏(Chapman et al., 2015)。

3.2.2 学习视角下的企业行为附加性

除了研发项目实施和企业认知能力增强的视角外,组织学习的视角也被用来刻画政府资助对企业在研发过程中的行为变化的影响(Clarysse et al., 2009; Knockaert et al., 2014)。Clarysse等（2009）综合了知识基础观和学习视角,认为参与研发补贴项目可以改变企业在获取、吸收、创造和开发新知识方面的路径或行为。

具体而言,企业在获得研发补贴后,可能会改变其对新知识的获取方式和扩大知识的搜索范围。例如,接受研发补贴的企业更可能通过与外部知识机构（如大学和研究机构）的正式合作来获得新知识(Afcha Chavez, 2011)；企业在研发补贴的资助下,也可能会更多地招收高质量研发人员,促进知识积累以提升吸收能力(Roper et al., 2014)。企业内部对新知识使用的态度转变也能造成行为附加性(Chapman et al., 2015),比如,由于以往的经验和知识储备较少,企业往往不愿意利用相对自身而言的新技术以及相关知识(Ahuja et al., 2001)。但是,接受研发补贴的企业可能有更强烈的意愿,并愿意承担更高的风险进行知识重组,从而产生更具创新性甚至是突破性创新的技术改变(Beck et al., 2016;Clarysse et al., 2009;Zhao et al., 2016)。因此,行为附加性与组织学习是直接和间接相关的。

从组织学习的角度,企业的行为附加性可以被细分为三种子附加性,即先天学习(congenital learning)附加性、组织间学习(inter-organizational learning)附加性和经验学习(experiential learning)附加性(Roper et al., 2014)。正如Clarysse等(2009)所强调,"不同类型的行为附加性之间并没有明确的界限"。因此,先天学习附加性、组织间学习附加性分别与认知能力附加性中的能力附加性、网络附加性有着密切的联系(Knockaert et al., 2014)。

先天学习是指企业过去积累起来的内部知识存量,与吸收能力密切相关(Cohen et al., 1990;Huber, 1991)。先天学习也可以被定义为企业层面的人力资本存量,也就是企业员工的教育水平和经验的总和(Roper et al., 2014)。因此,先天学习附加性是指企业在接受政府研发补贴之后产生的人力资源质量和知识存量,以至吸收能力的提升(Roper et al., 2014)。

组织间学习指的是企业通过研发合作来共享和转移显性知识和隐性知识(tacit knowledge)(Autio et al., 2008;Levitt et al., 1988)。组织间学习附加性的定义则是由政府支持所带来的,企业用来进行外部知识转移而形成的组织间合作的增强与促进(Roper et al., 2014)。研发补贴鼓励企业扩大或深化对外研发合作。组织间学习附加性与网络附加性相似,且与先天学习附加性有着密切的关系(Falk, 2007;Knockaert et al., 2014;Roper et al., 2014)。一方面,组织间学习附加性为个人和组织提供了对外学习的机会,提高企业吸收能力和竞争力(Falk, 2007)。另一方面,组织间学习附加性的效果十分依赖于企业现有的知识存量和吸收能力(Powell et al., 1996)。

经验学习指的是企业在实践中学习知识(learning-by-doing),这些知识是通过企业在实践中的具体的路径和资源配置嵌入企业中的(Clarysse et al., 2009; Cyert et al., 1963)。因此，经验学习附加性被定义为企业在获得研发补贴后，引入新的研发路径，对以后的研发流程和资源进行重构（Roper et al., 2014）。

3.2.3 行为附加性的实证研究

1. 行为附加性的测量

在明确了行为附加性的定义后，一些学者开始尝试通过实证分析，以验证政府研发补贴对企业层面的行为附加性的影响。在行为附加性相关的研究中，首先要处理的问题是明确其测度（Antonioli et al., 2012; Falk, 2007; Gök et al., 2012）。

从认知附加性的角度出发，内部的知识存量（internal knowledge stocks）的增长和外部组织间学习网络（external inter-organizational networks）的扩展可用来分别测量企业的能力附加性和网络附加性（Knockaert et al., 2014; Roper et al., 2014）。具体而言，基于组织学习的角度，内部的知识存量可以采用企业研发相关的人力资源升级来捕捉，即企业的研发人员的教育水平，研发经验与能力的增长。例如，企业可以通过雇用高质量的研究人员来获得研发相关的能力（Chapman et al., 2015; Georghiou et al., 2006）。这是由于人力资源是复杂的隐性知识的载体，与企业利用知识提升技术研发能力密切相关（Roper et al., 2014）。现有研究分别采用了"具有博士学位的雇员占比"（Kang et al., 2012）、"实际雇员数与预计雇员数的比值的自然对数"（Link et al., 2013）、"企业内接受过高等教育的员工占比"（Gustafsson et al., 2016）、"当年招收具有博士学位雇员的人数"（Afcha et al., 2016）等计数变量或者连续变量直接测量了企业雇员质量与数量的提升，用以捕捉企业的能力附加性。Antonioli等（2014）则使用了问卷调研的方式，设置了三个有关人力资源增长的哑变量，即企业是否通过日常运营使员工的能力得到了扩展，企业是否组织并实施了一般的技能培训项目，以及企业是否对员工进行了专业技能培训，来测量企业的能力附加性。

外部组织间学习网络，在现有研究中则通常采用企业的对外研发合作来测量，以刻画企业从外部获取研发相关的知识渠道的扩展（Knockaert et al., 2014; Roper et al., 2014）。企业的对外研发合作可以进一步分为与知识机构（knowledge institutes）的合作和与产业伙伴的合作。知识机构包括大学与科研院所，与产业伙伴的合作则包括纵向合作（vertical cooperation）和横向合作（horizontal cooperation）。其中，纵向合作指的是企业与上游供应商、下游用户的合作；横向合作指的是企业参与战略联盟，与产业竞争者和隶属于同一集团的公司合作等（Afcha Chavez, 2011; Franco et al., 2014）。企业的网络附加性的测量方式是多样化的，主要包含了哑变量、计数变量、基于问卷的打分变量以及连续性变量。具体而言，哑变量直接刻画了企业是否存在与外部组织的研发合作。例如，Guisado-González 等（2016）在研究中基于西班牙的社会创新调查（Community Innovation Survey, CIS）数据，按照区域和合作伙伴的分类确定了 40 个合作来源，并同时设置了 40 个企业研发合作相关的哑变量。计数变量则是以企业的合作伙伴数量为变量对企业的合作行为进行测量（Kang et al., 2012）。打分变量的打分方式往往基于问卷中的具体内容。例如，Cerulli, Gabriele 和 Potì（2016）基于意大利的社会创新调查，将企业合作行为以 0～6 进行打分，打分依据是每年的调查结果，参考因素是企业合作者的类型与地理位置。其中得分 0 意味着企业完全没有合作，得分 6 则意味着企业拥有所有类别的合作者。Knockaert 等（2014）以七分李克特量表为依据对企业的网络附加性进行打分，问卷中包含诸如"获得政府研发补贴是否使贵企业与高校和公共研究院所建立研发合作网络"的问题。但是，Carboni（2012）认为使用非连续性变量来测量网络附加性会损失研发合作中的大量具体信息，而使用连续性变量可以弥补这些测度上的缺陷。因此，他的研究中使用了"企业对外研发支出与雇员数量之比"作为测量网络附加性的变量。

此外，目前对从研发项目执行角度出发的企业行为附加性的实证研究较少，已有的研究也都是以哑变量来测量企业的项目规模、项目范围以及项目速度的附加性（Wanzenboeck et al., 2013）。从创新导向视角出发的企行为附加性则是由五分李克特量表来进行测量的（Chapman et al., 2018）。

2. 政府研发补贴对行为附加性的影响研究

政府研发补贴对企业行为附加性影响的实证研究也面临着选择性偏差和政策内生性的问题，同时基于行为附加性的测量方式的特点，现有相关实证研究广泛应用的方法主要是匹配模型（Antonioli et al., 2012）。就匹配模型而言，与研发补贴对企业的投入与产出附加性的影响研究类似，大多数研究选择使用倾向性得分匹配的方法来控制选择性偏差与内生性问题，而在2016年的两个相关研究中，Afcha和Garcia-Quevedo（2016），Gustafsson等（2016）等则分别使用了广义精度匹配（coarsened exact matching, CEM）的方法。相比倾向性得分匹配，广义精度匹配不需要先计算企业获得研发补贴的倾向概率，即不需要通过Logit模型或者Probit模型先计算倾向性得分。广义精度匹配是根据控制组企业与处理组企业的距离远近，来对其影响获得补贴的相关变量进行分层与赋予权重。因此，广义精度匹配十分适合影响因素是连续变量的情况。

Busom和Fernández-Ribas（2008）的研究聚焦于政府研发补贴对企业行为附加性中的合作维度，分别讨论了研发补贴对企业与公共研究机构，以及与客户和供应商合作的影响。基于716家西班牙制造业企业在1998年的数据，该研究采用了结构方程和得分匹配的方法进行实证研究。研究结果表明，政府研发补贴促进了企业对外合作的行为，产生了行为附加性。具体而言，一方面，接受研发补贴的企业与公共研究机构合作的概率得到显著提升，提升了28%。另一方面，虽然政府研发补贴促进了企业与客户和供应商的合作，但是没有对企业和公共研究机构合作起到显著的促进效果，并且只有当企业拥有一定的无形知识资产时，才会促进企业与产业伙伴的合作。

Afcha Chavez（2011）基于一组1998—2005年的西班牙制造业企业的面板数据，通过倾向性得分匹配，分析了中央与地方政府的研发补贴对企业的合作行为附加性的影响。研究进一步区分了企业与大学或技术中心的合作，以及与用户和供应商的合作。研究结果表明中央和地方的研发补贴都可以显著地促进企业与大学或者技术中心的合作，但是对于企业纵向合作的促进作用则不显著。此外，研究还发现地方研发补贴更为显著地促进了之前没有参与过研发合作的企业与大学或者技术中心的合作，而中央政府补贴则更促进了之前参与过研发合作的企业与这些知识机构的合作。

Antonioli 等（2014）的研究则同时探讨了政府研发补贴对企业的能力附加性与网络附加性的影响。其中，企业的能力附加性采用了人力资源相关的三个哑变量来进行测量。网络附加性则是使用八个哑变量来测量，包括企业是否有与地区内和地区外的供应商、用户、竞争对手以及隶属同一个集团的公司进行合作。换言之，该研究没有考虑企业与大学或科研院所的合作，而是只考虑了企业与产业伙伴的合作。基于一组2006—2008年意大利的地区企业数据，该研究采用了倾向性得分匹配的方法，发现受到政府研发补贴资助的企业更有可能提升自己的内部能力，但是这些企业与地区内外的其他产业伙伴的研发合作受补贴政策的影响不显著。

Marzucchi 等（2015）以意大利的区域企业数据为基础，首先通过倾向性得分匹配验证了政府研发补贴对企业与大学科研院所合作的显著促进作用。他们进一步讨论了研发补贴对企业与区域内和区域外的大学科研院所合作的影响，并发现政府研发补贴对域内合作的促进作用更为显著。然后他们采用广义倾向性得分匹配，发现在公共资金数额达到一个最低限度的门槛后，才会更显著地促进企业与域外大学和科研院所进行合作，这是因为域外合作的成本更高。

Gustafsson 等（2016）基于1997—2011年瑞典企业的数据，结合瑞典企业的政府创新补贴项目的定性案例研究，运用广义精度匹配、双重差分法和面板数据的固定效应模型，检验了这种创新补贴对企业绩效是否具有积极影响。其中，企业的人力资源升级是刻画企业绩效的重要指标。研究结果表明政府的创新补贴在短期内对企业的人力资本投资有显著的积极影响，但是这就像是糖分刺激（sugar rush）的短时间效用一样，对企业的长期绩效，政府的创新补贴则没有显著的效果。

Afcha 和 Garcia-Quevedo（2016）考察并验证了国家和地区层面的研发补贴对企业研发人员雇佣行为的影响。该研究首先评估了政府补贴对企业研发支出和研发人员数量的影响，然后重点研究了政府研发补贴对企业雇用具有高学历的研发人员的影响。基于2006—2011年的西班牙技术创新企业数据，该研究使用了广义精度匹配和倾向性得分匹配以控制选择偏差和内生性。研究发现研发补贴显著促进了企业研发人员的数量的增长，且无论企业的规模如何，企业接受政府的研发补贴后的第一年，都会显著提高其招收具有博士学位雇员的数量。从补贴的级别考虑，当企业仅接收到地区级别的补贴时，该研发补贴对企业招收具有博士学位雇员行为的促进作用不显著。

Chapman和Hewitt-Dundas（2018）使用倾向性得分匹配探索并研究了政府研发补贴对企业高管的创新态度的影响。他们的实证结果表明，研发补贴对于企业高管的开放式创新意愿有着最高的促进作用，其次是高管对创新风险的忍受程度，而对于高管支持创新态度的促进，相比较而言是最低的。

Ahn, Lee和Mortara（2020）通过使用倾向得分匹配分析489家韩国创新制造企业的数据，发现研发补贴会刺激企业超越传统价值链和区域界限，更加大胆地选择合作伙伴。然而，补贴对创新合作的影响遵循倒U形曲线，资金充足的公司的影响小于资金较少的公司。

Dimos, Fai和Tomlinson（2023）基于对英国研发密集型企业的问卷调查数据，采用熵平衡法和倾向性得分匹配方法研究了研发补贴对企业行为附加性的影响。其所研究的行为附加性主要包含"创新过程管理正规化""公司有能力进行研发/创新管理"和"公司有明确的研发和创新战略"三个维度。研究结果表明，研发补贴可以促进企业的行为附加性形成，但是有大约3年的滞后期。

除了匹配模型，现有研究还使用了一些其他定量方法，为了控制内生性问题，大多数研究设置了工具变量。研发补贴对行为附加性实证研究的内生性一方面来自不可观测的，但是对企业行为具有影响的因素（Antonioli et al., 2012）。另一方面，申请研发补贴的企业会根据申请要求有意识地改变其研发行为，以提高申请成功的概率（Georghiou et al., 2004）。现有研究在工具变量的选取上，一种是使用企业层面与获得研发补贴相关，但是与企业行为附加性没有直接关联的变量。例如，Link和Scott（2013）使用"企业是否在获得政府研发资助前获得其他资助的哑变量"；Guisado-González 等（2016）使用"企业的出口额占比"作为工具变量。另一种是使用产业层面的变量，刻画了企业所处的产业的创新程度，以及获得政府研发补贴的优先度，但是不会直接影响到具体某一企业的行为附加性。例如，Carboni（2012）使用"某个产业的人均补贴额"；Franco 和 Gussoni（2014）使用"产业层面的创新成本，流入溢出，以及产业是否具有持续研发性，创新占有性程度"；Guisado-González 等（2016）使用"产业层面的平均研发补贴"作为工具变量（工具变量汇总详见表3-2）。在设置工具变量的基础上，现有研究采用了结构方程、二阶段最小二乘法等。

Link 和 Scott（2013）研究了研发补贴促进中小企业雇员数量增长的条件。通过采用带工具变量的线性回归，对美国的小企业创新研究计划效果进行实证研究，该研究表明在两个条件下，政府研发补贴对企业的雇员招收的行为附加性效应最为显著：一是企业同时获得外部投资者为研发提供额外的资金，二是在政府研发补贴的资助下企业创造了更多的知识产权。此外，受到资助的企业与其他企业签订商业协定，也对促进企业的雇员招收起到了重要的作用，并推动了企业将资助下的技术成果成功进行商业化。

Franco 和 Gussoni（2014）以欧洲七个国家的 CIS 数据为样本，探讨了政府研发补贴对企业进行研发合作的影响。研究采用了带工具变量的结构方程，研究结果表明政府研发补贴对各国企业参与各种类型的研发合作有显著的正向影响。同时，研发补贴对服务业企业所产生的网络附加性高于制造业企业。

Guisado-González 等（2016）基于一组 4 311 家西班牙制造业企业 2010 年的面板数据，通过使用带工具变量的二阶段最小二乘法，验证了政府研发补贴对企业合作行为具有显著的附加性效应。研究还发现实行差异化战略会对企业建立研发合作产生显著的负向影响，这是由于实行差异化战略的企业具有不同知识，因此不会热衷于利用其他企业产生的研发溢出效应来获取竞争优势。文章强调对于实行差异化战略的企业而言，政府应更多地给予立足自身研发的补贴，而非通过补贴强制性地要求这类企业建立外部研发合作。

Carboni（2012）则采用了带工具变量的 Tobit 模型探讨了政府研发补贴是否为促进企业研发合作决定因素的问题。该研究使用了连续变量来测量行为附加性，即企业合作研发支出与雇员数量之比。在其样本中，大部分企业的合作研发支出为0，造成了严重归并误差（censored bias）。因此，Carboni（2012）首先采用反双曲正弦（Inverse Hyperbolic Sine，IHS）转换对因变量进行预处理，其次选择使用带工具变量的 Tobit 模型来降低这种归并误差。该研究的分析结果表明，政府研发补贴对企业的研发合作有显著的正向影响。此外，以研发人员强度为测度的企业吸收能力也和企业的对外研发支出强度呈现显著的正向相关性。

同时，也有一些研究没有设置工具变量。例如，Segarra-Blasco 和 Arauzo-Carod（2008）基于西班牙的4 150家创新型企业的研发合作数据，采用 Logit 模型，探讨了企业与五类合作对象（隶属于同一集团的公司；客户和供应商；产业竞争者；大学；公共研究院所）之间建立研发合作关系的决定因素。研究发现，来自政府的研发补贴会显著促进企业与这五类合作对象的合作行为，产生附加性效应。研究进一步将研发补贴分为地区性补贴、国家级补贴和欧盟补贴。研究结果表明，地区性补贴仅显著促进了企业与大学和科研院所之间的合作，而国家级补贴与欧盟补贴则显著促进了所有类型的合作。此外，国家级的研发补贴显著促进了企业与国内大学的合作，而欧盟补贴则对企业与国外大学的合作有显著的附加性效果。

Kang 和 Park（2012）基于2005年至2007年韩国生物技术中小型企业的调查数据，使用结构方程探讨了政府研发补贴对企业的内部研发以及与国内外大学、科研院所和企业的合作影响。研究表明，政府研发补贴显著促进了韩国企业的内部研发投入和高学历雇员的聘用。同时政府的研发补贴还对企业的国内与国际研发合作有显著的促进作用。

Cerulli 等（2016）基于意大利社会创新调研数据，使用处理效应的随机系数模型（Treatment Random Coefficient Model）验证了政府研发补贴对企业行为附加性中的对外研发合作维度的影响。研究结果显示，政府研发补贴对企业的研发合作产生了显著的附加性效应。

此外，还有一些企业行为附加性的实证研究探讨了企业的特质对其行为附加性影响。例如，Clarysse 等（2009）研究了企业三种学习方式对包括"改变研发路径""正式化创新管理流程"以及"增强创新管理能力"在内的企业行为附加性的影响。他们发现先天性学习与组织间学习可以显著地促进企业附加性产生，但是这种促进效果会随着企业参与研发补贴项目增多而不断降低。Wanzenboeck 等（2013）的研究则证明了企业规模、年龄和技术专业化程度会影响企业在政府研发支持项目资助下的行为附加性的产生，他们发现规模越小、越年轻且技术专业化的企业越可能在政府的资助下产生行为附加性。Knockaert 等（2014）研究了技术中介和企业的吸收能力对企业的能力附加性与网络附加性的影响。实证结果表明，技术中介和企业的吸收能力并不能直接促进企业在从事研发活动中所产生的行为附加性。但是，企业的吸收能力越强，企业就越能充分地使用技术中介所提供的服务，从而产生越高的行为附加性。

总体而言，目前有关政府研发补贴对企业行为附加性影响的实证研究，在研究方法上主要使用匹配模型和工具变量法。在研发补贴的测量上都采用了不连续变量，即哑变量和计数变量。在行为附加性的测量上也几乎都采用了以哑变量为主的不连续变量。在异质性因素上，现有研究从补贴的角度考虑了不同级别的补贴，即地方补贴、国家补贴与欧盟补贴；从行为附加性角度，在网络附加性中考虑了不同的合作对象，在能力附加性中考虑了长期和短期的增长；从企业自身的角度，考虑了企业的规模、所处行业以及所执行的不同企业战略对研发行为附加性的影响（相关实证研究总结见表 3-1）。此外，企业的吸收能力在现有的研究中也是影响企业行为附加性的重要考查因素。

3.3 行为附加性的中介作用研究

根据 Antonioli 和 Marzucchi（2012）的观点，在演化理论和系统性的视角下，企业层面的投入、产出和行为附加性存在着紧密联系与互动，彼此之间是相互影响的。

部分学者探讨了企业的研发行为附加性与其研发投入和产出的关联性。

例如，Madsen，Clausen和Ljunggren（2008）通过对挪威企业的大规模调查数据的分析发现，企业产生的行为附加性，如启动额外新研发项目，是产生更多间接的研发投入的先决条件。Clarysse等（2009）的研究则表明，企业在改进其研发管理流程的过程中，会更愿意在研发活动和聘用研发人员上进行投入。Baum，Calabrese和Silverman（2000），George，Zahra和Wood（2002）的研究结果则表明，企业通过更多的外部研发合作者的互动，可以增加其知识存量，克服信息和科学知识以及相关的资源和能力方面的不足，进而形成更多的研发产出。

由于政府研发补贴对企业的研发行为改变具有一定的影响，近年来一些学者开始关注在研发补贴的作用下，企业的研发投入、产出与行为附加性之间的相互影响，尤其是企业在研发补贴的资助下，通过其研发行为的改变，促进企业的研发投入或产出。

Kang和Park（2012）的研究验证了政府研发补贴通过企业内部能力附加性与外部网络附加性对研发产出的影响，并发现企业通过人力资本升级、建立国内外研发合作与企业的创新产出（专利申请量）有显著的正相关关系，且国际合作的作用要显著强于国内合作。该研究认为这是由于韩国与西方发达国家相比，在知识基础和市场上是明显落后的，所以通过国际合作获取先进知识更能促进韩国生物技术企业的创新产出。此外，该研究的实证结果还表明，作为提升吸收能力的重要举措，企业升级自身的人力资本也会对创新产出起到显著的促进作用。

Cerulli等（2016）的研究探讨了研发投入附加性和以企业研发合作为测度的行为附加性在研发补贴对企业研发产出影响中的中介作用。实证结果表明，只有投入附加性，投入与以合作为测度的行为附加性的交互作用，才在研发补贴对企业研发产出影响中起到显著的中介作用。合作自身对企业研发产出的影响则呈现倒U形，企业的对外研发合作超过一定门槛值时，会与企业的研发产出呈现负向的相关性。Cerulli等（2016）认为，这是由于即使企业的研发合作会对产出有显著的促进作用，但是过多的研发合作会使协调成本上升，影响了企业的资源分配，从而抑制了研发产出。

3.4 现有文献评述与研究框架

根据以上文献综述，从新古典经济学的逻辑出发，政府研发补贴对企业自身研发投入的影响已经得到学界广泛且深入的研究与讨论，并且在近年来获得了越来越多中国学者的关注与研究。相比影响企业自身研发投入的探讨，政府研发补贴对企业研发产出的影响研究则较少，且仍未获得一致性的结论。这主要是因为从研发投入到产出之间存在着一个十分复杂的"黑箱"，更多、更复杂的因素会潜在影响研发补贴对企业研发产出的作用效果。因此，学者和政策制定者越来越意识到研发补贴影响企业研发行为改变的重要性，从而越来越多地关注政府研发补贴所带来的企业层面的"行为附加性"。

具体到现有中国情境下的研发补贴研究，基于文献综述，仍存在若干研究缺口。

（1）现有相关研究往往只关注了直接研发补助，这种传统补贴形式的作用。研发贴息贷款，作为中国政府另一种重要研发补贴形式，其有效性并未获得充分的考察与讨论。尤其是作为一种市场化的补贴形式，研发贴息贷款支持企业研发活动的背后逻辑与机制与直接研发补助不尽相同。企业在还款的压力下是通过增加研发投入还是依靠研发行为改变更为高效地利用有限资源？这是值得探讨的问题，也是目前文献所没有考虑的问题。

（2）鲜有在中国情境下，政府研发补贴对企业行为附加性的影响研究。目前国外学者有关企业研发行为附加性的研究虽然为我们理解和分析研发补贴促进企业研发行为改变提供了支持，但是，行为附加性的定义仍然需要更为聚焦和具体，以便捕捉和刻画，并进行严谨的实证分析。同时，企业的行为附加性应与演化理论与创新系统视角相呼应。知识作为研发和创新活动重要的资源，其获取与利用的行为会深刻地影响企业层面的研发投入与产出。与之紧密相关的组织学习理论则很好地反映了企业在动态演化的过程中，以及在系统性视角下进行研发和创新的过程。同时，知识基础观与组织学习理论的相关研究较为完善，有系统性的理论框架以及与之匹配的变量测度。因此，基于现有文献综述，从学习视角来研究政府研发补贴对企业行为附加性的影响是十分适合的。

（3）现有研究中只有极少数研究考虑了政府研发补贴、企业研发行为改变与研发产出三者之间的联动，多数研究都是分别考察了二者之间的关系。但是，基于现有文献综述，为了打开政府研发补贴到企业研发产出这一过程的"黑箱"，深入探讨其中更深层次的中间机制，则必须从一个更为综合的视角，将企业的研发行为附加性与二者结合起来进行讨论。因此，行为附加性在政府研发补贴对企业研发产出影响过程中的中介效应是十分值得探索的。

（4）企业自身具有的异质性，尤其是企业与组织学习相关的特性，可能会对其使用政府研发补贴的方式和效果产生影响，进而在通过使用研发补贴改变自身研发行为的影响中起到调节作用。从目前的文献综述中发现，这一方面的研究十分匮乏，亟须研究。

综上所述，本研究将企业的研发行为聚焦于学习行为，选择知识基础观与组织学习理论作为研究理论分析的基础，同时结合了研究研发补贴较为主流的资源基础观和制度理论。本研究将企业的学习行为分为新知识的获取和新知识的利用，并逐一研究在中国情境下，政府研发补贴对企业学习行为改变的影响，进而对企业研发产出，尤其是探索性创新的影响。此外，本书还将研究中国政府不同形式的研发补贴对企业研发产出的影响。本书总体研究框架如图3-4所示。

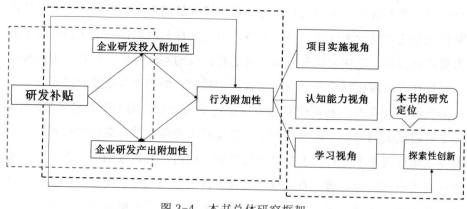

图 3-4　本书总体研究框架

3.5 本章附录

政府研发补贴对企业行为附加性影响的实证研究见表 3-1。

表 3-1 政府研发补贴对企业行为附加性影响的实证研究

研究	实证方法	研发补贴变量	行为附加性的测度	异质性因素	实证结果
Busom 和 Fernández-Ribas (2008)	结构方程得分匹配	获得研发补贴的哑变量	是否和公共科研院所、客户与供应商、其他企业合作的3个哑变量	从合作对象上区分了合作的类别	政府研发补贴促进了企业对外合作的行为。研发补贴对企业与公共研究机构合作的附加性影响更为显著
Segarra-Blasco 和 Arauzo-Carod (2008)	Logit模型	获得研发补贴的哑变量	以合作对象分类，企业建立外部研发合作的5个哑变量	从合作对象上区分了合作的类别；区分了补贴对象的级别	政府的研发补贴会显著促进企业的合作行为
Afcha Chávez (2011)	倾向性得分匹配	获得研发补贴的哑变量	是否和大学与供应商和用户建立合作的2个哑变量	区分了国家与地方政府补贴；区分了合作的类别，包含部门的合作、纵向合作	显著促进了企业与大学或科技中心的合作，对企业纵向合作则没有显著作用
Kang 和 Park (2012)	结构方程	获得研发补贴的哑变量	①国内外研发合作伙伴的计数变量；②具有博士学位的雇员占比	区分了国内合作和国外合作；区分了与大学或科研院所合作和与企业合作	政府研发补贴显著促进了企业高学历雇员的聘用，同时对企业的国内国际研发合作有显著的促进作用
Carboni (2012)	带工具变量的Tobit模型	获得研发补贴的哑变量	企业对外研发支出与雇员数量之比	以500人为标准区分了企业规模	政府研发补贴对企业的研发合作有显著的正向影响

续表

研究	实证方法	研发补贴变量	行为附加性的测度	异质性因素	实证结果
Link 和 Scott (2013)	带工具变量的线性回归	获得研发补贴项目的计数变量	实际雇员数与预计雇员数的比值的自然对数		政府研发补贴对企业的雇员招收行为具有显著的附加性效应
Franco 和 Gussoni (2014)	结构方程工具变量法	获得研发补贴的哑变量	以合作对象分类，企业建立外部研发合作的 4 个哑变量	从合作对象上区分了合作的类型；区分了企业的类别：区分了服务业与制造业与国家	政府研发补贴对企业的正向产生影响，对服务业企业所创造的网络附加性高于制造业企业
Antonioli 等 (2014)	倾向性得分匹配	获得研发补贴的哑变量	①有关人力资源升级的 3 个哑变量；②有关产业伙伴合作的 8 个内外哑变量	区分了地区内外；区分了供应商，用户，竞争对手以及是否隶属于同集团公司的合作	政府研发补贴显著促进了企业的内部能力提升行为，但是对这些企业内外的其他产业伙伴合作行为没有明显影响
Marzucchi 等 (2015)	倾向性得分匹配	获得研发补贴的哑变量	是否和地区内外的大学或科研机构合作的 4 个哑变量	区分了区域与大学、科研机构	政府研发院所的合作有显著促进作用，对区域内大学与知识机构合作的促进作用高于区域外的知识机构
Gustafsson 等 (2016)	广义精度匹配双重差分面板数据的固定效应模型	获得研发补贴的哑变量	企业内接受过高等教育员工占比	区分了长期绩效与短期绩效	创新补贴在短期内对企业的人力资本投资有显著的积极影响，但是就长期而言，则没有显著的效果

续表

研究	实证方法	研发补贴变量	行为附加性的测度	异质性因素	实证结果
Afcha 和 Garcia-Quevedo (2016)	广义精度匹配倾向性得分匹配	获得研发补贴的哑变量	当年招收具有博士学位雇员的人数	区分了国家补贴与地方补贴	研发补贴显著促进了企业招收具有博士学位雇员的行为；但是当企业只受到地区补贴的资助时，则这种人力资源的附加性效应不明显
Guisado-Gonzalez 等 (2016)	工具变量法二阶段最小二乘法	4个获得研发补贴的哑变量	40个是否建立了外部研发合作的哑变量	是否实施差异化战略	政府研发补贴对企业合作行为具有显著的附加性效应
Cerulli 等 (2016)	处理效应的随机系数模型	获得研发补贴的哑变量	基于不同研发合作类型的打分变量		政府研发补贴对企业的研发合作产生了显著的附加性效应
Chapman 和 Hewitt-Dundas (2018)	倾向性得分匹配	获得研发补贴的哑变量	基于创新导向的三个维度的打分变量表		政府研发补贴显著促进了企业高管支持创新的态度
Ahn (2020)	倾向性得分匹配	获得研发补贴的哑变量	位于价值链不同位置的合作伙伴的数量；对合作伙伴所在区域根据距离远近进行赋值		研发补贴会刺激企业超越传统价值链和区域界限，更加大胆地选择合作伙伴
Dimos 等 (2023)	熵平衡法和倾向性得分匹配	获得研发补贴的哑变量	基于学习行为的3个打分变量		研发补贴可以促进企业的行为附加性形成，但是大约有3年的滞后期

政府研发补贴相关研究的工具变量见表 3-2。

表 3-2　政府研发补贴相关研究的工具变量

研究	工具变量
Carboni（2012）	某个产业的人均补贴额
Link 和 Scott（2013）	企业是否在获得 SBIR 资助前获得其他资助的哑变量
Franco 和 Gussoni（2014）	产业层面的 （1）创新成本（创新的成本是否很高；是否缺乏内部的资金来源进行创新；是否缺乏外部的资金来源进行创新）； （2）流入溢出（是否具有专家会议、会展、交易会、商业协会等渠道交换外部知识）； （3）是否具有持续研发性（即企业的研发活动不是偶然的）； （4）创新占有性（企业是否使用了专利、商标、产业设计注册、版权中的任意一项来保护其知识产权，如果保护了，即企业的创新占有性高，其非自愿性流出的信息就少）
Guisado-Gonzalez 等（2016）	（1）来自知识部门（大学，科研机构，技术中心）的研发信息的重要性； （2）企业的出口额占比； （3）产业层面的平均研发补贴（产业层面到二位产业代码）
Oezcelik 和 Taymaz（2008）	（1）受资助企业占产业的份额 （2）受资助企业占地区的份额 （3）资本密集度 （4）相对劳动生产率 （5）熟练员工比例
Guo 等（2016）	（1）当年地级市高新区中所有企业的数量 （2）当年县级市政府固定资产投资占 GDP（国内生产总值）的比例
Liu 等（2016）	产业层面每项技术研究上所投入的研发补贴的数额的自然对数（产业层面到四位产业代码）

实证篇

第 4 章
政府研发补贴能否促进企业的探索性创新

  政府研发补贴是一种被普遍采用的政策工具,其目标在于促进企业的创新。现有文献尚未揭示中央政府和地方政府研发补贴计划对受助企业的探索性创新是否产生异质效应。本章以江苏省制造业企业的数据为例对中央和地方研发补贴对企业探索性创新的异质效应进行研究。考虑到区域创新环境可能影响补贴受助企业的学习和创新,我们进一步检验专业化产业集聚和研发补贴的交互作用。我们发现研发补贴总体上确实促进了企业的探索性创新,而地方研发补贴的作用则更为显著。此外,在高度专业化的产业集聚区,补贴的积极作用对于受补贴企业来说则更强。这项研究有助于丰富研发补贴文献,并扩展我们对中央政府和地方政府在企业学习行为和技术升级过程中所产生不同作用的认识。*

4.1 研究背景

  自改革开放以来,中国在经济领域取得了显著的进步,迅速向发达经济

---

* 本章研究的核心内容发表在 GAO Y, HU Y, LIU X, et al. Can public R&D subsidy facilitate firms' exploratory innovation? The heterogeneous effects between central and local subsidy programs [J]. Research policy, 2021, 50 (4): 104221.

体看齐。然而，这种迅猛的发展背后也存在若干问题，引发了学术界和政策制定者的担忧。首先，受成本优势和巨大国内市场需求的刺激，中国企业大多依赖模仿，对现有产品或技术进行渐进式创新（Liu et al.，2011）。其次，由于技术水平和增值能力有限，中国制造业在全球价值链中仍处于相对低端的地位（Brandt et al.，2010；Guan et al.，2015）。最后，随着经济增长放缓，中国传统的投资驱动发展模式可能已经达到极限（Liu et al.，2017）。为了应对这些挑战和问题，中国政府发布了《国家中长期科学和技术发展规划纲要（2006—2020年）》，旨在大力推进中国企业进入新兴技术领域，开拓新市场，寻求产业升级，并强调通过自主创新来实现可持续的发展（Liu et al.，2011；Liu et al.，2017）。

为了响应中央政府的战略方针，各级政府鼓励企业通过吸收和采用新知识来进行探索性创新，以避免陷入低附加值的困境。本研究中，新知识是指对企业而言全新的技术与知识，但并不要求该知识对行业或市场上的其他参与者来说也是全新的（Ahuja et al.，2001）。基于新知识的探索性创新，有助于企业打破对熟悉知识和问题解决方法的路径依赖，为企业提供新技术组合的源泉（Ahuja et al.，2004；Ahuja et al.，2001）。探索性创新还有助于企业抓住被现有企业所忽视的新兴技术机会。对于发展中国家的企业，尤其是从事技术水平相对较低的传统行业的企业，探索性创新和相关的学习行为可能会激发突破性的发明，从而帮助其实现产业升级，甚至实现技术跨越式发展，超越发达国家企业的技术轨迹（Liu et al.，2017）。

尽管具有明显的优点，但探索性创新往往具有较高成本（March，1991；Phelps，2010）以及较高不确定性（Ahuja et al.，2001；Jansen et al.，2006），因此抑制了企业学习新知识的动力。为了鼓励探索性行为，政府常采用研发补贴来降低企业的研发成本（Boeing，2016；Dimos et al.，2016）。除了直接的财政支持，研发补贴还可以为受资助企业提供资源和知识寻求方面的支持（Wang et al.，2017）。然而，政府研发补贴是否会激发企业的探索性创新以及不同政府补贴计划对探索性创新的影响在现有的文献中尚不清楚。

针对这一研究空白，我们试图回答以下问题："政府研发补贴能否促进企业的探索性创新？"在中国，政府研发补贴计划是由中央和地方两级制定。由于企业与政府之间存在信息不对称，而这种信息不对称和企业与政府的邻近程度相关，省级政府的目标和评估标准通常与中央政府有所不同（Zheng et al., 2015; Zhou et al., 2020）。这可能导致中央政府和地方政府研发补贴对企业探索性创新的不同影响，而这种不同影响尚未在研发补贴的文献中得到探索。

本研究从补贴受助企业的角度考虑了产业集聚的区域异质性影响。产业集聚是一种来自相似或多元化行业的企业在空间上集中在特定区域的地理现象（Feldman et al., 1999; Martin et al., 2006）。两种类型的集聚外部性，即专业化和多元化外部性，会激发知识溢出（Feldman et al., 1999; Glaeser et al., 1992），从而影响企业的学习行为（Li, 2009; Martin et al., 2006）。现有研究表明，多元化集聚与企业的探索性创新正向相关，因为来自不同行业部门的大量知识可供企业探索性学习借鉴使用（Lee et al., 2019）。然而，现有研究就专业化集聚对企业探索性创新的影响尚未达成共识。虽然区域集群发展具有专业化产业集聚的优势，如规模经济和能够为重要项目聚集力量（Ozer et al., 2015; Wang et al., 2016），但高度专业化也可能吸引企业陷入成功陷阱。因此，了解补贴受助企业的区域创新背景可以进一步了解研发补贴是否可以促进企业的探索性创新。我们在此解决另一个重要的研究问题："产业集聚的专业化程度如何调节研发补贴对企业探索性创新的影响？"

为了回答这些研究问题，我们结合 2010—2014 年江苏省高科技制造企业的独家面板数据集和国家知识产权局（CNIPA）的专利数据，选择科技型中小企业创新基金作为我们研究的重点补贴项目。自 2007 年以来，江苏省启动了国家级和省级创新基金项目，这使我们能够以相似的筛选标准对比中央和地方研发补贴项目的影响。通过基于匹配样本的面板 Tobit 回归，我们发现接受政府研发补贴的企业更有可能进行探索性创新，并且这种影响在地方政府补贴受助企业中则更为显著。此外，研发补贴可以更好地促进高度专业化集聚产业中企业的探索性创新。后续对政府相关人员和企业管理者的深入访谈证实了这些发现。该研究结论对政府研发补贴和企业学习行为理论的文献有一定的启示。具体而言，这些发现通过区分中央政府计划和地方政府计划对企业探索性创新的影响，加深了我们对政府研发补贴的认识。在实践方面，该研究为政策制定者和企业管理者在促进探索性创新和技术升级时提供了启示。

4.2 理论背景和假设发展

4.2.1 政府研发补贴与企业探索性创新

随着经验和能力在熟悉知识开发上的循环，企业可能会遇到技术瓶颈（Cohen et al., 1990）并陷入所谓的成功陷阱（Ahuja et al., 2001; March, 1991）。在熟知领域的过度开发可能会限制企业创造新知识、升级核心技术等探索全新知识的意愿（Ahuja et al., 2001; Cohen et al., 1990）。根据学习理论的观点，企业可以通过有意识地搜索和学习新知识并进行探索性创新来打破这种路径依赖（Ahuja et al., 2001; Zhou et al., 2012）。通过探索性创新，企业可能进入一个全新的技术领域（Phelps, 2010），甚至改变它们的技术重心，这有利于激发企业的技术进步和升级（Ahuja et al., 2001）。

然而，探索性创新通常与高成本有关，并且常受到通用和专业资源的限制（Jiang et al., 2018; Wang et al., 2014）。金融和基础设施等通用资源可以补充并应用于整个企业的学习过程（Lazzarini, 2015）。专业化资源通常与特定的创新环境或行为相辅相成（Jiang et al., 2018），并被证明在促进探索性创新方面发挥着更加突出的作用（Kash et al., 2002; Mitchell, 1989）。要进行探索性创新，应投入大量通用和专业资源（Hitt et al., 1996）来培养和加强企业的知识吸收能力（Zahra et al., 2002），掌握相关的专业互补知识（March, 1991），并聘请相关领域的人才（Wang et al.，2014）。随着企业吸收和整合新知识所带来的复杂性和困难性提升，资源投资成本则进一步增加。面对探索性创新的高度不确定性，企业也很难吸引外部资金来克服这种资源限制（Czarnitzki et al.，2010）。因此，企业更倾向于通过利用其熟悉的知识来获得即时和确定的回报（Ahuja et al.，2001；Lei et al.，1996）。

作为促进创新的常用政策工具，政府研发补贴可以帮助企业在创新过程中缓解资源限制（Jourdan et al.，2017）。研发补贴作为一种财务支持，可以为有前途的企业提供通用资源，对进行探索性创新的专业资源支持却有限（Hitt et al.，2004；Jiang et al.，2018）。但是，通用金融资源可以用来交换外部专业资源，如招募具有隐性知识和新知识吸收能力的研发人才，从而降低企业的资源约束（Lazzarini，2015）。通过提供额外的资源，研发补贴还可以提升企业的风险承受能力，并鼓励具有探索性的研发活动（Chapman et al.，2018）。

研发补贴方案的设计符合政府强调新兴技术领域和发展方向的政策。受助企业在享有政府背书的新兴技术领域开展探索活动。作为对市场的可靠参考和积极信号（Luo，2003），政府背书有助于受助企业获得对其创新活动至关重要的专业和互补资源。在某些情况下，政府背书还有助于受资助企业与大学或研究机构等合作伙伴建立联系。由于中国的顶尖大学和研究机构通常由政府资助，因此政府的认可有利于培育企业和研究机构之间的伙伴关系。这种产学合作关系可以为企业提供学习前沿科技知识的机会，从而鼓励企业采用新知识进行探索性创新活动（Xu et al.，2014）。因此，考虑到政府研发补贴的缓冲和背书效应，本研究提出：

假设1a：接受政府研发补贴促进企业的探索性创新。

除了正面效应，还有研究表明研发补贴可能对企业的创新绩效产生负面影响（Cunningham et al.，2016；David et al.，2000；Zuniga-Vicente et al.，2014）。与政府不同，企业本质上是以盈利为导向的。尽管探索性创新可能会促进产业升级并大幅改善社会福利，但受资助企业对高度不确定且成本高昂的探索性创新依旧兴趣不大（Tang et al.，2019）。这就造成了补贴提供方和受助企业的利益错位（Jourdan et al., 2017）。此外，与受资助企业的自有投资或资本市场投资相比，来自政府部门的金融资本在某种程度上是一种"廉价"资源（Aschhoff, 2009）。因此，受资助的企业可能会简单地用更便宜的政府补贴来替代它们自己对有风险的探索性创新项目的研发投资（Lach, 2002; Zhou et al., 2020）。换句话说，政府研发补贴可能反而会挤出企业自身的创新投资，这表明研发补贴未能激发企业自身的探索性创新行为。

挤出效应进一步导致企业层面的资源配置扭曲（Jourdan et al., 2017; Zhou et al., 2020），因此受资助企业可能会将原本用于探索性创新的资源分配给其他活动。政府机构的监管能力薄弱则加剧了这种扭曲（Jourdan et al., 2017）。具体来说，由于企业与政府之间的信息不对称以及激励机制的缺位，受资助企业可能缺乏内部监督（Jourdan et al., 2017），倾向于将资源分配给高收益但创新性与风险性都较低的项目，或投资到非生产性寻租活动获得持续的政府支持（Antonelli et al., 2013a）。此外，政府缺乏对研发补贴实际效果的有效评估（Zhou et al., 2020）。例如，中国政府在评估补贴效果时经常采用客观的量化衡量标准来避免主观偏差（Jia et al., 2019）。受资助企业可以通过快速完成更多的研发成果（例如专利申请）来满足政府的要求，而不是走出企业的舒适区去开展探索性项目的研究（Jia et al., 2019）。因此，由于缺乏监管和政府补贴可能造成的扭曲，受资助企业可能会减少甚至停止对探索性创新的投资。基于此，我们提出一个竞争假设。

假设 1b：接受政府研发补贴会抑制企业的探索性创新。

4.2.2 中央政府和地方政府研发补贴计划

尽管中央政府和地方政府研发补贴项目相似，都是为了促进企业采用新知识和技术升级，但在功能和目标、与受助企业的互动、对企业需求的响应速度、资源和政策兼容性等方面却也存在着差异（Nee, 1992; Qian et al., 1997）。差异源于中央政府和地方政府与受资助企业的行政、经济和地理邻近程度的不同（Jiao et al., 2016; Zhou et al., 2020）。

中央研发补贴项目可以加强上述缓冲和背书产生的正向效应。通常来说，中央政府比地方政府对具有战略意义的前沿技术领域具有更好的把握，并能更好地引导受资助企业走向有前途的创新方向。与地方省级政府相比，中央政府通常会向受助企业提供更多的通用金融资源（Zhou et al., 2020）。资源的丰富性在很大程度上帮助企业降低对外部资源的依赖（Zheng et al., 2015），进一步增强企业获取探索性创新相关专业资源的能力（Jiang et al., 2018）。考虑到等级治理结构，从中央获得补贴可能会在全国范围内为企业带来地方补贴所无法达到的背书效果。这将有助于企业吸引和聘请高素质研发人才，进一步提升探索性创新所需的能力（Afcha et al., 2016）。考虑到中央财政补贴项目具有资源丰富、全国性的背书优势，我们提出以下假设。

假设2a：与地方研发补贴相比，中央补贴更有助于促进企业的探索性创新。

地方政府的补贴项目可能会减轻研发补贴对企业探索性创新的负面影响。地方政府和企业的地理邻近性更强，地方政府与受助企业有更多的互动和信息交换（Jiao et al., 2016; Qian et al., 1997），这减少了信息不对称，让地方政府能够了解企业的实际需求。例如，虽然由地方政府提供的通用资源少于中央政府，但地方政府在帮助企业更有针对性地获取专业资源方面的效率更高（Lazzarini, 2015; Zhang et al., 2015）。

地方政府与企业的经济邻近性更强，可以直接受益于其辖区内企业的发展（Walder, 1995）。所以地方政府更有动力去促进和维持当地企业的可持续发展。为此，地方政府可以通过鼓励企业进行探索性创新来促进产业升级（Nahm, 2017; Zhou et al., 2020）。在中国，地方省级政府在产业升级中扮演着越来越重要的角色（Boeing, 2016）。

除了地理和经济上的邻近性外，地方政府在行政上也与当地企业有显著的邻近性。当地企业直接受到地方政府颁布的法规和政策的影响（Zhou et al., 2020）。探索性创新使企业在获得监管批准时面临更高的不确定性

(Zhang et al., 2015)。例如，对现有产品或生产流程进行的重大更改是需要申请新许可证。地方政府具有灵活性和快速反应的特征，可以及时调整地方法规来应对当地创新环境和企业要求的动态变化，缓解探索性创新的不确定性（Zhang et al., 2015）。因此，我们提出另一假设。

假设2b：与中央研发补贴相比，地方研发补贴更有助于促进企业的探索性创新。

4.2.3 产业集聚与研发补贴的交互作用

企业的探索性创新行为受到区域创新环境的影响，尤其是受到企业所在行业特征的影响（Lee et al., 2019; Ozer et al., 2015）。从事相似行业的企业在空间上集聚被称为专业化产业集聚，有利于实现规模经济和知识共享。专业化集聚程度可以量化一个产业对区域经济的相对重要性。然而，高度专业化的企业集聚可能会导致产业技术的锁定（lock-in）问题，即企业倾向于依赖特定的学习模式并表现出知识的同质性（Boschma, 2005），这可能会损害它们进行探索性创新的意图和机会（Ozer et al., 2015）。

一方面，研发补贴可以通过为受助企业创造资源丰富的环境来帮助企业克服产业集聚所带来的锁定问题（Amezcua et al., 2013）。在政府补贴的支持下，企业可以避免陷入追求短期特定利益的成功陷阱，利用专业化产业集聚的优势，如降低交易和生产成本，来促进知识特别是隐性知识的流动。通过积极整合和重新配置行业内和行业间有价值的研发资源，受助企业可以更好地追求前沿技术开展探索性项目的研究（Wang et al., 2016）。

另一方面，专业化产业集聚为企业探索性创新提供了良性基础，强化了研发补贴对探索性创新的激励作用。高度专业化的产业集聚不仅意味着一个产业对区域经济的重大经济贡献，也代表着该产业的企业拥有丰富的知识储备和吸收能力（Ellison et al., 2010; Fritsch et al., 2015）。因此，补贴受助企业更有能力获得专业产业集聚所带来的知识溢出（Fritsch et al.，2015)，并应对探索性创新过程中的挑战。此外，参与产业集聚的企业可以更高效地利用吸收新知识所需的基础设施资源（Beaudry et al.，2009)，这在一定程度上缓解了企业对探索性创新相关的不确定性以及资源过度消耗的担忧。我们在此提出以下假设。

假设3：在获得政府研发补贴后，在高度专业化集聚行业中的企业更有可能进行探索性创新。

4.3 数据、测量和方法

4.3.1 数据和研究背景

为了研究中央与地方研发补贴计划对企业探索性创新的影响，本研究使用了江苏省科技厅官方调查的面板数据集。江苏省的制造业符合本研究的背景。近年来，江苏省中小型制造业企业倾向于在地域上集中，呈现出专业化的产业集聚（Liu et al.，2018)。产业集聚虽然为制造企业带来了规模经济和效率，但从宏观上看，江苏省制造业因技术含量和附加值较低而面临着转型升级的压力（Liu et al.，2018)。因此，省政府高度重视地方制造企业的探索性创新，自2004年以来实施了一系列研发政策改革。

本次调查专门针对从事制造业的江苏高新技术企业。这些省级高新技术企业是由当地科技部门的专家根据企业研发能力和成长潜力进行评分的方式认定。① 本次调查的回复率超过90%，观察期为2010年至2014年。剔除指标数据缺失的样本，调查数据包括7 928家企业的基本信息、研发活动和财

---

① 根据《江苏省国民经济和社会发展统计公报》披露的数据，2010年注册企业约104万家，到2014年增加到157万家，累计通过认证的高新技术企业近万家。省级认定的高新技术企业，由专家委员会根据研发组织管理水平、科技成果转化能力、知识产权、销售额、总资产增长率等一系列指标来进行评估。评估重点关注焦点企业在申请高新技术认证前的3年内的创新绩效和能力。被评为高新技术企业，意味着该企业具有一定的创新能力，但仍需要不断提高研发绩效才能上榜。本次评审由江苏省科学技术厅主办。评价认证企业名单由省级主管部门统一管理。省科学技术厅根据名单发放问卷进行调查。

务状况。但由于高新技术企业认证每年进行一次，因此每年都会有新的企业加入名单。同时，一些企业可能因不符合标准或违反规定而失去高新技术资格。年度调查仅发送给特定年份的合格企业。因此，调查数据是一个不平衡的面板数据集。

根据衡量探索性创新的文献（Gilsing et al.，2008；Jia et al.，2019），我们用企业的专利数据补充了调查数据集。专利数据来自国家知识产权局。我们的检索专利数据是基于江苏省科学技术厅提供的2010—2014年高新技术企业名录。我们选取2010年至2014年连续上榜的高科技制造企业，共获得2 243家企业的样本。我们基于以下两点进一步搜索：首先，我们排除了观察期较短的企业，如那些仅在2013年或2014年被纳入数据库的企业。这确保了具有相同观察期的企业在后续的倾向性得分匹配处理中完成匹配。其次，排除因虚假信息报告而被取消资格的企业，以确保结果的稳健性。至此，我们最终从国家知识产权局网站检索出2 024家符合筛选标准且拥有发明专利备案的企业。我们的专利检索时间跨度为2006年至2016年。

选择有专利记录的企业基于两个原因：首先，虽然企业在获得政府补贴后申请专利不是强制性的，但中国的补贴受助企业通常会迫于制度压力而增加专利申请（Wang et al.，2017）。其次，我们的研究目标是调查补贴受助企业是否会进行探索性创新，或者是否会在企业新的技术领域申请专利。选择有专利备案的企业并不会减少获得补贴的企业数量，但会剔除既没有获得研发补贴也没有申请专利的企业。配对后，我们可以确保所有配对企业都拥有发明专利，并在此基础上进一步调查补贴受助企业是否进行了探索性创新。调查和专利数据集根据企业名称的匹配进行组合。合并后的数据集包含1 503家企业和7 502个企业年度观测值，这几乎是一组平衡的面板数据。行业（基于2位产业代码①）和地区分布见表4-7。

本研究使用Innofund代表所研究的研发补贴项目。Innofund是一项非

---

① 《国民经济行业分类》（GB/T 4754—2011）。

营利性的政治创新计划和政策，旨在通过资助申请企业的技术创新项目来增强中国企业的自主创新能力，促进传统产业的技术升级。申请创新基金的企业应符合国家产业技术政策的要求，其应用的创新项目应具有新颖性、较强的市场竞争力以及提高经济社会福利的潜力。[①] 特别是支持传统产业升级和高新技术产业发展的项目会被优先考虑。原则上，受资助的高新技术中小企业研发投入不低于年销售额的 3%，从业人员不超过 500 人，其中大专以上学历的人员比例不低于 30%。每个入选的创新项目将获得 100 万～200 万元的资助。

  2005 年，地方政府被要求建立省级创新基金计划（Guo et al., 2016）。特此选择江苏省相应的省级创新基金作为本研究的重点地方研发资助项目。江苏省政府于 2007[②] 年正式启动省级科技型中小企业创新基金。根据江苏省科学技术厅编写的《企业技术创新政策简明手册》，地方创新基金的主要筛选标准与中央方案保持一致，但会根据区域要求和环境进行调整。一个重要的标准是申请企业应属于江苏省战略重点行业。当地 Innofund 提供 30 万～50 万元人民币资助选定的项目。在我们的数据集中，有 371 家企业从 2010 年到 2014 年参与了补贴项目，其中，134 家企业仅从地方项目中获得研发补贴，而其余 237 家企业仅从中央项目中获得研发补贴。同时，在预研究中，我们随机选择了 50 家企业观察其获得研发补贴后的专利技术领域变化。我们发现，政府机构和企业都表示接受政府研发补贴有助于制造企业通过新项目和探索性创新实现技术升级。例如，一些受助企业已经从相对低技术和低附加值的技术领域升级到更高附加值的新领域，如从涂料到聚合物，从药物制剂到微生物和酶的分析和测试方法，或从纺织品到新材料开发。

  政府补贴并不是随机分配给企业的，因此如果直接比较补贴受助企业和非受助企业的表现，就会出现选择偏差。为了减少这种偏差，本研究

[①] 国务院办公厅转发科学技术部 财政部关于科技型中小企业技术创新基金的暂行规定的通知：国务院办公厅，国办发〔1999〕47 号〔Z〕.1999.
[②] 江苏省科学技术厅，江苏省财政厅．江苏省科技型中小企业技术创新资金管理办法：苏科计〔2007〕79 号、苏财企〔2007〕26 号〔Z〕.2007.

根据倾向性得分匹配对数据进行了预处理。通过将获得补贴的年份作为受助企业的基线期，确保受助企业和非受助企业之间在进入观察期时不存在系统性偏差。因为研究涉及多种处理（地方补贴受助企业、中央补贴受助企业和非受助企业），而不是分配一个数值，所以我们需要为每个观测处理后的倾向性得分分配一个向量（Guo et al., 2014; Imai et al., 2004; Imbens, 2000）。相应地，倾向性得分测量的观测值之间的距离需要从一维推广到多维。我们使用广义提升模型（Generalized Boosted Models, GBM）（McCaffrey et al., 2013）导出倾向性得分向量，并根据二维空间中最近邻匹配的概念匹配观测结果。详细的匹配流程可详见表4-8。

匹配样本由240家企业组成，有1 198个企业年观测值。图4-1显示了预匹配样本和匹配样本的倾向性得分分布，体现了高度的平衡。用于计算倾向性得分的处理前的协变量如表4-9所示。在匹配样本中，这些变量在10%的显著性水平上并未表现出明显的差异。这两项分析增强了我们已解决匹配样本中选择偏差问题的信心。

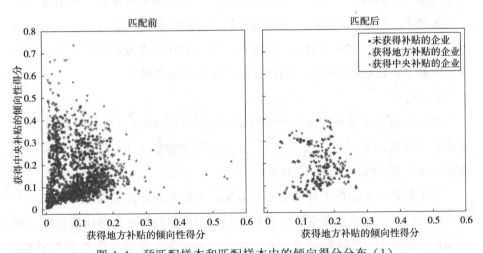

图4-1 预匹配样本和匹配样本中的倾向得分分布（1）

注：广义倾向性得分（Generalized Propensity Scores, GPS）是通过广义提升模型计算得出。

4.3.2 变量选取

1. 因变量

该研究的因变量探索性创新是通过新颖专利的比例（Explore_ratio）来衡量的，该比例由给定年份焦点企业所有专利申请中具有新知识的专利的比例计算得出（Jia et al.，2019），在稳健性检验中，使用特定年份焦点企业的新颖专利数量作为探索性创新的替代变量（Gilsing et al.，2008；Phelps，2010）。

根据 Ahuja 和 Lampert（2001）的研究，新知识体现了企业的探索行为，企业学习新的知识而不是停留在熟悉的知识领域（March，1991）。根据以往的文献，我们将企业层面的新知识定义为 IPC（国际专利分类）子级代码的新组合，这些代码在特定年份前 4 年的企业专利申请中是不存在的（Ahuja et al.，2001；Phelps，2010）。4 位 IPC 子代码根据工艺、结构和功能识别技术的异质性，在现有文献中通常被用作识别企业进入新技术领域和探索性创新的测量（Guan et al.，2016）。本研究使用 4 年是因为该时间窗口通常可用来评估特定技术知识储备的有效性，即使企业可能在 4 年前使用了相同的技术，其技术知识也可能随着时间的推移贬值或变得过时（Ahuja et al.，2001）。由于企业对新知识的获取、吸收和运用在专利申请中具有滞后性，因此本研究稳健性检验中的因变量和备选指标滞后 1 年。

2. 自变量

我们使用哑变量来表示参与政府研发补贴计划（Subsidy）。Subsidy 从企业收到补贴的那一年起设置为 1，并在该年之前设置为 0。对于从未接受过补贴的企业，Subsidy 取值为 0。

为了检验中央和地方补贴的不同效果，本研究还设置了两个哑变量：中央和地方。具体来说，如果一家企业在观察期内曾获得过地方研发补贴，则 Local 取值为 1，否则为 0。同样，如果一家企业曾获得过中央研发补贴，则 Central 取值为 1，否则为 0。在我们的样本中没有同时获得中央补贴和地方补贴的企业。

3. 交互变量

本研究的交互变量，即产业集聚的专业化程度，采用区位熵（LQ）来衡量，这是经济地理学和区域研究文献中的经典衡量指标（Glaeser et al., 1992; Wang et al., 2016）。基于工业总产值（He et al., 2009; Prime, 1992），LQ 的计算如下：

$$\text{LQ}_{it} = \frac{\text{provincial}_{it} / \sum_j \text{provincial}_{jt}}{\text{national}_{it} / \sum_j \text{national}_{jt}}$$

其中，provincial_{it} 表示 t 年行业 i 的省级工业产值，而 national_{it} 表示相应的全国产值。$\text{provincial}_{it} / \sum_j \text{provincial}_{jt}$ 是 i 行业的产值占全省所有行业产值的比例，而 $\text{national}_{it} / \sum_j \text{national}_{jt}$ 是全国范围内 i 行业的产值占所有行业产值的比例。LQ 量化了一个行业在省级和全国范围内的专业化和集中程度。LQ_i 越大，说明行业 i 越专业集中于省级。LQ 大于 1 表示江苏省比全国在该行业具有更高的专业化聚集。本变量的计算依据 2010—2014 年中国统计年鉴和江苏统计年鉴。

4. 控制变量

我们控制了可能影响企业探索性创新的变量。首先，我们控制了三个企业层面技术相关变量的影响，即技术多样性、技术能力和知识存量。技术多样性（Tech_Diver）是根据以下熵指数计算的（Teachman, 1980）：

$$\text{Tech\_Diver}_{it} = \sum_{j=1}^{N_{it}} P_{ijt} \times \ln\left(\frac{1}{P_{ijt}}\right)$$

其中，P_{ijt} 衡量的是企业 i 在 t 年之前的 3 年内在领域 j 的专利申请（用 4 位 IPC 代码表示）占所有专利申请中的比例。N_i 是这 3 年内出现在企业 i 申请中的 IPC 代码总数。Tech_Diver_{it} 的值范围从 0 到 $\ln(N_{it})$：如果企业的技术应用只专注于一个领域，它的值接近 0，当技术均匀分布在越来越多的领域时，它的值则会增加（Carnabuci et al., 2013）。

技术能力（Tech_capa）是通过企业无形资产与总资产的比率来衡量的。无形资源包括专利、许可证、声誉、专有技术等（Hall, 1992）。在问卷调查中，企业无形资产是指专有技术、专利权、商标权、著作权等各类知识产权的价值。

一家企业的知识存量（Know_stock）是用永续盘存法（perpetual inventory method）处理的专利存量来衡量的，如下所示：

$$Know\_stock_t = Patent_t + (1-\delta) \times Know\_stock_{t-1}$$

和

$$Know\_stock_1 = \frac{Patent_1}{g+\delta}$$

其中，$Patent_t$ 是 t 年授予的专利数量；δ 是 15% 的恒定折旧率（Lach，1995）；g 是每家企业的平均增长率。知识存量的观测期从 2006 年开始。此外，由于企业规模与专利数量之间可能存在高度相关性，我们将知识存量除以每个企业的员工数量。

除此之外，我们还控制了反映企业吸收能力的两个变量，即高学历雇员比例和研发强度。高学历员工比例（Hi_edu）是用本科及以上学历雇员占雇员总数的比例衡量，研发强度（RD_int）用研发支出占企业在 t 年的总销售额的比例来衡量。由于企业的研发行为可能会受到它们之前参与研发补贴计划的经验所影响（Clarysse et al., 2009），我们还通过哑变量（Pre_subsidy）控制了之前接受研发补贴的经验。如果企业在 2010 年之前的 3 年内获得研发补贴，则哑变量为 1，否则为 0。其他相关的企业变量也受到控制。企业规模（Firm_Size）用员工人数的自然对数衡量，企业建立时间（Firm_Age）用企业成立年数的自然对数衡量，资本密集度（Cap_int）用净固定资产除以雇员人数的自然对数来衡量（Boeing，2016）。我们还通过两个哑变量 RD_Dpart 和 Hi_Tech 控制企业的研发能力。前者衡量企业是否具备研发机构，如检测基地、研发中心、实验室等（Hussinger，2008）；后者代表企业是否从事高科技制造业。

本研究还根据 2 位产业代码设置了产业哑变量（Industry_Dummy），基于江苏南部、北部和中部地区的区域哑变量（Region_Dummy），并包括了年度哑变量（Year_Dummy）来描绘多年来宏观经济环境的差异。

4.3.3 方法设计

在我们的配对样本中,超过51.7%的因变量观测值为0,而13.0%的观测值为1。Explore_ratio 的值在上方和下方明显被截断,大量观测值为0或1。因此,我们采用具有随机效应的面板Tobit模型来进行统计分析(Li et al., 2018)。作为截尾回归模型(Censored Regression Model),Tobit模型在因变量被截断时为模型参数提供了一致的估计量。在稳健性检测中,我们还运用具有固定效应的标准面板数据回归,去排除由企业异质性驱动的潜在替代解释,并纠正遗漏变量偏差(Benner et al., 2002)。

在稳健性检验中,因变量采用新颖专利的数量。鉴于变量是非负值的计数变量且具有高方差(均值=1.98,方差=11.44),因此采用负二项式模型(Negative Binomial Model)。样本中约有51.2%的新知识专利计数为零,存在需要运用零膨胀负二项式模型的可能性(Guan et al., 2016),通过Vuong检验得到Vuong statistic < 1.96,表明常规负二项式模型可以满足需求。

4.4 实证结果

4.4.1 描述性统计

基于匹配样本的统计描述和相关矩阵如表4-1所示。首先值得注意的是,根据定义,自变量Subsidy与Local和Central相关:Subsidy表示补贴的受助企业,Local和Central表示补贴的来源。其次,交互变量区位熵(LQ)与补贴没有显著相关性,因此并无回归分析中的潜在偏差。最后,虽然资本密集度和企业规模之间的相关性意味着多重共线性的可能,但方差膨胀因子(VIF)(平均值=2.01,最大值=5.17)表明多重共线性并不构成问题。表4-2则显示了基于GBM的匹配样本中每年开始接受补贴的企业数量。

表 4-1 基于匹配样本的统计描述和相关矩阵

序号	变量	1	2	3	4	5	6	7	8	9	10	11	12	13	14	15	16
1	Explore_ratio	1.000															
2	Subsidy	0.171*	1.000														
3	Local	0.047	0.328*	1.000													
4	Central	-0.021	0.338*	-0.499*	1.000												
5	LQ	0.045	-0.041	-0.083*	0.027	1.000											
6	Tech_Diver	-0.060*	-0.035	0.087*	-0.054	0.002	1.000										
7	Tech_capa	-0.025	0.010	0.024	-0.033	0.025	-0.068*	1.000									
8	Pre_subsidy	-0.113*	-0.077*	0.165*	0.184*	0.087*	0.130*	0.010	1.000								
9	Hi_edu	0.034	0.054	-0.028	0.030	0.102*	0.062*	0.040	0.031	1.000							
10	Know_stock	-0.117*	-0.044	-0.037	-0.031	0.037	0.206*	-0.051	0.074*	0.118*	1.000						
11	RD_int	-0.005	0.097*	0.055	-0.012	0.079*	-0.039	0.030	-0.012	0.145*	0.073*	1.000					
12	Cap_int	-0.051	-0.065*	-0.005	-0.076*	0.053	-0.098*	0.044	0.029	0.163*	0.400*	0.128*	1.000				
13	Firm_Age	-0.061*	0.011	-0.081*	0.077*	-0.012	0.042	-0.012	0.065*	-0.116*	0.015	-0.079*	-0.092*	1.000			
14	Firm_Size	0.034	0.081*	0.022	0.085*	-0.068*	0.118*	-0.091*	-0.013	-0.120*	-0.341*	-0.154*	-0.889*	0.102*	1.000		
15	RD_Dpart	-0.042	0.020	-0.008	0.042	-0.013	0.086*	-0.018	0.104*	-0.023	0.011	0.007	-0.025	0.043	0.050	1.000	
16	Hi_Tech	0.039	0.045	-0.026	0.016	0.338*	-0.085*	0.056	0.113*	0.198*	-0.044	0.130*	0.010	-0.040	-0.029	-0.030	1.000
	观测样本	1 198	1 198	1 198	1 198	1 198	1 198	1 198	1 198	1 198	1 198	1 198	1 198	1 198	1 198	1 198	1 198
	平均值	0.280	0.469	0.334	0.332	1.872	0.905	0.249	0.234	0.143	0.105	0.069	0.070	2.388	5.121	0.916	0.264
	标准差	0.365	0.499	0.472	0.471	0.822	0.691	0.506	0.423	0.118	0.162	0.074	0.046	0.526	0.593	0.278	0.441

注：$*p<0.05$。

表 4-2 每年开始接受补贴的企业数量（匹配样本）

年份	开始接收研发补贴的企业数量	接收地方补贴的企业数量	接收中央补贴的企业数量
2010	110	55	55
2011	28	14	14
2012	14	7	7
2013	8	4	4
总计	160	80	80

4.4.2 政府研发补贴与企业探索性创新

表4-3说明了主效应（模型2）、中央政府和地方政府之间的异质效应（模型3和模型4）以及产业集聚的交互效应（模型5和模型6）的回归。模型1仅包括控制变量。模型2中的补贴系数表明，接受政府研发补贴对探索性创新有积极影响（$b=0.304$，$p<0.01$）。边际效应则显示在保持其他变量都不变的情况下，接受研发补贴会使企业的探索性创新增加14.7%。因此，假设1a成立。

表 4-3 研发补贴对企业探索性创新的影响

变量	模型1	模型2	模型3	模型4	模型5	模型6
Subsidy		0.304***				-0.002
		(0.058)				(0.144)
Local				-0.625***		
				(0.134)		
Subsidy×Local			0.396***	0.883***		
			(0.071)	(0.131)		
Central				-0.239**		
				(0.118)		
Subsidy×Central			0.207***	0.316***		
			(0.072)	(0.114)		
LQ					0.082	-0.015
					(0.091)	(0.096)

续表

变量	模型 1	模型 2	模型 3	模型 4	模型 5	模型 6
Subsidy×LQ						0.160**
						(0.069)
Tech_Diver	0.031	0.033	0.026	0.046	0.030	0.035
	(0.046)	(0.045)	(0.045)	(0.045)	(0.046)	(0.045)
Tech_capa	-0.060	-0.056	-0.059	-0.070	-0.061	-0.061
	(0.058)	(0.057)	(0.056)	(0.056)	(0.058)	(0.056)
Pre_subsidy	-0.225***	-0.205***	-0.201***	-0.000	-0.222***	-0.218***
	(0.076)	(0.075)	(0.075)	(0.087)	(0.076)	(0.075)
Hi_edu	0.724***	0.665***	0.675***	0.601**	0.727***	0.669***
	(0.260)	(0.256)	(0.256)	(0.253)	(0.260)	(0.256)
Know_stock	-0.237	-0.248	-0.239	-0.292	-0.232	-0.246
	(0.200)	(0.199)	(0.198)	(0.196)	(0.200)	(0.198)
RD_int	-0.291	-0.492	-0.537	-0.525	-0.289	-0.525
	(0.392)	(0.388)	(0.386)	(0.383)	(0.392)	(0.387)
Cap_int	-1.483	-1.671	-1.870	-1.742	-1.511	-1.541
	(1.624)	(1.603)	(1.600)	(1.594)	(1.624)	(1.600)
Firm_Age	0.001	-0.006	0.004	-0.006	0.001	-0.001
	(0.057)	(0.056)	(0.056)	(0.056)	(0.057)	(0.056)
Firm_Size	0.001	-0.035	-0.047	-0.029	-0.000	-0.019
	(0.118)	(0.117)	(0.117)	(0.116)	(0.118)	(0.117)
RD_Dpart	-0.002	-0.023	-0.019	-0.051	-0.001	-0.020
	(0.104)	(0.102)	(0.102)	(0.101)	(0.104)	(0.102)
Hi_Tech	0.139	0.143	0.124	0.093	0.145	0.145
	(0.119)	(0.117)	(0.117)	(0.117)	(0.119)	(0.117)
Constant	0.056	0.010	0.009	0.121	0.020	0.135
	(0.794)	(0.784)	(0.781)	(0.777)	(0.794)	(0.785)
样本数	1 198	1 198	1 198	1 198	1 198	1 198
企业数	240	240	240	240	240	240
Log likelihood	-1 100.930	-1 087.054	-1 084.446	-1 072.817	-1 100.525	-1 084.178

注：1. 括号内为标准误；

2. *p<0.1，**p<0.05，***p<0.01；

3. 所有 Tobit 回归的模型都为随机效应模型，包括一组行业、地区和年份哑变量（未报告）；

4. 模型1至模型6均有619个左删失样本、156个右删失样本和423个未删失样本。

通过引入补贴与哑变量 Local 和 Central[①] 之间的交互作用，我们可以来分别估计不同补贴来源所产生的影响。如模型 3 所示，不同来源的补贴表现出异质效应：接受地方研发补贴促使企业的探索性创新增加 19.1%（$b=0.396$, $p<0.01$），而中央补贴的这种积极影响仅为 10.0%（$b=0.207$, $p<0.01$）。分析表明，地方补贴的效果显著大于中央补贴（$p<0.01$）。因此，与接受中央补贴的企业相比，地方研发补贴的受助企业更有可能进行探索性创新，假设 2b 得到支持。

模型 3 间接地假设补贴受助企业的探索性创新在补贴前的水平与对照组（即从未接受过补贴的企业）的水平相似。为了体现水平的不同，模型 4 引入 Local 和 Central 两个哑变量。有趣的是，我们发现虽然中央补贴受助企业探索性创新在补贴前水平比对照组低 11.6%（$b=-0.239$, $p<0.05$），但地方补贴受助企业的水平比对照组低 30.3%（$b=-0.625$, $p<0.01$）。在考虑这些差异后，地方补贴计划的积极影响仍然显著，而且幅度更大。接受地方研发补贴促使受助企业的探索性创新提高了 42.7%（$b=0.883$, $p<0.01$），比从未接受补贴的企业的平均水平高出 12.4%。中央补贴所产生的积极影响则是增加到 15.3%（$b=0.316$, $p<0.01$），仅比从未获得补贴的企业平均水平高 3.7%。这些结果为政策落实提供一些启示：地方补贴的部分积极影响可能是由于地方政府更善于识别补贴对于哪些企业来说更有效地促进探索性创新，哪怕这些企业的探索性创新水平与其特征相似的其他企业相比较低。

模型 6 说明了产业集聚专业化水平与补贴效应之间的相互作用。模型 6 中 Subsidy 与 LQ 的交互作用表明，研发补贴对高度专业化行业的企业在省范围内影响更强：LQ 每增加 1，补贴的正向效应增加 7.7%（$b=0.160$, $p<0.05$）。因此，假设 3 得到支持。

此外，实证结果提出了三个与企业探索性创新相关的重要发现：首先，原始知识存量对企业的探索性创新产生负面影响。其次，作为隐性知识的主

---

① 因为我们没有同时接受中央补贴和地方补贴的企业，所以下面的表达式在我们的样本中成立：Subsidy = Subsidy × Local + Subsidy × Central。

要载体,受过高等教育的雇员对于促进企业新知识学习和探索性创新尤为重要。最后,有接受研发补贴经验的企业进行探索性创新的概率较低。

4.4.3 稳健性检验

我们进行了三步稳健性检验为实证结果提供额外支持。

首先,保留所有变量并通过采用具有固定效应的标准面板数据模型重新运行回归。

其次,采用新颖专利的计数作为替代因变量,并使用固定效应负二项式模型重新运行回归。这两个模型都是基于GBM的匹配样本。表4-4说明了主要影响(模型7和模型10)、中央补贴计划和地方补贴计划之间的异质效应(模型8和模型11)以及产业集聚的交互作用(模型9和模型12)的结果。所有估计结果与面板Tobit回归的结果几乎一致,实证结果稳健。

表4-4 采用固定效应面板数据回归和固定效应负二项回归的稳健性检验

变量	模型7	模型8	模型9	模型10	模型11	模型12
	固定效应面板数据回归 因变量:探索性专利占比			固定效应负二项回归 因变量:探索性专利计数		
Subsidy	0.224***		0.090	0.628***		0.008
	(0.035)		(0.066)	(0.122)		(0.263)
Local					-1.095***	
					(0.292)	
Subsidy×Local		0.317***			1.277***	
		(0.040)			(0.224)	
Central					-0.556**	
					(0.273)	
Subsidy×Central		0.135***			0.559***	
		(0.046)			(0.190)	
LQ			0.034			-0.012
			(0.046)			(0.165)
Subsidy×LQ			0.067**			0.321***
			(0.030)			(0.122)

续表

变量	模型7	模型8	模型9	模型10	模型11	模型12
	固定效应面板数据回归 因变量：探索性专利占比			固定效应负二项回归 因变量：探索性专利计数		
Tech_Diver	-0.150***	-0.145***	-0.152***	-0.252***	-0.245***	-0.279***
	(0.025)	(0.025)	(0.026)	(0.092)	(0.093)	(0.093)
Tech_capa	-0.012	-0.014	-0.012	0.058	0.054	0.068
	(0.028)	(0.026)	(0.026)	(0.119)	(0.120)	(0.120)
Pre_subsidy	0.015	0.039	0.001	-0.161	0.065	-0.193
	(0.042)	(0.040)	(0.041)	(0.156)	(0.169)	(0.157)
Hi_edu	-0.033	-0.010	-0.040	1.218**	1.108**	1.195**
	(0.159)	(0.159)	(0.160)	(0.548)	(0.554)	(0.551)
Know_stock	-0.239*	-0.239*	-0.223*	-0.299	-0.378	-0.259
	(0.126)	(0.135)	(0.128)	(0.474)	(0.466)	(0.473)
RD_int	-0.175	-0.185*	-0.178*	0.160	0.141	0.140
	(0.107)	(0.107)	(0.102)	(0.623)	(0.623)	(0.621)
Cap_int	-1.265*	-1.416*	-1.228*	-2.685	-2.672	-2.154
	(0.735)	(0.736)	(0.743)	(3.374)	(3.418)	(3.377)
Firm_Age	-0.007	-0.003	-0.007	-0.115	-0.099	-0.127
	(0.048)	(0.050)	(0.051)	(0.156)	(0.156)	(0.157)
Firm_Size	-0.096	-0.104	-0.093	0.159	0.166	0.228
	(0.073)	(0.072)	(0.073)	(0.258)	(0.258)	(0.261)
RD_Dpart	0.037	0.038	0.040	0.093	0.127	0.098
	(0.063)	(0.063)	(0.062)	(0.182)	(0.184)	(0.182)
Hi_Tech	0.050	0.041	0.058	0.179	0.116	0.183
	(0.056)	(0.055)	(0.057)	(0.228)	(0.228)	(0.229)
Constant	1.040**	1.108**	0.986**	-1.448	-0.884	-1.429
	(0.447)	(0.451)	(0.451)	(1.862)	(1.908)	(1.835)
样本数	1 198	1 198	1 198	1 153	1 153	1 153
企业数	240	240	240	231	231	231
Log likelihood	-251.386	-246.239	-246.757	-1 293.135	-1 284.026	-1 288.907

注：1. 括号内为标准误；
2. *$p<0.1$，**$p<0.05$，***$p<0.01$；
3. 所有回归模型都包括一组行业、地区和年份哑变量（未报告）；
4. 虚拟变量"Local"和"Central"不随时间变化，因此在固定效应回归（模型8）中被自动省略；
5. 9家企业（45个观测值）因结果均为零而被自动剔除。

最后，通过采用基于二元处理（Probit 模型）的倾向性得分匹配来扩展样本。虽然基于 GBM 的匹配完全控制了中央和地方研发补贴受助企业之间的选择偏差，但样本中同时排除了接受中央补贴和地方补贴的企业的大量观测结果。为了检测结果是否对包含更多补贴受助企业的观测值具有稳健性，我们使用接受地方或中央研发补贴的企业作为处理组来匹配那些既没有地方政府补贴也没有中央政府补贴的企业。基于 Probit 倾向性得分匹配样本，我们重复了面板 Tobit 回归。表 4-5 报告的结果与表 4-3 的结果几乎相同。基于该扩展匹配样本的产业集聚和研发补贴的交互作用在一般水平上并不显著（模型 16）。产业集聚的正向互动效应可能会被中央补贴削弱，因为更多的中央补贴受助企业被纳入扩展的 PSM 样本。

表 4-5 基于 Probit 模型的倾向性得分匹配样本的稳健性检查

变量	模型 13	模型 14	模型 15	模型 16
Subsidy	0.272***			0.162*
	(0.040)			(0.096)
Local			-0.484***	
			(0.093)	
Subsidy×Local		0.452***	0.862***	
		(0.058)	(0.099)	
Central			-0.059	
			(0.065)	
Subsidy×Central		0.160***	0.167**	
		(0.047)	(0.066)	
LQ				0.020
				(0.055)
Subsidy×LQ				0.058
				(0.047)
Tech_Diver	-0.061**	-0.068**	-0.055*	-0.062**
	(0.031)	(0.031)	(0.031)	(0.031)

续表

变量	模型13	模型14	模型15	模型16
Tech_capa	0.002	0.002	0.002	0.002
	(0.009)	(0.009)	(0.009)	(0.009)
Pre_subsidy	-0.018	0.005	0.063	-0.018
	(0.042)	(0.042)	(0.045)	(0.042)
Hi_edu	0.472***	0.469***	0.433***	0.472***
	(0.138)	(0.138)	(0.137)	(0.138)
Know_stock	-0.154	-0.137	-0.161	-0.154
	(0.158)	(0.157)	(0.156)	(0.158)
RD_int	-0.293	-0.305	-0.296	-0.290
	(0.190)	(0.189)	(0.188)	(0.190)
Cap_int	-1.775***	-1.703***	-1.717***	-1.766***
	(0.644)	(0.640)	(0.638)	(0.644)
Firm_Age	0.006	0.005	0.000	0.007
	(0.040)	(0.040)	(0.040)	(0.040)
Firm_Size	-0.072	-0.080	-0.073	-0.071
	(0.054)	(0.053)	(0.053)	(0.054)
RD_Dpart	0.053	0.052	0.049	0.052
	(0.056)	(0.056)	(0.056)	(0.056)
Hi_Tech	-0.000	-0.014	-0.010	0.001
	(0.081)	(0.081)	(0.081)	(0.081)
Constant	0.722	0.758	0.684	0.693
	(0.626)	(0.625)	(0.619)	(0.627)
样本数	3 592	3 592	3 592	3 592
企业数	720	720	720	720
Log likelihood	-3 348.935	-3 339.505	-3 325.496	-3 347.929

注：1. 括号内为标准误；
2. $^*p<0.1$，$^{**}p<0.05$，$^{***}p<0.01$；
3. 所有回归模型都包括一组行业、地区和年份哑变量（未报告）；
4. 所有模型均有1 894个左删失样本、502个右删失样本和1 196个未删失样本。

此外，我们还在本章附录中提供了基于全样本的内生处理效应回归的估计结果。内生处理效应回归有两个优点（Clougherty et al., 2015）。首先，它处理了倾向性得分匹配方法难以处理的不可观测变量所产生的自选择偏差。其次，它可以处理研发补贴的潜在内生性问题。我们依据 Guo 等（2016）的研究，以市级地方政府固定资产投资总额的自然对数作为研发补贴项目的工具变量。内生处理效应回归的估计提供了非常相似的结果。

4.4.4 替代性解释

与学习理论视角相反，代理风险为补贴对探索性创新的有利影响提供了另一种解释。中国的政府研发补贴计划可能要求目标企业采用新知识以促进产业升级。因此，受助企业的探索性创新活动可能仅旨在满足计划的要求。鉴于此，企业的技术重点可能会在补贴结束后回到熟悉的技术领域。换句话说，企业的探索性创新只是象征式的。

我们采用生存分析来研究这种替代解释。由于生存分析的因变量必须是一个二元变量，探索性创新用一个哑变量来衡量，该哑变量表明在某一年内，具有新知识的专利申请数量是否超过基于熟悉知识的专利数量。该变量反映了企业是否分配更多资源来吸收和整合新知识。为了识别代理风险，我们定义了象征性探索，即企业的临时探索性创新，后来又回到其熟悉的领域。如果一家企业在 t 年从事探索性创新，但后来又恢复到它在 t 年之前熟悉的知识，我们可以得出结论，该企业在象征性探索后回到了舒适区。这种回归发生所需的时间是衡量代理风险的一个指标：时间越短，表明象征性探索的可能性越高。

我们使用生存处理效应模型来进行检验，包括 1 503 家企业和 7 502 个企业年度观测值。该模型提供了处理效应的无偏估计量，并解决了使用倾向性得分匹配的两阶段回归中通常会出现的标准误差不准确的问题（Abadie et al., 2016）。

表 4-6 中的模型 17 至模型 19 显示了探索性创新的生存分析。模型 17 使用了整个样本，而模型 18 和模型 19 通过分别排除中央补贴和地方补贴的受

助企业来估计中央补贴和地方补贴的影响,这些结果证实了我们之前的分析。模型17显示,研发补贴显著促进企业探索性创新:获得研发补贴显著缩短了企业开始探索性创新的时间,而地方研发补贴的效果强于中央补贴(模型18和模型19)。

表4-6 基于生存处理效应模型的替代性解释分析

模型设置	模型17	模型18	模型19	模型20	模型21	模型22
1 vs. 0 Subsidy (ATET)	-1.097*** (0.198)	-1.322*** (0.265)	-0.773*** (0.256)	-0.591*** (0.216)	-0.340 (0.317)	-0.783*** (0.247)
P0 mean Subsidy=0	5.880*** (0.146)	5.858*** (0.148)	5.861*** (0.156)	5.896*** (0.143)	5.846*** (0.134)	5.891*** (0.158)
因变量	开始进行探索性创新的时间			开始回到熟悉技术领域的时间		
使用样本	全样本	去掉中央补贴资助企业	去掉地方补贴资助企业	所有	去掉中央补贴资助企业	去掉地方补贴资助企业
样本数	7 502	6 322	6 833	7 502	6 322	6 833
企业数	1 503	1 266	1 369	1 503	1 266	1 369

注:1. 括号内是以企业聚类的稳健标准误;
2. *p<0.1, **p<0.05, ***p<0.01;
3. 估计量:具有回归调整的逆概率加权(IPWRA);结果模型:Weibull回归;处理效应模型:Probit回归。

模型20到模型22中的生存分析显示企业倾向于恢复到以前熟悉的区域,这有助于我们识别潜在的代理风险。如模型20所示,研发补贴的受助企业比对照组更有可能回到它们熟悉的领域。然而,这种象征性探索只存在于中央补贴的受助企业中(模型22),而不存在于接受地方补贴的企业中(模型21)。因此,可以得出结论,地方研发补贴对企业探索性创新的积极影响可以用学习理论视角来进行更好的解释,而不是替代解释。

4.5 讨论与结论

在本研究中,我们调查了接受政府研发补贴对企业探索性创新的影响。我们发现的一个亮点是,接受政府研发补贴可以显著提高企业进行探索性创新的可能性，特别是对于接受地方政府研发补贴的企业或融入高度专业化集聚行业的受助企业。实证结果表明，与中央计划相比，地方研发补贴计划可以更好地促进企业的探索性创新，接受中央补贴的企业在探索后更有可能回到它们熟悉的技术领域。

中国的中央政府通常更关注国家创新发展的战略规划，并在研发补贴计划中设计具体但范围局限的目标（Liu et al., 2017）。中央政府的这些自上而下的举措可能会以有限的灵活性预先确定接受方企业的创新方向，这违反了探索性创新的不确定性和适应快速变化的市场和技术环境的特性（Mazzucato, 2016; Zhang et al., 2015）。

为了更好地说明实证结果并揭示中央和地方补贴计划异质效应的深层原因，我们进行了后续研究。对三名相关政府人员和五名补贴接受企业的管理人员进行了深入访谈，以证实实证分析。据关键受访者透露，中央研发补贴计划对预算的控制非常严格。申请企业应在项目启动前，对未来2～3年的项目资金使用情况进行周密、详细的规划。而且在进行中的项目中，很难对已获批的预算进行调整，最终对补贴使用情况的考核也极其严格。对于进行具有高度不确定性和意外变化的探索性创新的企业来说，中央补贴计划的僵化可能会在其需要调整时带来麻烦。一位高管分享了突出该问题的一个例子：当由于市场价格变化需要对批准的研发项目的材料和设备进行调整时，企业需要通过正式申请并有专家论证才能进行预算调整。相比之下，省级研发补贴项目在预算要求方面具有更高的灵活性。例如，预算账户在中央方案中必须精确到四级指标，而在地方方案中只需到指定的二级指标即可。事实证明，更高级别的政府的补贴通常意味着更严格的限制（Li et al., 2018）。因此，地方补贴计划的灵活性可以为企业提供尝试不确定努力和进行探索性创新的自由。

除了灵活性问题，中央政府补贴的项目通常与高协调成本有关。受访者表示，获得中央补贴企业通常与位于北京或上海的一流大学合作。但是，由于地理距离较远，缺乏及时和深入的面对面交流，因此阻碍了隐性知识的流动并降低了探索意愿（Wu et al., 2012）。相比之下，地方政府的补贴受助企业通常与附近的当地研究机构合作，这样可以进行更有效、更深入的沟通和知识共享。总之，地方研发补贴受助企业享有协调成本更低、知识共享更好的优势，从而提高了探索性创新的效率。

另外，与地方政府不同，中央政府通常不会与地方企业密切互动（Zheng et al., 2015），无法满足企业的特定需求或帮助解决探索性创新过程中遇到的困难。例如，一位企业管理者解释说，当地政府会安排与受资助企业的研讨会，讨论和了解与它们的项目相关的问题，了解企业需求，制定扶持政策，鼓励市场对探索性创新的新产品进行采购和运用，促进企业技术升级。

此外，研发补贴计划可能会导致企业走向错误的技术发展方向（Georghiou et al., 2006）。由于与企业互动不频繁且缺乏市场知识，中央政府调整补贴目标的可能性与地方政府相比较小。这有助于解释实证结果中的有趣现象，即中央研发补贴受助企业可能在短期内进入新的技术领域，然后返回到它们熟悉的技术领域，来降低风险和不确定性。

我们的实证结果从多方面为研发补贴文献作出贡献。

首先，我们的研究区分了中央和地方的研发补贴计划对企业探索性创新的影响。由于与当地企业在行政、经济和地理上的接近性，地方省级政府在补贴计划的实施阶段与补贴受助企业进行更有效的互动。与企业的密切互动使地方政府营造适当的环境并满足企业探索性创新的特定需求。我们的实证分析和实地访谈都证实了地方研发补贴计划的优越表现。此外，我们的实证研究结果还强调，区域创新环境的一个基本特征，即专业化产业集聚，将影响研发补贴与企业探索性创新之间的机制。当企业属于高度专业化集聚的行业时，获得政府研发补贴可以更好地促进其探索性尝试。正向互动效应主要来源于专业化产业集聚的优势，如知识共享和资源利用成本低、学习机会多、规模经济、行业内和行业间多元化知识的获取以及地方政府的优惠政策。[①] 因此，这些发现也有助于丰富区域发展和产业创新文献（Feldman et al., 1999；Martin et al., 2006）。

其次，我们从学习理论视角进一步补充政府研发补贴的研究。实证结果

---

① 值得注意的是，江苏省不少产业呈现专业集聚特征。31 个制造业中，有 15 个行业集聚指数 LQ 大于 1。

表明，尽管有政府补贴，企业现有的知识储备对其探索性创新也有显著的负面影响。对于进入新技术领域，拥有大量专利库存的企业往往停留在自己的舒适区——它们更不愿意进行探索性的项目，从而更容易陷入成功陷阱。受过高等教育的人力资源作为隐性知识载体，在提高企业获取和吸收外部新知识的吸收能力方面促进了探索性创新（Clarysse et al.，2009；Huber，1991）。此外，我们的结果表明，无论是中央计划还是地方计划，以往接受研发补贴的经验都会对企业的探索性创新产生负面影响。凭借以往与政府合作的经验，企业可能会将获得政府的认可和批准视为最重要的任务，而它们学习新知识和进行探索的意愿会削弱（Kotabe et al.，2011）。关于先前经验影响的研究结果强化了多项研究的论点（Clarysse et al.，2009；Zuniga-Vicente et al.，2014）。

最后，本研究加深了对研发补贴的理解，并补充了有关中国等新兴经济体背景下的相关研究。传统研究认为，在获得政府支持时，中国企业追逐并榨取短期利润（Guan et al.，2015）。然而，我们的研究结果表明，中国企业并不满足于停留在成功陷阱中，而是越来越强调创新的重要性，尤其是整合新知识的探索性创新。研发补贴计划进一步推动这些企业进入新技术领域，这不仅会带来更好的企业绩效，还会促进产业升级。因此，在中国创新驱动发展战略的背景下，本研究为政府研发补贴促进企业创新行为、研发能力和产业升级提供了支持性证据。调查结果还为政策制定者设计政府研发补贴和相关创新政策提供了启示。

4.5.1 实践意义

这项研究为决策者和管理者提供了一些实践启示。对于政策制定者而言，这项研究意味着中央政府可以考虑将研发补贴投资权限下放给地方政府，从而提高地方企业的自主创新能力、推动省级产业升级。由于新的隐性知识往往集中在地方，地方政府需要利用其邻近性和灵活性优势来建立区域创新体系，从而支持跨企业和产业边界的知识流动和溢出；促进企业获取和应用专业的地域资源；鼓励企业的探索性创新；以优惠政策促进产业升级。此外，专业化产业集聚与研发补贴之间存在正向交互作用。因此，地方省级政府要综合把握区域内不同产业的特点和基础，一方面采取适合不同产业升级的政策工具，另一方面保持一定程度的产业集聚，以避免不同行业的趋同。

对于企业管理者而言，本研究表明，可以通过人力资源升级来提高研发能力和相关的新知识吸收能力。同时，企业在利用研发补贴时应设计灵活的组织形式来高效吸收和运用相关专业资源和知识。此外，与其将政府视为企业应服从的上级权力，不如鼓励地方研发补贴受助企业将地方政府视为关系伙伴并与其保持密切互动，以减少信息不对称并提高探索性创新的绩效。

4.5.2 研究局限和未来展望

首先，本研究采用的数据观察期较短，无法反映研发补贴对企业长期学习行为和绩效的影响。特别是，本研究很难获取企业基于其探索性专利开发的产品销售额。同时，本研究使用具有客观 IPC 代码的标准化和结构化专利数据。然而，企业在探索过程中可能会产生其他各种成果。尽管它们对于衡量企业的探索性创新也很有价值，但是由于数据的限制很难描绘出这些成果。此外，正如现有研究所强调的，企业因研发补贴而产生的高水平学习行为的附加性并不一定意味着该政策的成功 (Georghiou et al., 2006)。在某些情况下，研发补贴可能会误导企业进入错误的技术发展方向，增加企业创新活动的失败风险。因此，在进一步的研究中，可以延长样本的观测期来描述研发补贴对企业长期技术绩效的持续影响，如通过引用来衡量的专利质量，包含全要素生产率在内的经济绩效、销售增长和企业层面的价值。

其次，本研究采用的样本来自中国创新前沿的江苏省。对于其他省份，尤其是创新能力相对落后的省份，研发补贴是否具有同样的效果还有待考证。比较不同省份研发补贴对企业学习行为的影响是未来可能的研究课题。此外，还可以探讨跨区域联系形成的知识流动对企业研发行为的影响。

最后，进一步研究应考虑企业熟悉的技术领域与新技术领域之间的技术距离。这种技术距离可以进一步证明企业进入的新技术领域与熟悉的技术领域的差异程度，因此政府研发计划激发的探索性跃进程度可以随之确定。

4.6 本章附录

4.6.1 产业及地区分布

全样本的产业分布见表 4-7。样本的地区分布见表 4-8。

表 4-7 全样本的产业分布（基于 2 位产业代码）

2位产业代码	产业名称	数量	地方补贴	中央补贴
13	农副食品加工业	1	0	0
16	烟草制品业	1	0	0
17	纺织品制造	26	4	4
18	纺织服装、服饰业	5	0	1
20	木材加工和木、竹、藤、棕、草制品业	7	0	0
22	造纸和纸制品业	2	0	0
23	印刷和记录媒介复制业	5	0	0
24	文教、工美、体育和娱乐用品制造业	3	0	0
25	石油、煤炭及其他燃料加工业	2	0	0
26	化工原料及化工产品制造业	139	23	23
27	医药制造	65	4	16
28	化学纤维制造	12	3	2
29	橡胶和塑料的制造	44	5	7
30	非金属矿产品制造业	45	5	9
31	黑色金属冶炼及加工	11	1	2
32	有色金属冶炼及加工	7	1	1
33	金属制品制造	52	5	5
34	通用机械制造	85	6	10
35	专用机械制造	413	25	85
37	运输设备制造	106	9	11
38	电气机械设备制造业	87	11	12
39	通信及其他电子设备制造	231	16	21
40	文化活动和办公用测量仪器和机械制造	116	12	20
41	其他制造业	35	4	7
43	金属制品、机械维修服务	3	0	1
	总计	1 503	134	237

表 4-8　样本的地区分布

地区	城市	企业数量
苏北地区（苏北）	徐州、连云港、淮安、盐城、宿迁	82
苏中地区（苏中）	扬州、泰州、南通	260
苏南地区（苏南）	南京、苏州、无锡、常州、镇江	1 160
总计		1 503

4.6.2　倾向性得分匹配样本

使用倾向性得分分析来减少选择偏差的研究通常是在多处理的情况下通过多元 logistic 模型对广义倾向性得分进行参数估计（Guo et al., 2014）。然而，多元 logistic 模型面临着挑战，即在协变量中选择正确的交互和多项式项集来描绘它们与处理分配的非线性关系，尤其存在大量处理前的协变量时。相比之下，广义提升模型没有面临这样的限制。GBM 是一种通过使用多个决策树的迭代过程来描述处理分配和预处理协变量之间复杂及非线性关系且不会产生过度拟合数据的机器学习技术（McCaffrey et al., 2013）。它适用于连续和离散预处理协变量，并且对单调变换具有不变性。首先，我们根据研发补贴的筛选标准（表 4-9）选择处理前的协变量来计算倾向性得分。

表 4-9　倾向性得分匹配变量

变量	测度	注释
处理变量		
Local	获得地方研发补贴	
Central	获得中央研发补贴	
协变量		
Tech_Diver	用熵指数衡量的技术多元性	影响企业潜在的探索性创新行为和获得研发补贴的概率
Tech_capa	无形资产占总资产的比重	

续表

变量	测度	注释
Pre_subsidy	2010年以前3年研发补贴受助企业	影响后续研发补贴的领取
Hi_edu	本科及以上学历雇员比例	筛选标准：至少30%拥有大专以上学历
RD_int	研发支出占企业当年销售总额的比例	筛选标准：年研发支出不低于年销售额3%的高新技术中小企业
Cap_int	固定资产净值除以从业人数的自然对数	筛选标准：具有较强的市场竞争力和经济潜力
RD_Dpart	企业是否有自建研究部门	企业的正式研发规定
Firm_Size	雇员人数的自然对数	筛选标准：不超过500名雇员
Hi_Tech	从事高科技制造业	筛选标准：优先考虑支持高科技产业发展和传统产业升级的项目

为了说明广义提升模型相对于多元logistic模型的优势，我们也使用多元logistic模型计算了广义倾向性得分。图4-2展示了由多元logistic模型计算出样本匹配前的倾向性得分分布，以及匹配后的样本分布。值得注意的是，基于多元logistic模型计算出的倾向性得分，其大量观测结果落入由三条曲线划定的有界区域。相比之下，基于GBM计算得出的倾向性得分则分散在各处（4.3.1节，图4-1），且不同处理的观测结果明显得到了更好的区分。这些表明了使用多元logistic模型计算广义倾向性得分无法捕捉处理前的协变量之间的一些非线性关系。考虑到GBM相对于多元logistic模型的优势，我们在本章的正文仅报告了基于GBM的倾向性得分匹配分析结果，尽管基于多元logistic模型得出的倾向性得分的分析提供了几乎相同的结果。

在得到广义倾向性得分后，我们可以在通过最近邻匹配的倾向性得分来定义的（$K-1$）维空间上去处理样本。K代表处理次数，所以在我们的研究中，匹配是在二维空间上进行的。将接受地方补贴的倾向性得分表示为 p_l，将接受中央补贴的倾向性得分表示为 p_c，将样本中倾向性得分的标准差表示为 δ_l 和 δ_c。我们在每个维度上选择匹配卡尺作为 $\delta_l/2$ 和 $\delta_c/2$。在匹配过程中，

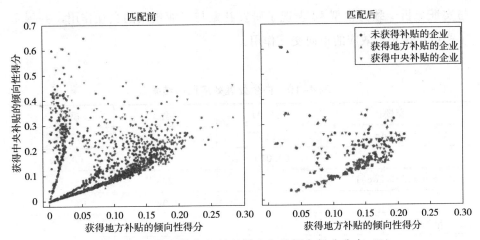

图 4-2　预匹配样本和匹配样本中的倾向得分分布（2）
注：广义倾向性得分通过多元 logistic 模型计算得出。

循环处理组 k 中的所有观测值，并在每个其他处理组中找到与它最相近的值。如果这些匹配观测值之间的成对距离落在相应的卡尺范围内，则这三个观测值形成一个匹配组并从样本中移除。匹配样本由 240 家企业组成，共分为三组，每组各有 80 家企业。图 4-1 中匹配样本的倾向性得分分布显示出高度的平衡，并且处理前的变量在不同的处理之间未有显著差异。

基于广义倾向性得分的匹配遗漏了许多观测结果，因为来自不同处理组的观测结果只有在倾向性得分的所有维度上彼此接近时才完成匹配。作为稳健性检查，我们还采用了两步倾向性得分匹配，能够在匹配样本中保留更多数据。首先，将接受地方补贴的企业作为处理组，与接受中央补贴的企业进行匹配。然后，使用第一步匹配的样本作为处理组，并将它们与非受助企业进行匹配。两步匹配样本包括 406 家企业和 2 027 个企业年度观测值。基于两步匹配样本的分析结果与本章中的结果相似。

4.6.3　内生处理效应回归结果

表 4-10 显示了内生处理效果回归结果。模型 A1 显示了主要影响，模型 A2 呈现了中央研发补贴计划和地方研发补贴计划之间的异质效应。这些结果

与实证分析一致。模型 A3 表现了研发补贴与产业集聚的交互作用，并展示了产业集聚对主效应的正向交互作用。

表4-10 内生处理效应回归结果

变量	模型 A1	模型 A2	模型 A3
Subsidy	0.144***		0.095***
	(0.019)		(0.033)
Subsidy×Local		0.224***	
		(0.023)	
Subsidy×Central		0.099***	
		(0.020)	
LQ			0.006
			(0.013)
Subsidy×LQ			0.026*
			(0.015)
Tech_Diver	-0.017**	-0.019***	-0.017**
	(0.007)	(0.007)	(0.007)
Tech_capa	0.001	0.001	0.001
	(0.002)	(0.002)	(0.002)
Pre_subsidy	0.018	0.022	0.019
	(0.014)	(0.014)	(0.013)
Hi_edu	0.080**	0.077**	0.081**
	(0.035)	(0.035)	(0.035)
Know_stock	-0.185***	-0.181***	-0.187***
	(0.033)	(0.034)	(0.033)
RD_int	-0.093**	-0.097**	-0.093**
	(0.041)	(0.042)	(0.041)
Cap_int	-0.171	-0.122	-0.168
	(0.133)	(0.134)	(0.133)
Firm_Age	-0.007	-0.008	-0.007

续表

变量	模型 A1	模型 A2	模型 A3
	(0.009)	(0.009)	(0.009)
Firm_Size	-0.022**	-0.019**	-0.022**
	(0.009)	(0.009)	(0.009)
RD_Dpart	0.006	0.004	0.006
	(0.014)	(0.014)	(0.014)
Hi_Tech	-0.027	-0.029	-0.026
	(0.021)	(0.021)	(0.021)
Constant	0.548***	0.535***	0.542***
	(0.068)	(0.068)	(0.068)
样本数	7 502	7 502	7 502
企业数	1 503	1 503	1 503
Log likelihood	-6 354.724	-6 336.768	-6 352.589

注：1. 括号内是以企业聚类的稳健标准误；
2. *p<0.1，**p<0.05，***p<0.01；
3. 所有回归模型都包括一组行业、地区和年份哑变量（未报告）。

第 5 章
过犹不及：研发补贴对企业探索性创新的双重影响

　　本章的主要目的是探讨政府研发补贴如何影响企业的探索性创新，以及调节研发补贴影响的影响因素。研究对江苏省制造业企业2010—2014年的面板数据进行分析，结果表明研发补贴对企业探索性创新具有双重效应（dual effect），其影响呈现倒U形。这一结果表明在适当范围内的研发补贴可以促进企业的探索性创新。此外，我们提出企业的技术能力对研发补贴产生的曲线效应具有正向调节作用，然而企业与大学或政府研究机构的研发合作并没有起到这种调节作用。本研究的结果丰富了对研发补贴影响的理解，尤其是其对企业探索性创新的影响，并为今后的相关政府决策和企业战略技术实践提供了启示。*

5.1 研究背景

　　很多企业为了避免不确定性，倾向于停留在技术舒适区，既不打破既定的轨迹，也不需要消耗大量资源来创新（Ahuja et al.，2001；Zhao et

---

* 本章研究的核心内容发表在 GAO Y, ZHANG S, LIU X. Too much of a good thing: the dual effect of R&D subsidy on firms' exploratory innovation [J]. IEEE transactions on engineering management, 2023, 70 (4): 1639-1651.

al.，2016）。然而，企业依赖过往成功经验以及过度使用熟悉的技术则会导致知识组合的枯竭，不利于异质性资源的生成，从而可能致使可持续的长期竞争优势流失（Ahuja et al.，2004；Fleming，2001；Hargadon et al.，1997）。为了获得可持续性，企业需要不断地搜索和利用对企业而言全新的技术与知识来实现探索性创新（Ahuja et al.，2001；Zhao et al.，2016）。但企业想通过扩大搜索范围来增加其知识库，并掌握复杂且高昂的新技术与新颖知识（novel knowledge），往往会涉及高额的成本（Jansen et al.，2006）。因此，尽管探索性创新可能有助改善长期绩效，企业仍不愿参与。

　　政府研发补贴是激励企业创新的最为广泛使用的政策工具之一（Arrow，1962；Nelson，1959），尤其是在资本市场不发达的转型经济体内（Zheng et al.，2015）。目前的研究大多关注研发补贴对企业自身研发支出的影响（Dai et al.，2015b；Liu et al.，2019），以及用专利申请数来衡量的研发产出（Bronzini et al.，2016；Plank et al.，2018）。很少有研究进一步探讨政府资金对以获取和利用新技术为特征的企业研发行为的影响，以及对后续探索性创新的影响。一些基于资源基础观的研究表明，政府补贴可通过直接补偿的形式来提高企业对风险和不确定性的容忍度，从而促进企业的研发活动（Beck et al.，2016；Chapman et al.，2018），例如通过利用新技术与知识来进行技术重组。然而，基于代理理论（agency theory）和多元利益相关者理论（multi-stakeholder theory）的研究表明，在接受政府研发补贴的情况下，企业可能仅仅追求熟知领域而不是探索性创新的专利数量（Jia et al.，2019；Jiang et al.，2018）。

　　面对不一致的研究结果，一些现有研究提出了研发补贴对企业研发支出、普通专利申请和新产品销售的双重影响（Dai et al.，2015b；Liu et al.，2019；Zhou et al.，2020）。这些研究认为，适度的政府资助可以促进企业的研发产出，而过度的补贴则会导致企业研发行为的改变，从而削减企业相关产出。可是，研发补贴与企业探索性创新的关系是否也存在这种倒 U 形关系？这个问题仍未解决，因为这方面的研究非常匮乏，这也将是本书的主要关注点。企业层面的研发战略也可能受到各种因素的影响，例如企业的技术能力和研发合作。前者帮助企业优化资源配置（Yam et al.，2004），而后者为探索性创新提供了有价值的投入（Ahuja et al.，2004）。它们对企业探索性创新至关重要且符合研发补贴的逻辑，所以我们认为技术能力和研发合作可能在研发补贴对企业探索性创新的影响中发挥调节作用（Xu et al.，2014）。然而很少有研究检验这种调节作用。

针对这一研究空白，我们试图寻求以下问题的答案："政府研发补贴如何影响企业的探索性创新？"和"企业技术能力和研发合作如何调节研发补贴对企业探索性创新的影响？"在本研究中，我们进一步将企业研发合作定义为企业与大学或研究机构的合作，并选择为科技型中小企业设立的创新基金（Innofund）作为研究的补贴计划。为了回答研究问题，我们结合了江苏省制造企业2010—2014年的独家面板数据集与中国国家知识产权局2006—2016年的专利数据。采用基于倾向性得分匹配样本的面板数据Tobit回归，我们发现研发补贴与企业探索性创新呈倒U形关系，这表明研发补贴会促进企业的探索性创新直至一定的阈值，而超过该阈值，研发补贴则会抵消企业在探索创新中的学习意愿。同时，企业技术能力正向调节研发补贴对企业探索性创新的曲线效应，表明技术能力强化了研发补贴促进企业探索性创新的正向机制，并缓解了研发补贴的负向影响。然而，研发合作对研发补贴与探索性创新之间的关系并没有调节作用。本研究的结果丰富了对研发补贴影响的理解，尤其是其对企业探索性创新的影响。本研究的结果可为政策制定和企业实践提供启示。

5.2 研究情境

在计划经济转向市场经济的进程中，中国政府赋予科学技术在经济发展中的重要作用（Benner et al.，2012；OECD，2008）。随着国家中长期科学和技术发展规划纲要（2006—2020年）的启动，中国政府设计了各种研发补贴机制，并配置了大量资本资源来支持企业的研发和创新活动，进而提升企业层面的研发能力、推动技术升级（Liu et al.，2017；Zhou et al.，2015）。2012 年，中国政府提出创新驱动发展战略，要求企业通过创新实现高质量经济发展。

为此，中国各级政府出台了一系列支持政策，促进企业探索和采用新知识推动企业探索性创新，研发补贴是其中一项常用的支持措施，而江苏省在使用研发补贴鼓励创新方面具有丰富的经验（Liu et al.，2016）。江苏是中国创新最活跃的地区之一。2016 年，其研发总经费高达 2 026 亿元，研发密集度 2.66%[①]，高新技术产业总产值 6.7 万亿元。[②] 同时，江苏也是制造业规模较大的地区，技术和附加值较低，面临转型升级压力（Liu et al.，2018）。其省政府大力鼓励地方制造业企业通过探索性创新实现技术升级。因此，江苏省在研究中国政府对改变企业研发行为的政策效率及其在鼓励探索性创新以促进技术升级的有效性方面具有代表性。另外，江苏的经济体量相当于一些欧洲国家（Liu et al.，2018）。对江苏的研究也有助于更广义层面的创新政策研究。

本章依旧选取 Innofund 作为研究的研发补贴。这主要是因为该政策在资助内容和申请条件上与本章研究所要探讨的问题高度契合，主要面向符合产业技术政策，有新颖性、市场竞争力、能改善经济社会福利，且能促进传统产业升级的高新技术项目。资助对象为高新技术中小型企业（遴选标准详见 4.3.1 节）。此外，该创新基金具有中央和地方两个级别。国家创新基金于 1999 年启动，而江苏地方创新基金于 2007 年启动。

[①] 国家统计局社会科技和文化产业统计司，科学技术部创新发展司. 中国科技统计年鉴—2017[M]. 北京：中国统计出版社，2017.

[②] 2016 年江苏省国民经济和社会发展统计公报 [EB/OL]. (2017-02-27). http://tj.jiangsu.gov.cn/art/2017/2/27/art_85764_10520828.html.

5.3 研究假设

5.3.1 研发补贴对企业探索性创新的双重影响

根据之前的研究，企业的研发活动遵循经验和能力的循环互动（Ahuja et al.，2001）。企业在使用熟悉的知识和现成的技术方面经验丰富，从而具备更强的知识吸收能力（Cohen et al.，1990），有利于培养企业的专业能力，并降低特定技术领域的学习和解决问题的难度（Cohen et al.，1990；Levinthal et al.，1993）。尽管如此，企业若仅利用熟悉的知识储备，可能会落入"熟悉陷阱"（Ahuja et al.，2001）。

为了避免落入"熟悉陷阱"，企业被鼓励去进行独特且创新的新知识重组，从而实现探索性创新（Hargadon，2003；Nerkar，2003）。一个主要的创新来源是通过寻找、获取和利用新知识（Ahuja et al.，2001），但却存在一些困难和障碍。首先，在没有使用陌生新技术的经验情况下，企业会因其复杂性在吸收和掌握新知识的过程中面临较高的成本（Jansen et al.，2006）。为了产生探索性创新，企业必须投入大量资源，同时不断使用新获得的技术来加强其对全新技术的吸收和解决问题的能力（Hitt et al.，1996；Madhavan et al.，1998）。其次，企业在探索性创新过程中可能面临更高的风险（Jansen et al.，2006），因为缺乏以往经验意味着更高的不确定性，导致研发失败和投资浪费（Levinthal et al.，1993）。

政府预计会通过研发补贴来帮助和促进企业的探索性创新。从资源基础观的角度看，研发补贴可以直接增加企业开展创新活动的可用资源、提高回报，降低研发成本（David et al.，2000）。研发补贴通过帮助企业打破资源限制来激励企业投资新知识搜索以及相关技术能力的提升（Jiang et al.，2018；Lazzarini，2015）。此外，研发补贴增强了企业的风险承受能力（Chapman et al.，2018），从而促进企业在较高不确定性下的探索性创新（Hsu et al.，2009）。与此同时，政府的资源供应也可以激发企业对新知识获取的吸收和掌握能力（Afcha et al.，2016），例如，通过招聘作为隐性知识载体的优质研发人员。

基于代理理论的角度，研发补贴也可能对企业的探索性创新产生负向作用。在政府的支持下，企业扮演着为政府的研发战略目标服务的代理人角色。在实施研发补贴项目的过程中，政府面临两个严峻的问题：首先，政府因信息不对称而无法对企业进行有效监管，导致企业在资源配置方面的内部约束降低（Jourdan et al., 2017）。例如，企业倾向于将资源分配到高收益、低风险但创新性较低的项目，或投入到仅为了获得政府持续支持的非生产性寻租行为（Antonelli et al., 2013b）。其次，政府难以提供适当的激励机制来促使作为代理人的企业创新（Jia et al., 2019），尤其是在探索性创新是复杂且高度不确定的情况下。具体来说，在中国的背景下，政府在评估补贴绩效时往往采用客观的量化评估标准来避免主观评估造成的偏差和干扰（Jia et al., 2019）。这种效果评价无法衡量研发的新颖性，也无法体现企业技术能力和探索性创新绩效的真实增长。于是为了与量化评价标准一致，有些企业单纯地追求研发成果的数量来更快更好地满足政府的要求。企业因此可寻求更多的后续政府资源，却不太可能涉足新的技术领域并通过探索性创新实现技术升级。这种负面影响会随着研发补贴的增加而被放大。

我们认为资源缓冲和代理风险同时存在。在初始阶段，基于资源基础观，资源缓冲效应占主导地位。研发补贴将积极影响新知识的采用并促进企业层面的探索性创新。但是，随着研发补贴的增加，代理风险的影响会变得更加显著。企业将减少对成本高、风险高的探索性创新活动的投入，并转向更多风险较低的研发产出，维持与政府的联系，从而获得经济回报。政府补助超过一定值后，代理风险效应即转变为主导地位。这导致政府研发补贴对企业的探索性创新发挥负面影响。因此，资源缓冲和代理风险之间主导效应的动态变化可能导致研发补贴与探索性创新之间呈倒 U 形关系。于是，我们提出以下假设。

假设 1：政府研发补贴对企业探索性创新的影响呈倒 U 形，一定的研发补贴值促进企业的探索性创新，但超过一定阈值后即转而限制企业的探索性创新。

5.3.2 研发合作和技术能力的调节作用

企业可以通过建立研发合作来扩大知识搜索和学习的范围和深度，从而发展探索性创新（Clarysse et al., 2009; Knockaert et al., 2014）。具体来说，通过研发合作，企业可以与合作伙伴共享、转移和内化显性知识与隐性知识，提升新知识储备和相关吸收能力，加深对这些新知识的理解和熟悉（Kale et al., 2000）。特别是通过与高校或研究机构合作研发中的科学探索，一方面为新技术组合的基本要素提供了可能性，另一方面加强了对新知识在应用中因果关系的科学认知（Ahuja et al., 2004），从而促进企业的探索性创新。因此，与高校或研究机构的研发合作水平越高，在获得研发补贴的补助和克服资源限制后，企业的探索性创新效果越好。同时，就中国的情况而言，高水平大学和科研机构普遍具有公共背景（Xu et al., 2014），这意味着与其研发合作越密切的企业与补贴提供者的利益契合度越高，也更容易被监督。因此，外部研发合作削弱了过多的研发补贴对企业探索性创新的负面影响。基于此，我们提出以下假设。

假设2：企业研发合作正向调节研发补贴与企业探索性创新之间的倒U形关系，表明研发合作促进了研发补贴对企业探索性创新的正向影响，同时减弱了研发补贴的负向影响。

在探索性创新过程中，更高的技术能力可帮助企业加深对现有知识和经验的理解，从而识别出更具潜力的创新方向（Xu et al., 2014），还可以帮助企业更有效地筛选和学习新知识，从而更好地促进探索性创新（Antonelli et al., 2013b; Clarysse et al., 2009）。因此，企业的技术能力越高，企业就越有能力优化资源配置，如优化政府给予的研发补助去开展探索性创新。此外，具有较高技术能力的企业可以更好地扩展和更新其内部知识储备，从而提升其对新知识的吸收能力（Knockaert et al., 2014）。这将有利于企业了解新知识并将其与内部知识整合（David et al., 2000; Kale et al., 2000），进一步促进企业在补贴研发项目中的探索性创新。同时，内部技术能力较强的企业更倾向于紧跟新技术的发展趋势，寻求适应外部技术变化的新机会（Knockaert et al.，2014）。换言之，技术能力越高的企业在探索性创新中的自律性越高，并且此类企业与政府的利益一致性更高，旨在探索新知识并完成技术升级。

因此，即使获得更多的研发补贴，技术能力越高的企业寻租行为倾向越低，也越有可能进行探索性创新。换言之，技术能力水平越高，研发补贴对探索性创新的负效应越弱。我们提出假设3如下。

假设3：企业内部技术能力正向调节研发补贴与企业探索性创新之间的倒U形关系，说明技术能力促进研发补贴对企业探索性创新的正向影响，同时削弱研发补贴的负向影响。

5.4 数据与方法

5.4.1 数据来源

本研究使用了一个特定的面板数据，来自江苏省科技厅对制造业企业的一份调查，涵盖2010—2014年期间的数据。我们还从中国国家知识产权局收集了江苏省制造业企业2006—2016年期间的专利数据。我们根据企业名称将企业及其专利数据合并。江苏省城市统计公报的数据也被收集用于测量地方级指标，如地方政府在市级层面的固定资产投资总额。

我们进一步区分了2010—2014年期间未获得任何研发补贴的企业和获得Innofund的企业。本研究的初始数据库包含1 503家企业和7 502个企业年度观测值，其中371家企业获得了研发补贴。为了控制潜在的选择偏差，本研究采用倾向性得分匹配对数据进行了预处理（详见本章附录中的倾向性得分匹配样本）。我们以企业启动研发补贴计划的第一年为基线期来进行倾向性得分匹配，从而确保研发补贴受助企业和非受助企业之间的初始条件在进入观察期时就消除系统性偏差。基于基线期的匹配结果，并补充对应后续期间的后续数据，最终的倾向性得分匹配样本包括720家企业、3 592个企业-年度观测值。这些企业的行业分布（基于2位产业代码[①]）和地区分布分别见表5-9和表5-10。

5.4.2 变量选取

1. 因变量

本研究的因变量为探索性创新（Explore），用新颖专利比例来测量。具体来说，该因变量是以特定年份的焦点企业所有专利申请中新颖专利的比例来计算的（Jia et al., 2019）。我们参考了Ahuja和Lampert（2001）的研究来定义企业的"新知识"。我们将企业级的新知识定义为在给定年份之前连续四年的企业专利申请中不存在的国际专利分类子类代码的新组合（Ahuja et al., 2001; Phelps, 2010）。这意味着企业已经获得新知识而非停留在已熟知的领域（March, 1991）。选择四年作为间隔窗口期的原因与第4章的论述一致（详见4.3.2节）。同样地，因变量和稳健性检验中的替代变量均滞后一期。

2. 自变量

我们以研发补贴金额的自然对数GovRD作为自变量。根据Li等（2018）研究中的建议，我们在自然对数变换之前对所有值为零的观测值加1。我们还将GovRD_sqr设为GovRD的平方项来验证倒U形关系。

3. 调节变量

依据先前的文献（Hall, 1992; Sung, 2019），我们采用无形资产占总资产权重的比率（Tech_capa）来衡量技术能力。无形资源像技术能力的原料一般，涵盖了从专利和许可证到声誉和专有技术等资源（Hall, 1992）。在我们采集的数据中，"无形资产"指标是指企业自己使用和开发的或从其研发活动以外的来源购买的各种无形资源的价值。因此，与单纯的专利申请或人力资本相比，无形资产的占比更能反映出企业技术研发的知识储备和技术能力。我们进一步设置权重来保证无形资产密集度能够更加准确地反映企

[①] 《国民经济行业分类》（GB/T 4754—2011）。

业的技术能力,并将人均非专利知识产权数量设为权重。这里的非专利知识产权包括科技论文、商标权和软件著作权等。

本研究参考 Carboni(2012)研究中研发合作强度的概念,采用企业与大学和政府科研机构合作的研发支出占其总研发支出的比例来衡量研发合作(Tech_coll)。高校或科研机构是中国前沿科学知识的主要生产者,所以该变量主要描述了企业与高校或科研机构合作的科学探索程度。此外,由于"企业的技术能力"和"研发合作"对接受研发补贴来说是内生性的,所以我们采用的是未受补贴前的值。

4. 控制变量

本研究的控制变量总结在表 5-1 中。

表 5-1 控制变量列表

变量描述	变量	测度
技术多样性	Tech_diver	$Tech\_diver_{it} = \sum_{j=1}^{N} P_j \times \ln(1/P_j)$ P_j 是从 t 年起前 3 年申请的具有特定 4 位 IPC 代码的发明专利数量与同一时期 i 企业申请的发明专利总数的比例(Teachman, 1980)
研发补贴经验	Pre_subsidy	如果一家企业在 2010 年之前的 3 年内获得了研发补贴,则哑变量为 1,否则为 0(Clarysse et al., 2009)
高学历雇员比例	Hi_edu	拥有学士或以上学位的雇员占雇员总数的比例
企业专利存量	Know_stock	$Know\_stock = Patent_t + (1-\delta) \times Know\_stock_{t-1}$:$Patent_t$ 是企业在 t 年获得的发明专利数量。δ 是 15% 的固定折旧率(Lach, 1995)。我们将专利存量除以每家企业的雇员数量
研发强度	RD_int	t 年研发支出占企业总销售额的比率
资本密集度	Cap_int	固定资产净值除以雇员人数的自然对数(Boeing, 2016)
企业规模	Firm_Size	企业雇员数的自然对数
企业年龄	Firm_Age	企业建立年数的自然对数
企业自建研发部门	RD_Dpart	企业是否配备研发部门,如测试基地、研发中心和实验室(Hussinger, 2008)
高技术制造业	Hi_Tech	企业是否从事高技术制造业

5.4.3 方法设计

在我们的倾向性得分匹配样本中,超过52.7%的观测值对Explore取0,而14.0%则取1。Explore归并后在1和0的上下截断。因此,我们采用具有随机效应的面板Tobit模型来进行统计分析(Li et al., 2018)。当归并因变量时,Tobit模型为模型参数提供了一致的估计函数。

在稳健性检验中,我们运用具有固定效应的标准面板数据回归,去排除由企业异质性驱动的潜在替代解释,并纠正遗漏变量偏差(Benner et al., 2002)。同时,为了解决研发补贴潜在的内生性问题,我们参考了Guo等(2016)的研究,并以市级地方政府固定资产投资总额的自然对数作为研发补贴的工具变量。除此之外,我们基于全样本内进行内生处理效应模型去检验稳健性。内生处理效应回归考虑了倾向性得分匹配方法难以解决的不可观察变量引起的自选择偏差(Clougherty et al., 2015)。这种回归还可以应对潜在的内生性问题。

5.5 实证结果

5.5.1 描述性统计

基于倾向性得分匹配样本的统计描述和相关矩阵如表5-2所示。我们还进行了基于OLS(普通最小二乘法)的多重共线性检验。结果表明,所选变量的VIF值是可以接受的,并没有严重的多重共线性问题。

5.5.2 假设检验

研究的实证结果如表5-3所示。模型1是控制变量影响的基准分析。模型2则是加入主自变量。模型3和模型4引入交互项。模型5展示了包含所有交互项的完整模型。

表 5-2 基于倾向性得分匹配样本的统计描述和相关矩阵

序号	变量	1	2	3	4	5	6	7	8	9	10	11	12	13	14	15
1	Explore	1.000														
2	GovRD	0.054	1.000													
3	GovRD_Sqr	0.047	0.996*	1.000												
4	Tech_capa	0.033	-0.006	-0.006	1.000											
5	Tech_coll	0.006	0.094*	0.098*	-0.001	1.000										
6	Tech_Diver	-0.075*	0.016	0.015	0.009	-0.011	1.000									
7	Pre_subsidy	-0.040	0.012	0.021	0.061*	0.024	0.067*	1.000								
8	Hi_edu	0.010	0.037	0.043	0.169*	0.074*	0.088*	0.110*	1.000							
9	Know_stock	-0.084*	-0.021	-0.016	0.103*	0.027	0.208*	0.161*	0.216*	1.000						
10	RD_int	-0.023	0.035	0.039	0.196*	-0.004	-0.007	0.074*	0.302*	0.200*	1.000					
11	Cap_int	-0.030	-0.055*	-0.051	0.052	0.049	-0.137*	0.139*	0.275*	0.434*	0.246*	1.000				
12	Firm_Age	-0.038	-0.007	-0.013	-0.041	-0.016	0.068*	0.044	-0.152*	-0.078*	-0.161*	-0.196*	1.000			
13	Firm_Size	0.000	0.073*	0.069*	-0.081*	-0.032	0.175*	-0.138*	-0.234*	-0.402*	-0.259*	-0.860*	0.227*	1.000		
14	RD_Dpart	-0.014	0.033	0.030	-0.029	-0.001	0.038	0.007	-0.151*	-0.036	-0.101*	-0.167*	0.148*	0.200*	1.000	
15	Hi_Tech	0.000	0.025	0.031	0.065*	0.068*	-0.022	0.064*	0.217*	0.055*	0.176*	0.075*	-0.043	-0.080*	-0.114*	1.000
	观测样本	3 592	3 592	3 592	3 597	3 592	3 592	3 592	3 592	3 592	3 592	3 592	3 592	3 592	3 592	3 592
	平均值	0.282	1.027	6.764	0.035	0.039	0.842	0.332	0.151	0.111	0.081	0.086	2.343	4.936	0.869	0.249
	标准差	0.370	2.390	15.964	0.352	0.124	0.688	0.471	0.150	0.144	0.109	0.066	0.519	0.753	0.337	0.432

注：*$p<0.01$。

表 5-3 面板 Tobit 回归结果

变量	模型 1	模型 2	模型 3	模型 4	模型 5
Tech_Diver	-0.056*	-0.062**	-0.061*	-0.066**	-0.064**
	(0.032)	(0.031)	(0.031)	(0.031)	(0.031)
Pre_subsidy	-0.017	-0.009	-0.007	-0.015	-0.013
	(0.042)	(0.042)	(0.042)	(0.042)	(0.042)
Hi_edu	0.482***	0.456***	0.444***	0.477***	0.466***
	(0.139)	(0.139)	(0.139)	(0.140)	(0.140)
Know_stock	-0.125	-0.136	-0.140	-0.119	-0.123
	(0.157)	(0.157)	(0.157)	(0.157)	(0.157)
RD_int	-0.252	-0.323*	-0.314*	-0.358*	-0.350*
	(0.188)	(0.189)	(0.189)	(0.190)	(0.190)
Cap_int	-1.749***	-1.659***	-1.657***	-1.671***	-1.668***
	(0.644)	(0.643)	(0.645)	(0.643)	(0.644)
Firm_Age	0.008	0.002	0.001	-0.001	-0.002
	(0.040)	(0.040)	(0.040)	(0.040)	(0.040)
Firm_Size	-0.067	-0.067	-0.067	-0.063	-0.063
	(0.054)	(0.054)	(0.054)	(0.054)	(0.054)
RD_Dpart	0.052	0.043	0.045	0.048	0.050
	(0.057)	(0.057)	(0.057)	(0.057)	(0.057)
Hi_Tech	-0.001	-0.010	-0.018	-0.013	-0.020
	(0.082)	(0.081)	(0.082)	(0.081)	(0.081)
GovRD		0.305***	0.317***	0.261***	0.279***
		(0.080)	(0.088)	(0.082)	(0.089)
GovRD_Sqr		-0.042***	-0.045***	-0.036***	-0.040***
		(0.012)	(0.013)	(0.012)	(0.013)
Tech_coll (TCo)		-0.121	-0.285	-0.126	-0.281
		(0.155)	(0.181)	(0.155)	(0.180)
Tech_capa (TCa)		0.103**	0.103**	0.074	0.075

续表

变量	模型1	模型2	模型3	模型4	模型5
		(0.050)	(0.050)	(0.051)	(0.051)
GovRD×TCo			0.094		0.021
			(0.504)		(0.503)
GovRD_sqr×TCo			0.001		0.011
			(0.073)		(0.073)
GovRD×TCa				1.034**	0.999**
				(0.504)	(0.503)
GovRD_sqr×TCa				-0.137*	-0.132*
				(0.077)	(0.077)
Constant	0.728	0.745	0.758	0.732	0.745
	(0.628)	(0.626)	(0.626)	(0.625)	(0.625)
样本数	3 592	3 592	3 592	3 592	3 592
企业数	720	720	720	720	720
Log likelihood	-3 372.730	-3 359.232	-3 357.432	-3 352.526	-3 350.855

注：1. 括号内为标准误；
2. *$p<0.1$，**$p<0.05$，***$p<0.01$；
3. 所有 Tobit 回归的模型都具有随机效应，包括一组行业、地区和年份哑变量（未报告）；
4. 所有模型均包含 1 894 个左删失样本、1 196 个未删失样本和 502 个右删失样本。

实证结果表明研发补贴与企业探索性创新呈倒 U 形关系，即研发补贴与探索性创新呈正相关（系数=0.305，$p<0.01$）。研发补贴的平方与企业的探索创新呈负相关（系数=-0.042，$p<0.01$）。倒 U 形存在的总体测试在 1% 的水平上显著（图 5-1）。我们根据 Haans，Pieters 和 He（2016）的建议验证了效应的稳健性。首先，检查 GovRD 两端的曲线斜率是否足够陡峭。结果表明，研发补贴与企业在两个边界的子样本中的探索性创新显著相关。趋近于最小值的子样本表明研发补贴对企业的探索性创新有积极影响（斜率=0.305，$p<0.01$）；相反，趋近于最大值子样本则显示负面影响（斜率=-0.338，

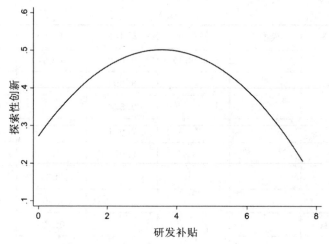

图 5-1　研发补贴对企业探索性创新的影响

p<0.01)。其次，模型的拐点（3.602）位于 GovRD 的数据范围内，该拐点的值非常接近 3.416（GovRD 的平均值加上它的一个标准差）并且远小于 5.807（GovRD 的平均值加上它的两个标准差）。根据 Ahuja 和 Katila(2004) 的研究，这种情况更符合曲线关系，而不是边际收益递减。我们验证了研发补贴对企业层面探索性创新产生倒 U 形影响的稳健性。假设 1 得到支持。

就调节效应而言，让人意外的是，实证结果表明，企业与大学之间的研发合作对研发补贴对企业探索性创新的影响并没有显著的调节作用。研发合作与研发补贴及其平方项的交互系数不显著（模型 3）。由此得出，假设 2 并不成立。然而，企业的技术能力却具有显著的调节作用，技术能力与研发补贴平方项的交互系数在 10% 的水平上显著。为了确定技术能力的具体调节作用，我们遵循 Haans 等（2016）的建议进行进一步验证。我们首先设置方程如下：

$$Y = \beta_0 + \beta_1 \times X + \beta_2 \times X^2 + \beta_3 \times X \times Z + \beta_4 \times X^2 \times Z + \beta_5 \times Z$$

其中，X 是 GovRD，Z 是调节变量 Tech_capa。我们在方程（模型 4）中计算 $\beta_1 \times \beta_4 - \beta_2 \times \beta_3$。差值（0.001 5）大于零，这表明随着技术能力的提高，拐点将向右移动。图 5-2 还显示倒 U 形曲线的拐点水平向右移。因此，技术能力正向调节了研发补贴提升企业探索性创新的线性机制。此外，如果 $\beta_4<0$，则意味着倒 U 形曲线将更加陡峭。如模型 4 所示，β_4 为 -0.137，这意味着企业技术能力的提高让倒 U 形曲线变得更加陡峭（图 5-2）。根据 Haans 等（2016）的表述，倒 U 形变得更加陡峭意味着调节变量削弱了曲线机制。如图 5-2 所示，当技术能力更高时，最优水平会上移到更高的点。因此，企业的技术能力弱化了研发补贴对企业探索性创新产生的曲线负面影响。将上述两种调节机制结合，企业的技术能力正向调节研发补贴与企业探索性创新之间的倒 U 形关系。假设 3 得到支持。

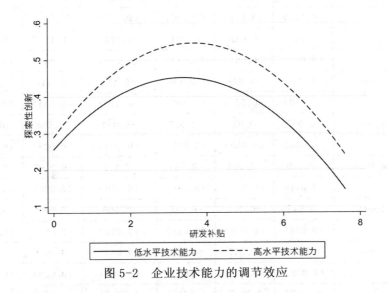

图 5-2 企业技术能力的调节效应

5.5.3 稳健性检验

表 5-4 显示了通过面板数据固定效应回归（模型 6 和模型 7）、带工具变量的广义矩估计（Generalized Method of Moment, GMM）（模型 8 和模型 9）和内生处理效应回归（模型 10 和模型 11），所得的稳健性检测结果与面板 Tobit 回归的结果几乎一致，进一步支持了研发补贴对企业探索性创新的倒 U 形影响，以及企业技术能力对该影响的正向调节作用。

表 5-4 稳健性检验结果

变量	模型6	模型7	模型8	模型9	模型10	模型11
	面板数据固定效应		带工具变量的广义矩估计		内生处理效应	
Tech_Diver	-0.161***	-0.160***	-0.156***	-0.158***	-0.018***	-0.018***
	(0.014)	(0.014)	(0.014)	(0.013)	(0.007)	(0.007)
Pre_subsidy	-0.058**	-0.064**	-0.032	-0.034	0.022	0.021
	(0.026)	(0.026)	(0.027)	(0.027)	(0.013)	(0.013)
Hi_edu	0.077	0.096	0.091	0.116	0.075**	0.077**
	(0.089)	(0.087)	(0.088)	(0.085)	(0.034)	(0.034)
Know_stock	-0.423***	-0.425***	-0.411***	-0.420***	-0.188***	-0.184***
	(0.114)	(0.114)	(0.100)	(0.103)	(0.034)	(0.034)
RD_int	0.007	0.032	0.004	0.017	-0.108**	-0.117***
	(0.082)	(0.081)	(0.082)	(0.079)	(0.044)	(0.043)
Cap_int	-0.411	-0.378	-0.430	-0.434	-0.116	-0.123
	(0.320)	(0.322)	(0.332)	(0.330)	(0.134)	(0.133)
Firm_Age	-0.057	-0.056	-0.027	-0.034	-0.008	-0.009
	(0.050)	(0.050)	(0.035)	(0.035)	(0.009)	(0.009)
Firm_Size	-0.020	-0.016	-0.013	-0.012	-0.019**	-0.019**
	(0.041)	(0.041)	(0.041)	(0.040)	(0.009)	(0.009)
RD_Dpart	-0.015	-0.014	-0.018	-0.008	0.005	0.006
	(0.026)	(0.026)	(0.025)	(0.025)	(0.014)	(0.014)
Hi_Tech	-0.015	-0.017	-0.005	0.033	-0.030	-0.030
	(0.039)	(0.039)	(0.037)	(0.025)	(0.020)	(0.020)
GovRD	0.109***	0.091**	0.077***	0.069***	0.159***	0.142***
	(0.038)	(0.039)	(0.019)	(0.018)	(0.022)	(0.023)
GovRD_Sqr	-0.015***	-0.013**	-0.007*	-0.005	-0.021***	-0.018***
	(0.006)	(0.006)	(0.004)	(0.004)	(0.003)	(0.003)
Tech_capa (TCa)	0.075*	0.059	0.076*	0.106	0.056	0.040
	(0.045)	(0.039)	(0.044)	(0.083)	(0.035)	(0.028)
Tech_coll (TCo)	-0.044	-0.043	-0.060	-0.062	-0.022	-0.023
	(0.054)	(0.054)	(0.056)	(0.057)	(0.020)	(0.020)
GovRD×TCa		0.451***		0.222***		0.323***

续表

变量	模型 6	模型 7	模型 8	模型 9	模型 10	模型 11
	面板数据固定效应		带工具变量的广义矩估计		内生处理效应	
		(0.169)		(0.078)		(0.110)
GovRD_sqr×TCa		-0.059**		-0.030*		-0.043***
		(0.024)		(0.017)		(0.016)
Constant	0.385	0.369	0.303	0.594***	0.539***	0.543***
	(0.236)	(0.237)	(0.226)	(0.219)	(0.067)	(0.067)
样本数	3 592	3 592	3 592	3 592	7 502	7 502
企业数	720	720	720	720	1 503	1 503
Log likelihood	-841.754	-832.244	-827.934	-834.077	-6 326.588	-6 315.914

注：1. 括号内是以企业聚类的稳健标准误；
  2. *$p<0.1$，**$p<0.05$，***$p<0.01$；
  3. 所有模型都包括一组行业、地区和年份哑变量（未报告）；
  4. 工具变量检验：识别不足检验：24.994，Chi-sq (1) P-val=0.0000；弱识别检验（Cragg-Donald Wald F 统计量）：25.09，Stock-Yogo 弱识别检验临界值：10% 偏误下的临界值为 16.38。

5.5.4 进一步检验

我们从两个方面进行检验。

首先，根据补贴额度不同，区分地方级补贴计划和国家级补贴计划，并且国家级计划的补贴金额高于地方级计划。表 5-5 中的模型 12 和模型 13 展示了子面板数据固定效应回归的结果。结果显示，这种倒 U 形相关体现在国家级补贴计划（模型 13）中，然而在地方级补贴计划（模型 12）中并不存在。一种合理的解释可能是中央政府与受补贴的地方企业存在更高的信息不对称和利益错位（Wei et al., 2018；Zhou et al., 2020）。中央政府也很难严格监督这些地方企业使用政府资金的行为，即所谓的"山高皇帝远"。因此，随着中央政府补贴金额的增加，企业的代理风险水平相应增加，形成倒 U 形曲线。这一结果也呼应了第 4 章的替代性解释结果，即相比中央政府的研发补贴，地方政府的研发补贴所资助的企业具有更低的代理风险。

表 5-5 进一步检验结果

因变量	模型 12	模型 13	模型 14	模型 15	模型 16	模型 17
	探索性创新		实用新型和设计专利申请			
	Non VS local	Non VS central	Tobit 回归	固定效应回归	IV-GMM	负二项回归
Tech_Diver	-0.152***	-0.148***	-0.009	-0.030**	-0.030**	-0.101***
	(0.016)	(0.015)	(0.017)	(0.012)	(0.012)	(0.035)
Pre_subsidy	-0.082**	-0.030	-0.042	-0.026	-0.020	-0.111*
	(0.036)	(0.033)	(0.026)	(0.023)	(0.024)	(0.059)
Hi_edu	0.146	0.059	-0.077	0.056	0.059	0.276
	(0.107)	(0.089)	(0.087)	(0.071)	(0.072)	(0.200)
Know_stock	-0.529***	-0.399***	0.404***	0.281***	0.277***	0.933***
	(0.126)	(0.108)	(0.096)	(0.101)	(0.082)	(0.177)
RD_int	-0.110	0.009	-0.197*	0.035	0.035	-0.059
	(0.097)	(0.089)	(0.111)	(0.060)	(0.076)	(0.244)
Cap_int	-0.529	-0.345	-0.311	-0.004	-0.007	-0.370
	(0.410)	(0.352)	(0.355)	(0.292)	(0.253)	(0.846)
Firm_Age	-0.027	-0.047	0.044	-0.006	-0.010	0.041
	(0.046)	(0.039)	(0.028)	(0.043)	(0.044)	(0.068)
Firm_Size	-0.037	-0.031	0.064**	0.106***	0.105***	0.361***
	(0.052)	(0.045)	(0.033)	(0.034)	(0.032)	(0.077)
RD_Dpart	-0.008	-0.032	0.071**	0.054**	0.053**	0.366***
	(0.030)	(0.027)	(0.032)	(0.024)	(0.021)	(0.070)
Hi_Tech	0.004	-0.011	-0.021	-0.011	-0.012	-0.077
	(0.044)	(0.040)	(0.046)	(0.028)	(0.031)	(0.093)
Tech_capa (TCa)	0.059	0.045	-0.026	0.028**	0.028	0.010
	(0.042)	(0.033)	(0.031)	(0.012)	(0.021)	(0.096)
Tech_coll (TCo)	-0.031	-0.078	-0.008	-0.023	-0.026	0.166
	(0.075)	(0.053)	(0.083)	(0.048)	(0.053)	(0.160)

续表

因变量	模型 12	模型 13	模型 14	模型 15	模型 16	模型 17
	探索性创新		实用新型和设计专利申请			
	Non VS local	Non VS central	Tobit 回归	固定效应回归	IV-GMM	负二项回归
GovRD	−0.076	0.138*	0.009**	0.007***	0.013*	0.020**
	(0.122)	(0.080)	(0.004)	(0.003)	(0.007)	(0.008)
GovRD_Sqr	0.016	−0.020*				
	(0.020)	(0.011)				
Constant	0.389	0.584**	−2.828	−0.325	−0.179	−2.776***
	(0.280)	(0.239)	(45.752)	(0.239)	(0.500)	(0.517)
样本数	2 447	2 943	3 592	3 592	3 592	3 323
企业数	490	590	720	720	720	666

注：1. 括号内为标准误；
2. *$p<0.1$，**$p<0.05$，***$p<0.01$；
3. 所有模型都包括一组行业、地区和年份哑变量（未报告）；
4. 在模型 17 中，54 家企业（269 个观测值）因结果均为零而被自动剔除。

其次，我们检验了研发补贴对企业的实用新型和外观设计申请的影响。和发明专利相比，实用新型和外观设计的质量与新颖性更低。因此，企业可能会大量且快速地申请实用新型和外观设计来满足政府的评估要求，这抑制了更具价值但风险更高的探索性创新。我们采用企业的实用新型和外观设计申请数量与比例作为因变量。我们分别进行面板 Tobit 回归、固定效应回归、带工具变量的 GMM 和固定效应负二项式回归。模型 14 至模型 17 的结果均表明，企业的实用新型和外观设计申请量随着补贴金额的增加而增加。进一步的检验为我们基于代理风险理论提出的研发补贴对企业探索性创新产生的负面机制提供了更多的理论论证支持。

5.6 讨论与结论

本研究的实证结果表明，研发补贴对企业探索性创新的影响呈现倒 U

形。企业的技术能力对这种倒 U 形关系产生正向调节，企业与大学或研究机构之间的研发合作对该关系没有产生调节作用。本研究结果具有一定的理论贡献并为政策实践提供了启示。

5.6.1 理论贡献

首先，以往的文献主要是基于新古典经济学的逻辑研究研发补贴对企业自身研发投入和产出的影响（Dimos et al., 2016），而本研究探讨的是在研发补贴影响下企业研发行为的变化。研发投入和产出之间存在着一个极其复杂的"黑匣子"，复杂的因素潜在地影响着研发补贴对企业研发产出的效果。因此，从企业研发行为的角度进行分析显得尤为重要（Gök et al., 2012）。知识的获取和应用对企业层面的研发投入和产出有着深远的影响。我们的结果揭示了研发补贴通过激励企业对新知识的学习来影响探索性创新，这一结果是建立在 Clarysse 等（2009）的研究基础上的，并扩展了组织学习理论在政府研发补贴研究中的应用。本研究反映了企业在动态演化的过程中以及在系统性视角下进行研发和创新的过程，从而丰富了研发补贴对企业研发行为影响的理解。

其次，本研究结合了资源基础观和代理理论，为理解和研究研发补贴的影响提供了新的视角。从理论上讲，倒 U 形关系表明政府资金对企业研发行为的影响有限。从资源基础观的角度，补贴则通过提供额外的资本资源的方式来帮助企业降低探索性创新的风险。然而，这种理论视角忽略了由补贴的非市场性所导致的低效。由于信息不对称以及需要满足政府的评估标准，企业在政府资助下管理技术创新的过程中充满了挑战。这也意味着企业在创新中接受政府补贴的代理风险更高。区别于现有研究单纯强调企业对创新投入不足，我们的研究表明，代理风险会以另外的方式去影响企业的资源配置，具体而言，代理风险的存在导致企业倾向于投资技术含量较低的专利申请，而非高附加值的研发。这一发现进一步支持和补充了 Jia 等（2019）的研究，并就以往研究中相互矛盾和冲突的观点进行了解释，为研发补贴的研究提供了更为全面的微观机制。

最后，本研究揭示了与创新政策影响相关的组织权变因素，并进一步阐释了这些特征是如何调节政府资金对企业探索性创新的影响。实证结果表明，企业的技术能力在吸收和全面运用新技术方面发挥着重要作用，并加强了政府在促进企业创新方面的影响。该研究与Kotabe等（2011）和Zhou等（2020）的研究相呼应，表明内部技术能力较高的企业可以更好地调整、开发和利用研发补贴所带来的额外资源，开展高风险的探索性创新。此外，我们还认为，技术能力较高的企业在获得研发补贴后，可以降低与政府资源的非市场性相关的代理风险，并避免相关的寻租行为，从而提高研发补贴的效率。与此同时，企业和大学之间的研发合作并不能调节研发补贴对企业探索性创新的影响。一个可能的原因是与大学或研究机构的研发合作不能直接改善企业对资源的配置以及消化研发补贴所带来的额外资源的能力。此外，中国大学更关注学术出版物（Wu et al., 2012；柳卸林 等，2017），且企业与大学之间的研发合作可能只是满足政府项目申请和执行要求的一种方式。

另外，本研究扩展了在中国背景下政府研发补贴的研究，探讨并验证了中国政府研发补贴对企业探索性创新的影响。在中国政府强调发挥企业在创新驱动发展中的作用背景下，本研究为政府通过设计补贴以及提供财政和政策支持来实现大幅提高企业研发能力提供了理论分析和实证依据。

5.6.2 政策和管理启示

对于政策制定者而言，本研究的结果为合理设计研发补贴政策提供了三点启示。首先，应充分考虑政府补贴的扭曲效应，政府需要更加严格地设计研发补贴的供给方式。例如，在给予研发补贴时，资助方要求受资助企业按一定比例投入自有资金来匹配研发补贴，对单个企业研发补贴占研发总投入的比例设置上限（Hsu et al., 2009），进而避免补贴过多带来的代理风险和寻租行为。其次，政府在评估研发补贴政策的效果时需避免追求短期回报，并将研发补贴政策的评价重点从结果导向朝着过程导向转变，以监测企业在获得研发补贴后的研发行为的改变。最后，为了更好地实施研发补贴政策、激励企业学习行为，政府还需要从更系统性的视角来设计研发补贴的配套政策，以产生协同效应。例如，政府可通过吸引高素质的研发人员来促进人才流动，并鼓励企业提高技术能力。

对于企业而言，该研究让管理者关注到政府研发补贴对企业创新和发展发挥着双重影响。同时，企业需重视自身技术能力的提升。基于本研究，企业可以就如何积极参与政府探索性创新发展和技术升级项目作出相关战略决策。

5.6.3 研究展望

（1）本研究使用的数据观察期较短，无法反映研发补贴的长期影响。正如 Georghiou 和 Laredo（2006）的研究所强调，政府研发补贴带来的企业研发行为的改变并不一定意味着政策的成功。这种政策可能会误导企业在错误的方向上进行技术发展，从而面临更高的失败风险，不利于企业的可持续竞争力。因此，未来的研究可以通过延长样本的观察期来捕捉更持续的研发补贴对研发行为变化的影响。

（2）本次研究的样本为江苏省创新能力突出的企业，企业的研发能力处于全国领先地位。对于其他省份，尤其是创新能力相对较弱的省份，研发补贴是否具有与本研究相同的效果则难以验证。因此，未来的研究可以比较不同技术发展阶段和不同创新能力水平地区的研发补贴对企业研发与学习行为的影响。此外，对与企业探索性创新和技术升级相关的不同政府研发支持计划（如 SBIR and Horizon，2020）来进行国际比较也颇具价值。

（3）在设置变量方面，本研究无法验证企业与行业合作伙伴之间的研发合作对研发补贴有效性的假设影响。然而，例如 Li 等（2018）的研究就认为企业与供应商、用户甚至竞争对手的互动对企业层面的创新产生深远影响，这些互动可能会影响政府资金的效用。因此，未来的研究可以设置与行业合作伙伴的研发合作变量，并研究这种合作与研发补贴政策的交互作用，以及对企业研发行为和探索性创新的影响。

5.7 本章附录

5.7.1 倾向性得分匹配样本

表 5-6 显示了根据 Innofund 的筛选标准选择的处理变量和一组协变量。表 5-7 呈现了使用基期内全样本估计倾向得分（模型 A1）的 Probit 估计结果。我们通过无替换的 1-1 最近邻域匹配（1-1 NNM）来识别企业的控制组。同时，我们使用预先设定的公差为 0.025 的卡尺来避免"不良"匹配。基于 PSM 样本，我们重新进行了 Probit 回归（结果见模型 A2）。如表 5-7 所示，没有任何一个协变量的系数保持显著，且 Pseudo R^2 在基期匹配后从 0.117 8 急剧下降到 0.001 5。这个结果意味着系统性差异已在处理组和对照组之间的协变量分布中消除。

表 5-6 倾向性得分匹配变量

变量	测度	注释
处理变量		
Public_project	企业是否参与 Innofund	PSM 处理变量
协变量		
Tech_Diver	用熵指数衡量	影响潜在的探索性创新
Pre_subsidy	2010 年以前 3 年研发补贴受助企业	影响后续研发补贴的领取
Hi_edu	本科及以上学历雇员比例	筛选标准：至少 30% 拥有大专以上学历
RD_int	研发支出占企业当年销售总额的比例	筛选标准：年研发支出不低于年销售额 3% 的高新技术中小企业
Cap_int	固定资产净值除以从业人数的自然对数	筛选标准：具有较强的市场竞争力和经济潜力
Firm_Size	雇员人数的自然对数	筛选标准：不超过 500 名雇员
RD_Dpart	企业是否有自建研究部门	企业的正式研发规定
Dummy_industry	哑变量	基于 2 位产业代码
Dummy_region	哑变量	基于江苏南部、北部和中部地区的企业分布

表 5-7 倾向性得分匹配的第一步 Probit 回归结果

变量	模型 A1 匹配前	模型 A2 匹配后
Tech_Diver	0.147**	-0.050
	(0.063)	(0.078)
Pre_subsidy	-0.154	-0.080
	(0.102)	(0.123)
Hi_edu	0.254	0.139
	(0.298)	(0.359)
RD_int	0.678*	-0.134
	(0.374)	(0.452)
Cap_int	-6.709***	1.300
	(1.359)	(1.944)
Firm_Size	0.222**	0.016
	(0.103)	(0.129)
RD_Dpart	-0.956***	0.083
	(0.106)	(0.158)
Constant	4.918***	-0.499
	(0.981)	(0.915)
观测值	1 503	720
Prob > chi2	0	0.983 2
Pseudo R^2	0.117 8	0.001 5
Log likelihood	-740.478	-498.329

注：1. 括号内为标准误；
2. ***p<0.01，**p<0.05，*p<0.10；
3. 所有模型包括一组行业和年份哑变量（未报告）；
4. 11 家获得补贴的企业在匹配过程中因无法满足共同支持条件而被淘汰。

我们还为处理组和对照组之间协变量均值进行了平衡检验（表 5-8）。根据 t 检验统计量和协变量均值差的相应 p 值，协变量的均值在处理组和对照组之间是平衡的。此外，平均标准化偏差（MSB）在匹配后急剧下降，表明匹配成功。

表 5-8　倾向性得分匹配平衡测试结果

协变量	均值		t-test		MSB/%	
	处理变量	控制变量	t-Stat	p>t	匹配前	匹配后
Tech_Diver	0.531	0.538	-0.16	0.872	0.5	-1.2
Pre_subsidy	0.183	0.208	-0.85	0.395	7.6	-6.8
Hi_edu	0.154	0.149	0.54	0.592	19.9	4.0
RD_int	0.085	0.088	-0.25	0.804	23.7	-2.1
Cap_int	0.090	0.093	-0.64	0.519	43.4	-5.0
Firm_Size	4.847	4.841	-0.60	0.546	-67.6	0.6
RD_Dpart	0.825	0.842	0.10	0.923	3.5	-4.4

5.7.2　产业及地区分布

产业及地区分布见表 5-9、表 5-10。

表 5-9　配对样本的 2 位产业代码的产业分布

2 位产业代码	产业名称	企业数量
17	纺织品制造	17
26	化工原料及化工产品制造业	78
27	医药制造	32
28	化学纤维制造	6
29	橡胶和塑料的制造	23
30	非金属矿产品制造业	28
31	黑色金属冶炼及加工	5
32	有色金属冶炼及加工	4
33	金属制品制造	20
34	通用机械制造	40
35	专用机械制造	200
37	运输设备制造	44
38	电气机械设备制造业	43
39	通信及其他电子设备制造	92
40	文化活动和办公用测量仪器和机械制造	63

续表

2位产业代码	产业名称	企业数量
41	其他制造业	23
43	金属制品、机械维修服务	2
总计		720

表5-10 配对样本的地区分布

地区	城市	企业数量
苏北地区（苏北）	徐州、连云港、淮安、盐城、宿迁	39
苏中地区（苏中）	扬州、泰州、南通	128
苏南地区（苏南）	南京、苏州、无锡、常州、镇江	553
总计		720

第6章 研发补贴如何影响高科技中小企业的知识创造行为

本研究深入探讨了公共研发补贴对高科技型中小型企业通过向大学学习,实现知识创造的影响。研究进一步探索了这一影响过程中的两个中介机制,即企业与大学开展正式的研发合作以及引进高学历的研发人员。以我国江苏省2010年至2014年高科技型中小企业数据为基础,实证分析结果显示,研发补贴可以推动高科技型中小企业通过向大学学习来进行知识创新。此外,研究发现招聘高学历研发人才在此过程中发挥了部分中介效应。尤为值得关注的是,科技园区内的受助企业在知识创新方面受到研发补贴的影响更为显著。本研究的结果对创新政策研究和创新系统研究具有积极启示。*

6.1 研究背景

在当今社会,高科技中小型企业(high-tech SMEs)已经成为推动经济发展和社会进步的重要力量。相较于大型企业,高科技中小企业在应对市场变化时展现出更高的灵活性(Cin et al., 2017; Doh et al., 2014)。由

---

* 本章研究的核心内容发表在 GAO Y, YANG P, HU Y. How R&D subsidies influence high-tech SMEs' knowledge creation through universities[J]. IEEE transactions on engineering management, 2024, 71: 1757-1772.

于高科技行业的特性,其对于基础研究能力有着极高的要求,产品和流程也需要不断更新(Czarnitzki et al.,2012)。在知识经济时代,这一点显得尤为重要(Matusik et al.,1998),同时凸显了知识创造对高科技中小企业不可或缺的作用。

知识创造被定义为一种辩证的过程,其中各种矛盾通过个人、组织和环境之间的动态互动得以整合(Nonaka et al.,2003)。知识创造需要大量的资源投入和突出的能力。然而,高科技中小型企业在知识创造上面临着诸多障碍,包括财政资源的有限性、技术能力的不足以及合法性问题(Gnyawali et al.,2009)。这些挑战导致中小企业倾向于进行渐进式创新、模仿式创新或商业模式创新,而非前沿的技术创新或科学和技术知识的创造(Chung et al.,2017)。虽然这些形式的创新在短期内可能带来经济效益,且风险相对较小,但长期来看,它们可能威胁到中小企业的生存和竞争力。因此,与一般中小企业相比,高科技中小型企业更需应对和缓解这些可能阻碍知识创造进程的挑战。这不仅关乎企业的短期效益,更关乎其长期生存和竞争力。

在全球范围内,培养高科技中小企业的创新能力并促进其知识创造已成为政策制定者关注的焦点(Cin et al.,2017)。例如,美国在1982年通过了《小企业创新发展法》,其中提出了"小企业创新研究计划(SBIR)",而欧盟也发布了"地平线2020"项目。中国政府在2012年实施的创新驱动发展战略,明确强调了在企业层面提升技术和知识创造力的目标(Bi et al.,2017;Gao et al.,2021;Liu et al.,2017)。企业的知识创造过程往往涉及多方面的知识来源,包括内部因素如领导力,以及与外部知识创造机构的合作(Chen et al.,2023;Reus et al.,2023)。中国的公立大学作为科技知识创造的重要力量,为国家技术创新项目作出了显著贡献。中国的大型企业与一流大学合作,承担国家技术创新项目并创造新知识的现象已普遍存在。然而,中小企业与大学在知识创造方面的联系却十分有限(Wu et al.,2012)。

为了激发中小企业与大学合作进行知识创造的积极性,中国政府精心设计并实施了多项研发补贴计划。学者们从企业层面入手，对获取研发补贴的因素进行了深入研究（Wang et al., 2017）。研究结果显示，公共资金对企业的研发投资及其后续生产力具有显著影响（Boeing et al., 2022；Gao et al., 2023）。同时，学者们还对各类研发补贴的差异性进行了探讨（Gao et al., 2021）。然而，关于研发补贴如何影响高科技知识创造的具体机制，尤其是新兴经济体中大学的参与作用，仍需进一步深入研究。

在研发补贴的支持下，企业与大学之间的合作成为知识创造的重要途径。然而，研发补贴和高科技中小企业通过与大学合作创造知识之间的中介机制往往被忽视。经过观察和试点研究，我们发现企业投资与大学开展研发合作和招聘高学历研发人员是两个关键的中介路径。为了深入理解这一过程，我们借鉴Nonaka和Takeuchi(1995)提出的SECI模型（知识创造模型）来进行分析。该模型包括四种知识转化模式：社会化、外部化、组合化和内部化。高科技中小企业可以通过自身投资与大学建立正式合作关系，进而在合作过程中实现这四种知识转化模式的有效运作，即隐性知识的共享（社会化）、将隐性知识编码为显性知识（外部化）、显性知识的组合（组合化）以及将显性知识内化为隐性知识（内部化）(Okamuro et al., 2015)。同样，受过高等教育的研发人员也能促进高科技中小企业的知识创造过程。这得益于企业与大学的正式和非正式关系，以及通过高等教育获得的专业知识和技能（Afcha et al., 2016）。然而，以往研究并未对这两种渠道展开探究，这也为我们的研究提供了方向和思路。

此外，某些权变因素也可能对知识创造过程造成影响。以科技园区为例，科技园区被视为大学将学术研究商业化、孵化创新型初创企业和培养创新人才的重要平台（Zou et al., 2014）。在中国，科技园区是连接高科技中小企业与大学的重要中介和基础设施（Kodama, 2008）。目前，中国已建立超过100个科技园区，不仅为企业提供了获取先进科技知识，尤其是大学隐性知识的宝贵机会，而且有力地推动了高科技中小企业的科技知识创造进程（Armanios et al., 2017；Xie et al., 2018）。值得注意的是，我国的科技园通常由公共资金支持，可以被视作一种有利于中小企业科技知识创造的公共资源。由于中小企业可以同时获得公共研发补贴和科技园区的支持，因此研究两种类型的公共支持对高科技中小企业通过大学进行知识创造的协同效应或替代效应具有重要意义，然而这方面的实证研究仍显不足。

为了填补研究空白，探索研发补贴对高科技中小企业通过大学进行知识创造的影响，以及科技园区在这个过程中发挥的作用，本研究旨在解决三个主要问题：首先，公共研发补贴如何影响高科技中小企业通过向大学科研院所学习来进行知识创造？其次，与大学科研院所建立正式合作关系，招收高学历研发人员这两种学习途径是否会在研发补贴对高科技中小企业知识创造的影响中发挥中介作用？最后，研发补贴与科技园区的相互作用如何影响高科技中小企业通过向大学科研院所学习，从而创造新的知识？

本研究以 2010 年至 2014 年间中国江苏省高科技中小企业的官方调查数据为基础，系统分析了研发补贴对高科技中小企业知识创造的促进机制。研究结果显示，研发补贴通过大学体系对知识创造产生了积极影响，而高学历研发人员在其中起到了中介作用。此外，科技园区显著增强了研发补贴对知识创造的正面效应。然而，科技园区在研发补贴和高科技中小企业与大学合作及高学历人力资源招聘的关系上未显示出显著作用。从知识创造的角度深入研究创新政策，本研究不仅丰富了关于知识创造、研发补贴和创新体系的学术文献，而且为理解研发补贴如何支持高科技中小企业解决科技知识创新难题提供了新的视角。同时，本研究的政策含义也具有一定的实践价值，为优化高科技中小企业创新支持政策提供了决策参考。

6.2 研究情境

在我国由计划经济向市场经济迈进的过程中，政府充分认识到科技对于经济和社会发展的关键作用，并确定企业的创新主体地位（Benner et al., 2012; OECD, 2008）。在各类企业中，高科技中小企业是最具创造力和活力的创新力量。其在研发投资和专利申请方面的年增长率均超过 10%，有效发明专利的年增长率更是超过15%。① 然而，高科技中小企业在创新动力和知识创造能力方面仍存在不足，并受到制约。为此，我国各级政府纷纷推出了旨在推动高科技中小企业技术创新和知识创造的政策。这些政策为中小企业创新活动提供服务等一系列举措，包括促进企业建立人才体系、发展科技中介机构（如科技园区和孵化器）。尤为值得关注的是，其中一项关键措施即为中小企业的创新提供资金支持。② 我国政府已制订一系列计划，为鼓励高科技中小企业的创新活动、提高其研发和知识创造能力提供有针对性的补贴（Liu et al., 2017）。

江苏省位于我国沿海地区，是重要的创新中心之一。2016年，该省的科研投入总额达到了2 026.8亿元，科研投入强度为2.66%。全省企业科研经费投入高达1 746.4亿元。③ 值得关注的是，江苏的高科技中小企业占其企业总数的99%以上，是江苏发展和创新的核心驱动力（Liu et al., 2018）。2021年，江苏入库登记科技型中小企业共计72 261家，其总数持续保持全国领先地位。④ 这些入库企业平均每家拥有知识产权10.9件，其中6家企业荣获2020年度国家技术发明奖及国家科学技术进步奖，在攻克关键核心技术瓶颈中发挥了重要作用。为了激励这些科技型中小企业的研发创新活动，江苏推行了包括科技创新券、科技副总、"苏科贷"、研发费用补助以及高层次人才补贴等一系列创新举措；同时，积极贯彻落实企业研发费用税前加计扣除等税收优惠政策，进一步促进科技型中小企业增加研发投入，推动科技创新发展。其中，科技型中小企业技术创新基金专门为中小企业量身定制。因此，本研究使用获得该项目资助的企业作为研究对象。

---

① 《"十四五"促进中小企业发展规划》印发——为中小企业营造良好发展环境[EB/OL]. (2021-12-20). http://www.gov.cn/xinwen/2021-12/20/content_5662036.htm.

② 工业和信息化部，国家发展和改革委员会，科学技术部，等. "十四五"促进中小企业发展规划[Z]. 2021.

③ 《中国科技统计年鉴》（2011—2021）.

④ 我省科技型中小企业入库数量突破7万家[EB/OL]. (2022-01-04). https://www.jiangsu.gov.cn/art/2022/1/4/art_60085_10276788.html.

科技型中小企业技术创新基金，作为一种非营利性的公共资助项目，以激励我国企业的自主创新为核心目标。该项目1998年启动，至2014年结束。该创新基金的资助对象和项目的详细遴选标准可详见4.3.1节。2007年，江苏省政府亦启动了省一级的科技型中小企业创新基金，以促进江苏地区具有重要战略意义行业的中小企业技术创新。[①] 该创新基金的选择标准并未强制要求中小企业与大学开展研发合作，或利用大学知识进行创新产出。因此，该基金非常适合研究公共补贴对高科技中小企业科技知识创造行为的影响。

6.3 理论基础和假设

6.3.1 研发补贴与高科技中小型企业通过大学创造知识

科技知识的创造对于企业而言，是通过对新知识的开发、整合和利用来提升创新能力并取得竞争优势的关键环节。为实现新想法的产生，企业需从外部获取科技领域的最新知识（Grant，1996）。与大学建立合作关系，是企业创新知识的重要途径之一。研究证实，企业通过与大学开展研发合作以及从大学引进高素质的研发人员，能够有效提升企业绩效（Afcha et al.，2016；Jones et al.，2017）。

科技知识的获取、衔接、系统化和应用是一个复杂且成本高昂的过程，需要相匹配的技术能力和支持性组织资源（Grant，1996；Verona，1999）。科技知识创新投资能提升企业技术能力、激发技术创新（Wernerfelt，1984），进而优化资源配置，提高创新绩效（Yam et al.，2004；Zahra et al.，2002）。然而，中小企业往往资源有限，参与知识创新及创新活动的积极性相对较低（Radas et al.，2015）。这主要源于技术创新项目的高度不确定性及公共商品性（Dimos et al.，2016）。此外，尽管科技知识创新可

[①] 江苏省科学技术厅，江苏省财政厅．江苏省科技型中小企业技术创新资金管理办法：苏科计〔2007〕79号、苏财企〔2007〕26号 [Z]．2007．

能带来技术突破，但其商业化过程可能较为缓慢或充满挑战（Gao et al., 2017；Motohashi, 2013）。因此，资金紧张的中小企业可能会倾向于加快新产品的开发和商业化，而非致力于长期且不确定的前沿科技知识创造或转化（Motohashi, 2013）。高科技中小企业难以通过大学参与科技知识创新的现象，可能由于两个因素而有所加剧，即我国尚不成熟的资本市场（Wang et al., 2017），以及中小企业因信息不对称和声誉较低而缺乏合法性（Kim et al., 2015）。

公共研发补贴作为一种广泛应用于推动企业技术创新的政策手段，通过缓解中小企业面临的资金约束，以及为其提供一个资源丰富的环境，有助于提高企业的风险承受能力（Amezcua et al., 2013；Chapman et al., 2018）。此类公共资金可以直接降低高科技中小企业的研发成本，为前沿科技知识的创造提供更多资源。因此，受到资助的企业更倾向于将资源分配给与大学合作的研发和科技知识创造活动（Kim et al., 2015）。同时，获得研发补贴在一定程度上意味着获得了政府的背书，这有助于中小企业与大学建立正式合作关系（Xu et al., 2014）。其原因在于我国大多数一流大学均为公立院校，通过研发补贴而获得的政府背书可以提高中小企业的合法性，使其能够更有效地参与到与大学科研院所合作的知识创造过程（Armanios et al., 2017）。考虑到研发补贴为高科技中小企业带来的优势，我们提出以下假设。

假设1：公共研发补贴促进了高科技中小企业通过与大学合作或向其学习所进行的知识创造活动。

6.3.2 与大学开展研发合作和高学历人力资源的中介作用

大学被视为显性知识的重要来源，这些知识翔实、便于传播与共享（Nonaka,2007）。同时，大学同样具备大量的隐性知识，这类知识未经编码、具有高度个性，且不易转移或分享。Nonaka对隐性知识作出如下定义："……高度个人化、难以形式化，因此难以与他人交流。"或者用哲学家迈克尔-波兰尼的话来说，"我们可以知道的比我们能说的更多"。

隐性知识在大学中并不表现为公开发表的出版物，识别、转移或分享颇具挑战（Agrawal, 2001; Agrawal, 2006）。但是，隐性知识对于相关企业绩效具有重大影响（Karnani, 2013）。

Nonaka 和 Takeuchi 在 1995 年提出的 SECI 模型为解析知识创造过程以及隐性知识向显性知识的转化机制提供了框架（Verkasolo et al., 1998）。具体而言，在社会化环节，隐性知识在个人层面共享和交流，并通过直接经验加以创造（Williams, 2008）。在外部化环节，隐性知识通过对话和反思得以阐明或编纂为显性知识，以便在组织内部共享。在组合化环节，离散的显性知识需要被整合成一个新的整体。而在内部化环节，新的显性知识在组织内传播和应用，继而内化为隐性知识（Nonaka et al., 2003; Schulze et al., 2008）。SECI 模型形成了知识创造的连续螺旋，基于 SECI 模型创造的新知识会随着知识范围的扩大而启动新的螺旋（Mehralian et al., 2018）。这使知识得以跨越个人、群体或组织的界限进行传递和创造（Nonaka et al., 2003）。在我们的研究中，高科技中小企业在知识创造过程中的首要任务是与大学分享隐性知识。推动这一过程的活动至关重要。根据我们的观察和前期调查，研发合作和招聘高学历人力资源是实现 SECI 模型中四个环节的两个关键机制。同时，这也可能是研发补贴推动高科技中小企业通过与高校合作或向其学习所开展知识创造活动的两个重要中介途径。

人们普遍认为，合作是知识创造和应用的关键机制（Lavie et al., 2012; Zhang et al., 2021）。研发合作为企业员工和大学研究人员提供了正式和非正式交流的机会。这些互动包括正式会议、联合实验和非正式社交等活动（Grimpe et al., 2013）。由于个人倾向于与同事分享知识（Nguyen et al., 2023），这种合作和互动使两个群体之间能够共享隐性知识，从而实现知识创造的社会化过程（Sabherwal et al., 2007）。此外，与大学建立正式的研发合作关系有助于中小企业通过学者和员工的交流与合作过程中，将前沿隐性知识表述或编纂为显性知识，从而促进知识的外部化过程。与大学的研发合作还有助于拓宽和深化企业的知识搜索与学习，从而扩大企业的知识基础，提高企业的技术能力（Xu et al.，2014）。这反过来又确保了组合化过程的实现。此外，企业与大学的合作还可以丰富或改革其隐性知识库，使显性知识内部化为企业自身的隐性知识，从而提高学习和吸收能力。

尽管高科技中小企业与大学合作可能对其科技知识创造和技术能力提升具有潜在益处，但鉴于协调及维护成本较高，特别是考虑到财务资源受限，这类企业可能并不愿意建立此类合作关系（Cerulli et al.，2016）。然而，研发补贴有助于缓解资源约束，并通过提供背书，为中小企业与具有高水平科技研究能力的一流大学搭建合作桥梁（Amezcua et al.，2013；Wang et al.，2017）。以荷兰为例，创新券作为一种常见的政策工具，主要就是为了促进大学与高科技中小企业之间的合作。因此，我们提出以下假设。

假设 2a：获取研发补贴有助于推动高科技中小企业与大学建立正式的研发合作关系，而这种合作关系在研发补贴对高科技中小企业通过与大学合作或向其学习所进行的知识创新活动中起中介作用。

人力资源在企业知识创造过程中具有至关重要的作用。特别是接受过高等教育的研发人员被视为企业学习和创新（尤其是隐性知识）的关键内部参与者（Lundvall，2008）。他们具备通过校友网络与大学建立并保持非正式和正式关系的能力，从而促进大学研究人员与研发人员之间隐性知识共享的社会化过程（Gao et al.，2017；Motohashi，2013）。此外，这些研发人员还能协助企业将隐性知识转化为显性知识。这是因为他们具备丰富的隐性知识编码经验，如文件编制和期刊论文撰写，这种能力是在大学学习和研究阶段培养出来的（D'Este et al.，2014）。高等教育的经历还使研发人员能够提高企业的内部知识创造能力，扩大企业作为知识载体的知识资产。这有助于企业将分散的显性知识系统化并加以应用（Huber，1991），从而促进知识创造的组合化过程。此外，他们在大学接受高等教育的经历还能增强企业的吸收能力，使新的显性知识在企业内部得以内化（Herrera et al.，2015；Muscio，2007）。总之，接受过高等教育的研发人员在企业知识创造过程中具有显著优势，有助于推动企业创新与发展。

然而，高科技中小型企业由于规模小、技术新，在招聘具有较高学历或广泛专业网络的研发人员时经常面临挑战（Soderblom et al., 2015）。人力资源，作为一种独特、稀缺且难以模仿的资源，有助于提升企业的竞争优势。但是，中小企业在承担高学历研发人员的高薪酬方面可能力不从心（Williamson et al., 2002）。此外，陌生感和缺乏合法性也是中小企业吸引高学历研发人员的障碍（Soderblom et al., 2015）。与规模较大、历史悠久的企业相比，声誉有限的中小型企业往往无法向潜在员工充分展示它们能够提供稳定的职业发展机会和工作保障（Turban et al., 2003）。

公共研发补贴可以帮助中小企业降低人力资源成本，提供更具吸引力的薪酬（Florida et al., 2008）。此外，通过接受研发补贴而获得的政府背书会在劳动力市场产生信号效应，表明企业在市场和技术方面都有较好的发展潜力。这有助于中小企业吸引研发人才（Afcha et al., 2016; Soderblom et al., 2015），使其得以招聘更多合格的研发人员。在此基础上，中小企业可提升自身技术能力，并通过与大学的合作和学习加强新知识的创造。因此，我们提出以下中介效应。

假设 2b：获得研发补贴有助于促进高科技中小企业对高学历研发人力资源的招聘，而这种人力资源的提升在研发补贴对高科技中小企业通过与大学合作或向其学习所进行的知识创新活动中起中介作用。

6.3.3 科技园区的调节作用

近几十年来，我国各级政府都致力于建立和发展科技园，将中小企业与大学和研究机构联系起来（Motohashi, 2013）。科技园作为国家创新体系的关键组成部分，通过三大核心机制推动高科技中小企业的创新知识创造。

（1）科技园提供了空间邻近性，降低了高科技中小企业与一流大学之间合作的协调和谈判成本（Tan, 2006; Wright et al., 2008）。这种空间上的临近为科技园内的中小企业提供了更多与大学建立联系的机会（Marques et al.，2019）。借此，中小企业能够推动科技知识的学习，特别是那些通常需要面对面交流和讨论传递的隐性知识（Li，2009）。因此，这种地理优势进一步增强了研发补贴对中小企业资金约束的缓解效应，尤其是在与大学开展正式合作或向其学习前沿知识的过程中。

（2）科技园所提供的专业服务对于推动产学研合作具有显著成效（Xie et al.，2018）。科技园提供的技术与管理咨询服务，一方面有助于中小企业加速商业化进程，提升研发能力，从而巩固它们在创造科技知识以及与大学展开合作的基础（Lyu et al.，2019）。另一方面，这些服务能促进知识流通，降低中小企业在与高校合作以及科技知识转移过程中所面临的风险，提高中小企业在科技知识吸收与应用方面的成功率（Lecluyse et al.，2019；Xie et al.，2018）。

（3）科学园内的中小企业可以从其提供的背书中获益（Lecluyse et al.，2019）。入驻国家级大学科技园的企业经过筛选，已被证实具备一定技术潜力，因此同样可以向市场释放积极信号（Armanios et al.，2017）。同时，科学园区在科技知识转移和人才招聘方面发挥重要作用，充当大学与中小企业之间的纽带（Armanios et al.，2017），有助于园区内中小企业更易吸引接受过高等教育的研发人才（Marques et al.，2019）。基于此，我们提出以下调节效应。

假设3a： 当高科技中小企业位于科技园区时，研发补贴对高科技中小型企业通过大学创造知识的积极影响会得到加强。

假设3b： 当高科技中小企业位于科技园区时，研发补贴对高科技中小型企业与大学开展研发合作的积极影响将得到加强。

假设3c： 当高科技中小企业位于科技园区时，研发补贴对高科技中小型企业招聘高学历人力资源的积极影响将得到加强。

本研究的研究框架如图6-1所示。

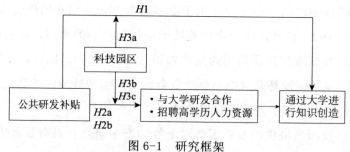

图 6-1 研究框架

6.4 数据、变量和方法

6.4.1 数据说明

本研究涉及高科技中小企业通过大学创造科技知识的问题。我们的数据来源于中国江苏省科技厅在 2010 年至 2014 年期间对高科技制造企业进行的一项特色面板调查。高新技术企业由专家根据对申请企业的技术领域、研发能力、管理能力和发展潜力进行评分后确定。[①] 对于中小企业，我们保留了 2010 年员工人数不超过 500 人的制造业企业。受补贴的中小型企业是指在 2010 年至 2014 年期间从科技型中小企业技术创新基金获得补贴的企业，而未受补贴的中小型企业在此期间没有获得任何研发补贴。我们的数据集包括 206 家在 2010 年至 2014 年期间获得科技型中小企业技术创新基金支持的企业。

为了调查高科技中小企业的技术活动和通过大学创造知识的情况，我们从中国国家知识产权局获得了这些企业的专利信息，时间跨度为 2012 年至 2016 年（结果变量滞后两年），以此补充政府调查数据。我们还收集了江苏 167 所大专院校[②]和 15 个国家级科技园区的信息，并补充了《中国火炬统计年鉴》和江苏各市的统计公报中的一些数据。数据集最初包括 1 271 家企业，6 346 个企业年观测值。为了尽量减少选择偏差，我们在数据处理的第一步采用了倾向性得分匹配。倾向性得分匹配在企业获得公共研发补贴的最初一年进行，

[①] 科技部，财政部，国家税务总局. 高新技术企业认定管理办法 [Z]. 2008.
[②] 全国高等学校名单 [EB/OL]. (2017-06-14). http://www.moe.gov.cn/srcsite/A03/moe_634/201706/t20170614_306900.html.

也称为基期,这保证了在观察期开始时,研发补贴受惠企业与非受惠企业之间的初始条件不存在选择偏差。基期的匹配结果将用于补充下一时期的后续数据。匹配后的样本包括408家企业,共计2 038个企业年观测值。

6.4.2 变量测度

本研究的因变量是高科技中小企业通过大学生产的科技知识,采用了中小企业发明专利申请中引用大学知识(如专利或科学论文)(Jaffe et al.,1996),或与大学联合申请专利的比例(Unipat_ratio)(Motohashi,2008)。参考以往文献,本研究将该变量滞后两年(Li,2012)。

在自变量的测量中,本研究使用研发补贴金额的自然对数来衡量公共研发补贴(Subsidy)。在取自然对数之前,我们对所有值为0的观测值进行了加1的处理。

中介变量是中小企业与大学的正式研发合作,以及高学历研发人力资源的招聘。首先,本研究采用中小企业研发支出中用于和大学合作金额的自然对数来衡量研发合作(Tech_coll)(Gök et al.,2012)。其次,本研究通过拥有本科以上学历的研发人员比例来衡量高学历研发人力资源(Human_res)(Afcha et al.,2016)。本研究将这两个中介变量均滞后一年。

本研究的调节变量使用虚拟变量(Sci_park)进行量化,如果中小企业位于科学园内,该变量值为1,否则为0。表6-1概述了上述关键变量和控制变量。

表6-1 研究变量定义和测度

变量名称	变量代码	变量测度
中小企业通过大学创造知识	Unipat_ratio	企业发明专利申请中引用大学知识(如专利或科学论文)或与大学联合申请的比例,并滞后两年
研发补贴	Subsidy	研发补贴金额的自然对数
与大学开展研发合作	Tech_coll	企业分配给大学合作的研发支出的自然对数
高学历员工比例	Human_res	拥有本科以上学历的员工占比
位于科技园区	Sci_park	虚拟变量,如果中小企业位于科技园区内,则取值为1,否则取值为0

续表

变量名称	变量代码	变量测度
控制变量		
技术多样性	Tech_diver	$Tech\_diver_{it}=\sum_{j=1}^{N} P_j \times \ln(1/P_j)$ P_j 表示企业 i 在第 t 年之前的 3 年中申请的具有特定 4 位 IPC 代码的发明专利数量占同期申请的发明专利总数的比例（Teachman, 1980）
技术能力	Tech_capa	无形资产与总资产的比率（Hall, 1992）。无形资产包括各种无形资源的价值，这些资源一些是企业自己使用和开发的，一些是在研发活动中从外部获得的
研发补贴的前期经验	Pre_subsidy	如果企业在 2010 年前的 3 年内获得了研发补贴，则虚拟值设为 1，否则设为 0（Clarysse et al., 2009）
研发合作的前期经验	Pre_unitie	如果企业在 2010 年之前的 3 年中申请的发明专利引用了大学的知识（即专利或科学论文），或与大学联合申请了发明专利，则虚拟值为 1，否则为 0
企业层面的专利存量	Pat_stock	$Pat\_stock_t = Patent_t + (1-\delta) \times Pat\_stock_{t-1}$ $Patent_t$ 表示企业在第 t 年获得的发明专利数量。δ 是 15% 的恒定折旧率（Lach, 1995），我们将专利存量除以每个公司的员工人数
研发强度	RD_int	企业在 t 年的研发支出与总销售额的比率
资本密集度	Cap_int	固定资产净值除以员工人数的自然对数（Boeing, 2016）
企业规模	Firm_Size	企业员工人数的自然对数
企业年龄	Firm_Age	公司成立年数的自然对数
企业的研发机构	RD_Dpart	企业是否设有研发机构，如试验基地、研发中心和实验室等（Hussinger, 2008）
高科技制造产业	Hi_Tech	企业是否从事高科技制造领域

本研究还采用了基于两位数工业代码的行业虚拟变量（Industry_Dummy）、江苏南部、北部和中部地区的地区虚拟变量（Region_Dummy）以及年份虚拟变量（Year_Dummy），以控制不同年份宏观经济条件的变化。

6.4.3 研究方法

在匹配样本中，超过 84.7% 的观测值的 Unipat_ratio 值为 0，而只有

1.9%的观测值的Unipat_ratio值为1。中介变量Tech_coll和Human_res分别有69.4%和11.6%的观测值为0，数据结构是左偏的。因此，我们采用带有随机效应的Tobit模型进行实证分析（Gao et al.,2021）。Tobit模型可为截断因变量提供一致的参数估计。

在稳健性检验中，我们进行了两步分析来支持我们的实证结果。

首先，我们保留所有变量，并使用带有固定效应的标准面板数据模型重新进行回归。这些带有固定效应的面板数据回归有助于控制遗漏变量偏差和由企业间差异产生的潜在替代性解释（Benner et al.,2002）。

其次，我们采用带有工具变量（IV）的广义矩估计方法来缓解内生性问题。根据Guo等（2016）的建议，采用地市一级地方政府固定资产投资总额的自然对数（City_Fixasst）作为研发补贴的工具变量。其与企业获得公共研发补贴的可能性相关，并对直接研发补助的分配产生重大影响，且它与影响中小企业通过大学创造知识的非观测变量无关。工具变量的第一阶段回归结果详见表6-13。

6.5 实证结果

6.5.1 描述性统计

表6-2列出了倾向性得分匹配后的统计描述和相关性分析。虽然资本密集度与企业规模之间的相关性意味着可能存在多重共线性，但VIF值的范围是从1.00到4.26（平均值=1.54），表明并不存在严重的多重共线性问题。

表6-3和表6-4分别报告了获得研发补贴组和未获得研发补贴组的描述性统计。表6-3基于匹配样本，而表6-4显示初始状态（即基期）的匹配结果。我们还提供了一个直方图，显示了样本企业专利中包含大学知识的频率比例（图6-2），并根据是否接受补贴对样本企业进行了分组。由于样本中小型企业中大部分此类比率为0（超过84.7%），我们在此报告频率消除因变量为零值的分布情况。

表 6-2 基于倾向性得分匹配样本的统计描述和相关系数

序号	变量	1	2	3	4	5	6	7	8	9	10	11	12	13	14	15	16
1	Unipat_ratio	1.000															
2	Subsidy	0.235*	1.000														
3	Tech_coll	0.099*	0.246*	1.000													
4	Human_res	0.159*	0.187*	0.053*	1.000												
5	Sci_park	0.340*	0.207*	0.011	0.124*	1.000											
6	Tech_diver	0.038	0.125*	-0.020	0.0928*	-0.024	1.000										
7	Tech_capa	0.003	0.001	0.008	0.026	-0.009	0.016	1.000									
8	Pre_subsidy	-0.023	0.159*	0.026	0.073*	-0.046*	0.134*	0.009	1.000								
9	Pre_unitie	0.225*	0.110*	0.149*	0.082*	0.105*	0.091*	0.012	0.046*	1.000							
10	Pat_stock	0.068*	0.024	-0.103*	0.164*	0.061*	0.285*	-0.021	0.063*	0.003	1.000						
11	RD_int	0.071*	0.105*	-0.063*	0.331*	0.106*	-0.009	0.034	0.026	0.058*	0.104*	1.000					
12	Cap_int	-0.007	-0.054*	-0.147*	0.164*	0.070*	-0.104*	-0.029	0.020	-0.018	0.349*	0.219*	1.000				
13	Firm_Age	-0.008	-0.040	0.025	-0.104*	-0.236*	0.039	0.018	0.099*	-0.013	-0.001	-0.110*	-0.145*	1.000			
14	Firm_Size	0.000	0.059*	0.206*	-0.193*	-0.091*	0.125*	0.024	-0.021	0.036	-0.370*	-0.231*	-0.859*	0.188*	1.000		
15	RD_Dpart	0.038	0.052*	0.113*	-0.152*	0.013	0.045*	0.009	0.024	0.028	-0.022	-0.099*	-0.094*	0.127*	0.155*	1.000	
16	Hi_Tech	-0.002	0.034	-0.003	0.231*	0.095*	-0.020	-0.002	0.063*	0.056*	0.024	0.212*	0.026	-0.013	-0.010	-0.122*	1.000
	观测样本	2 038	2 038	2 038	2 038	2 038	2 038	2 038	2 038	2 038	2 038	2 038	2 038	2 038	2 038	2 038	2 038
	平均值	0.058	1.372	1.819	0.127	0.113	0.839	0.301	0.209	0.128	0.092	0.073	0.073	2.413	5.083	0.884	0.235
	标准差	0.184	2.236	2.910	0.128	0.316	0.681	1.399	0.407	0.334	0.099	0.096	0.050	0.532	0.649	0.320	0.424

注：*$p<0.05$。

表 6-3 按获得补贴组和未获得补贴组划分的描述性统计(以配对后样本为基础)

变量	获得研发补贴			未获得研发补贴		
	观测样本	平均值	标准差	观测样本	平均值	标准差
Unipat_ratio	1 018	0.069	0.198	1 020	0.047	0.168
Subsidy	1 018	2.747	2.497	1 020	0.000	0.000
Tech_coll	1 018	2.293	3.102	1 020	1.345	2.622
Human_res	1 018	0.144	0.137	1 020	0.109	0.115
Sci_park	1 018	0.145	0.353	1 020	0.080	0.272
Tech_diver	1 018	0.934	0.708	1 020	0.745	0.640
Tech_capa	1 018	0.387	1.923	1 020	0.215	0.454
Pre_subsidy	1 018	0.377	0.485	1 020	0.041	0.199
Pre_unitie	1 018	0.147	0.355	1 020	0.108	0.310
Pat_stock	1 018	0.093	0.095	1 020	0.090	0.103
RD_int	1 018	0.081	0.112	1 020	0.066	0.075
Cap_int	1 018	0.072	0.050	1 020	0.073	0.051
Firm_Age	1 018	2.395	0.539	1 020	2.431	0.524
Firm_Size	1 018	5.094	0.624	1 020	5.072	0.673
RD_Dpart	1 018	0.887	0.317	1 020	0.881	0.324
Hi_Tech	1 018	0.245	0.430	1 020	0.225	0.417

表 6-4 按获得补贴组和未获得补贴组划分的描述性统计(基于基期配对结果)

变量	获得研发补贴			未获得研发补贴		
	观测样本	平均值	标准差	观测样本	平均值	标准差
Unipat_ratio	204	0.108	0.255	204	0.064	0.205
Subsidy	204	3.005	2.452	204	0.000	0.000
Tech_coll	204	2.786	3.102	204	1.902	2.915
Human_res	204	0.141	0.132	204	0.113	0.117
Sci_park	204	0.348	0.478	204	0.216	0.412

续表

变量	获得研发补贴			未获得研发补贴		
	观测样本	平均值	标准差	观测样本	平均值	标准差
Tech_diver	204	0.569	0.633	204	0.392	0.540
Tech_capa	204	0.247	0.432	204	0.206	0.512
Pre_subsidy	204	0.044	0.206	204	0.029	0.169
Pre_unitie	204	0.147	0.355	204	0.108	0.311
Pat_stock	204	0.057	0.067	204	0.053	0.061
RD_int	204	0.081	0.123	204	0.074	0.103
Cap_int	204	0.073	0.040	204	0.076	0.042
Firm_Age	204	2.164	0.638	204	2.210	0.612
Firm_Size	204	5.020	0.586	204	4.984	0.597
RD_Dpart	204	0.873	0.334	204	0.863	0.345
Hi_Tech	204	0.152	0.360	204	0.162	0.369

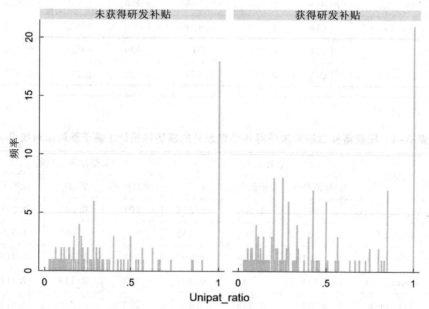

图6-2 包括来自大学的知识的中小企业专利比率的频率分布（不包含零值）

6.5.2 研发补贴与中小企业通过大学创造科技知识

表 6-5 中的模型 2 揭示了研发补贴对高科技中小企业通过大学获取科技知识的关键影响。同时，模型 5 展示了研发补贴对中小企业与大学合作的影响，以及模型 8 揭示了研发补贴对招聘高学历人力资源的影响。表 6-5 还阐述了科技园区的调节作用（模型 3、模型 6 和模型 9）。模型 1、4、7 仅包含控制变量。

模型 2 中的 Subsidy 的系数表明，研发补贴对中小企业通过大学创造科技知识有积极影响（$b=0.092$，$p<0.01$）。边际效应表明，在其他变量保持均值的情况下，研发补贴每增加 1%，中小企业利用大学知识申请专利的比例就会增加 0.014%。因此，假设 1 得到了支持。在引入 Sci_park 及其与 Subsidy 的交互作用后，系数为正值且显著（$b=0.115$，$p<0.01$，模型 3）。这表明，中小企业位于科技园区内可以加强研发补贴对中小企业通过大学创造知识的积极影响。具体而言，研发补贴每增加 1%，科技园区内中小企业涉及大学知识的专利申请比例就会增加 0.026%（图 6-3）。

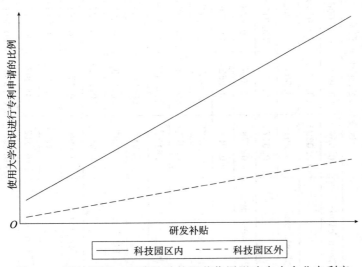

图 6-3　科技园区对研发补贴的调节作用影响中小企业专利率

表 6-5　研发补贴对中小企业通过大学创造知识的影响

变量	模型 1	模型 2	模型 3	模型 4	模型 5	模型 6	模型 7	模型 8	模型 9
	因变量：Unipat_ratio			因变量：Tech_coll			因变量：Human_res		
Tech_diver	0.059	0.011	-0.006	-0.354	-0.625*	-0.619*	0.004	0.002	0.002
	(0.039)	(0.038)	(0.034)	(0.332)	(0.328)	(0.327)	(0.004)	(0.004)	(0.004)
Tech_capa	0.001	0.003	-0.002	-0.083	-0.059	-0.053	0.001	0.001	0.001
	(0.017)	(0.017)	(0.017)	(0.119)	(0.120)	(0.119)	(0.001)	(0.001)	(0.001)
Pre_subsidy	0.078	-0.000	0.038	1.125**	1.152**	1.104**	-0.004	-0.001	-0.000
	(0.062)	(0.062)	(0.056)	(0.522)	(0.510)	(0.509)	(0.007)	(0.006)	(0.006)
Pre_unitie	0.392***	0.360***	0.291***	2.241**	1.905**	1.990**	0.027	0.023	0.023
	(0.074)	(0.073)	(0.069)	(0.906)	(0.862)	(0.861)	(0.017)	(0.017)	(0.017)
Pat_stock	1.612***	1.414***	1.159***	4.058	3.209	3.600	0.093***	0.092***	0.093***
	(0.271)	(0.262)	(0.240)	(2.831)	(2.781)	(2.776)	(0.034)	(0.033)	(0.033)
RD_int	0.508**	0.270	0.224	-1.108	-2.217	-2.333	0.071***	0.060**	0.060**
	(0.210)	(0.205)	(0.187)	(2.403)	(2.346)	(2.345)	(0.026)	(0.026)	(0.026)
Cap_int	0.096	0.179	0.182	24.534***	24.132***	23.821***	-0.132	-0.128	-0.126
	(1.122)	(1.108)	(1.014)	(9.473)	(9.275)	(9.240)	(0.092)	(0.092)	(0.092)
Firm_Age	-0.012	-0.003	0.049	0.126	0.073	-0.076	-0.023***	-0.025***	-0.025***
	(0.050)	(0.050)	(0.048)	(0.526)	(0.506)	(0.509)	(0.008)	(0.008)	(0.008)
Firm_Size	0.182**	0.158*	0.165**	3.970***	3.872***	3.816***	-0.031***	-0.031***	-0.031***
	(0.084)	(0.083)	(0.076)	(0.778)	(0.756)	(0.754)	(0.009)	(0.009)	(0.009)

续表

变量	模型 1	模型 2	模型 3	模型 4	模型 5	模型 6	模型 7	模型 8	模型 9
	因变量：Unipat_ratio			因变量：Tech_coll			因变量：Human_res		
RD_Dpart	0.146*	0.100	0.059	1.601**	1.370**	1.377**	−0.013*	−0.016**	−0.016**
	(0.075)	(0.073)	(0.065)	(0.683)	(0.672)	(0.671)	(0.007)	(0.007)	(0.007)
Hi_Tech	0.019	−0.009	−0.042	−1.018	−1.180	−1.095	0.013	0.012	0.013
	(0.101)	(0.098)	(0.087)	(0.858)	(0.847)	(0.846)	(0.010)	(0.010)	(0.010)
Subsidy		0.092***	0.050***		0.634***	0.683***		0.007***	0.007***
		(0.010)	(0.010)		(0.087)	(0.093)		(0.001)	(0.001)
Sci_park			0.056			−1.122			−0.007
			(0.097)			(0.914)			(0.011)
Subsidy×Sci_park			0.115***			−0.070			0.003
			(0.021)			(0.207)			(0.002)
_cons	−1.978***	−2.136***	−2.203***	−19.265***	−19.678***	−18.898***	0.457***	0.444***	0.443***
	(0.556)	(0.560)	(0.522)	(5.207)	(5.048)	(5.044)	(0.069)	(0.068)	(0.068)
样本数	2 038	2 038	2 038	2 038	2 038	2 038	2 038	2 038	2 038
企业数	408	408	408	408	408	408	408	408	408
Log-likelihood	−708.889	−663.394	−617.162	−2 585.330	−2 558.305	−2 555.684	1 493.535	1 514.075	1 514.873
Prob > chi2	0.000 0	0.000 0	0.000 0	0.000 0	0.000 0	0.000 0	0.000 0	0.000 0	0.000 0

注：1. 括号内为标准误；
2. *$p<0.1$，**$p<0.05$，***$p<0.01$；
3. 所有模型均包含一组行业、地区和年份哑变量（未报告）；
4. 模型 1 至模型 3，每个模型有 311 个左删失样本和 1 727 个未删失样本；模型 4 至模型 6，每个模型有 623 个未删失样本和 1 415 个左删失样本；模型 7 至模型 9，每个模型有 1 801 个未删失样本和 237 个左删失样本。

在模型 5 中，Subsidy 的系数表明研发补贴对中小企业与大学的研发合作有积极影响（$b=0.634$，$p<0.01$）。边际效应表明，研发补贴每增加 1%，获得公共支持的中小企业在与大学合作方面的支出就会增加 0.208%。此外，研发补贴对中小企业高学历人力资源也有积极影响（$b=0.007$，$p<0.01$，模型 8）。研发补贴增加 1%，中小企业高学历研发人员比例增加 0.006%。然而，在促进研发补贴对与大学合作或高学历人力资源这两个中介变量的影响方面，没有发现科技园区的调节作用（模型 6 和模型 9，图 6-4 和图 6-5）。因此，只有假设 3a 得到支持。

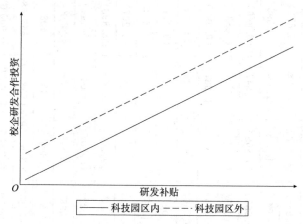

图 6-4　科技园区对研发补贴的调节作用影响中小企业与大学的合作投资

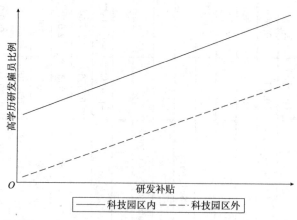

图 6-5　科技园区对影响中小企业高学历研发人员的研发补贴的调节效应

表6-6报告了中介效应。我们首先检验了大学合作或高学历人力资源对中小企业引用大学知识和与大学联合申请专利的影响（模型10和模型12）。我们分别将Tech_coll和Human_res放入无补贴的回归中。结果发现，Tech_coll（$b=0.016$，$p<0.05$）和Human_res（$b=1.104$，$p<0.01$）都有显著的正效应。然后，我们在回归中加入Subsidy（模型11和模型13）。我们发现，加入Tech_coll后Subsidy的系数从0.092降至0.091，但Tech_coll的系数并不显著（模型11）。而随着Human_res的增加，Subsidy的系数从0.092降至0.083，且Human_res的系数保持显著（$p<0.01$，模型13）。同时，Subsidy的系数在两次回归中都保持显著。

表6-6 与大学的研发合作和高学历人力资源的中介作用

变量	模型10	模型11	模型12	模型13	模型14
Tech_diver	0.060	0.012	0.043	0.006	0.006
	(0.039)	(0.038)	(0.039)	(0.038)	(0.038)
Tech_capa	0.002	0.003	0.000	0.002	0.002
	(0.017)	(0.017)	(0.017)	(0.017)	(0.017)
Pre_subsidy	0.074	-0.000	0.053	-0.016	-0.016
	(0.062)	(0.062)	(0.062)	(0.062)	(0.062)
Pre_unitie	0.380***	0.358***	0.385***	0.357***	0.356***
	(0.073)	(0.073)	(0.072)	(0.071)	(0.071)
Pat_stock	1.589***	1.409***	1.426***	1.293***	1.291***
	(0.270)	(0.262)	(0.269)	(0.261)	(0.261)
RD_int	0.523**	0.275	0.292	0.146	0.149
	(0.209)	(0.205)	(0.207)	(0.203)	(0.203)
Cap_int	-0.070	0.141	0.274	0.290	0.269
	(1.126)	(1.112)	(1.090)	(1.084)	(1.087)
Firm_Age	-0.015	-0.004	0.006	0.009	0.009
	(0.050)	(0.050)	(0.049)	(0.049)	(0.049)
Firm_Size	0.155*	0.152*	0.218***	0.187**	0.184**
	(0.085)	(0.084)	(0.082)	(0.082)	(0.083)

续表

变量	模型 10	模型 11	模型 12	模型 13	模型 14
RD_Dpart	0.135*	0.098	0.174**	0.124*	0.123*
	(0.075)	(0.074)	(0.074)	(0.073)	(0.073)
Hi_Tech	0.017	-0.009	-0.007	-0.024	-0.024
	(0.100)	(0.098)	(0.100)	(0.098)	(0.097)
Subsidy		0.091***		0.083***	0.083***
		(0.010)		(0.010)	(0.010)
Tech_coll	0.016**	0.004			0.003
	(0.008)	(0.008)			(0.008)
Human_res			1.104***	0.802***	0.799***
			(0.188)	(0.185)	(0.185)
_cons	-1.884***	-2.112***	-2.403***	-2.423***	-2.408***
	(0.556)	(0.561)	(0.551)	(0.553)	(0.555)
样本数	2 038	2 038	2 038	2 038	2 038
企业数	408	408	408	408	408
Log-likelihood	-706.715	-663.277	-691.098	-653.950	-653.912
Prob > chi2	0.000 0	0.000 0	0.000 0	0.000 0	0.000 0

注：1. 括号内为标准误；
2. *$p<0.1$，**$p<0.05$，***$p<0.01$；
3. 所有模型都包含一组行业、地区和年份哑变量（未报告）；
4. 每个模型都有 311 个未删失样本和 1 727 个左删失样本。

这些结果表明，在研发补贴与中小企业通过大学创造知识之间，招聘高学历人力资源具有显著的部分中介效应。为了证实与大学合作的中介效应是否存在中介效应以及中介效应的程度，我们进行了 Sobel-Goodman 中介检验。结果表明，与大学合作的中介效应并不显著。招聘高学历人才的中介效应占总效应的 8.00%。因此，假设 2b 得到支持。

6.5.3 稳健性检验

表 6-7 和表 6-8 说明了基于固定效应标准面板数据模型的稳健性检验结果。结果证实了面板数据 Tobit 回归的结果，再次确认了研发补贴对中小

企业通过大学创造知识的积极影响,以及两个中介变量:大学合作和招聘高学历人力资源的影响(模型15、17、19)。位于科技园区对主效应的积极调节作用也得到了证实(模型16)。然而,在模型22中,与大学合作的中介效应没有被证实。同样,在模型21中,大学合作对中小企业通过大学创造知识的积极影响也没有被证实。招聘高学历人才对中小企业向大学学习有正向影响(模型23),但在加入Subsidy(模型24)后,该系数变得不显著。结合Sobel-Goodman中介检验的结果,可以支持高学历人力资源的部分中介效应。

表6-7 研发补贴对中小企业通过大学创造知识的影响

(带固定效应的标准面板数据模型)

变量	模型15	模型16	模型17	模型18	模型19	模型20
	Unipat_ratio		Tech_coll		Human_res	
Tech_diver	-0.019**	-0.020***	-0.172	-0.171	-0.002	-0.002
	(0.009)	(0.007)	(0.136)	(0.136)	(0.004)	(0.004)
Tech_capa	0.002	0.000	-0.078***	-0.076***	0.001	0.001
	(0.002)	(0.001)	(0.019)	(0.018)	(0.001)	(0.001)
Pat_stock	0.053	0.060	2.266**	2.266**	0.065	0.066
	(0.062)	(0.057)	(1.035)	(1.037)	(0.044)	(0.045)
RD_int	0.119	0.150**	0.492	0.446	-0.007	-0.007
	(0.077)	(0.064)	(0.831)	(0.829)	(0.034)	(0.034)
Cap_int	-0.170	-0.104	4.518**	4.449**	-0.135	-0.131
	(0.169)	(0.139)	(2.167)	(2.138)	(0.179)	(0.179)
Firm_Age	0.017	0.055***	-0.110	-0.159	-0.027**	-0.026**
	(0.021)	(0.020)	(0.608)	(0.602)	(0.012)	(0.012)
Firm_Size	-0.023	-0.009	0.963***	0.948***	-0.033**	-0.032*
	(0.026)	(0.023)	(0.351)	(0.348)	(0.017)	(0.017)
RD_Dpart	0.017	0.012	0.100	0.107	-0.009	-0.009
	(0.013)	(0.013)	(0.206)	(0.208)	(0.009)	(0.009)
Hi_Tech	-0.011	-0.023	-0.462	-0.441	0.009	0.009
	(0.023)	(0.023)	(0.332)	(0.333)	(0.010)	(0.010)

续表

变量	模型15	模型16	模型17	模型18	模型19	模型20
	Unipat_ratio		Tech_coll		Human_res	
Subsidy	0.022***	0.006**	0.132***	0.152***	0.006***	0.005***
	(0.003)	(0.002)	(0.040)	(0.042)	(0.001)	(0.001)
Sci_park		0.064**		-0.148		-0.010
		(0.027)		(0.372)		(0.011)
Subsidy×Sci_park		0.065***		-0.068		0.003
		(0.008)		(0.081)		(0.003)
_cons	-0.045	-0.113	0.157	0.247	0.520***	0.519***
	(0.187)	(0.157)	(3.071)	(3.091)	(0.151)	(0.150)
样本数	2 038	2 038	2 038	2 038	2 038	2 038
企业数	408	408	408	408	408	408
Prob>F	0.000 0	0.000 0	0.000 0	0.000 0	0.000 0	0.000 0

注：1. 括号内是以企业聚类的稳健标准误；
2. *$p<0.1$, **$p<0.05$, ***$p<0.01$；
3. 所有模型均包含一组行业、地区和年份哑变量（未报告）。

表6-8 与大学和高学历人力资源的研发合作的中介作用
（带固定效应的标准面板数据模型）

变量	模型21	模型22	模型23	模型24	模型25
Tech_diver	-0.016*	-0.019**	-0.016*	-0.019**	-0.019**
	(0.009)	(0.009)	(0.009)	(0.009)	(0.009)
Tech_capa	0.001	0.002	0.000	0.002	0.001
	(0.002)	(0.002)	(0.002)	(0.001)	(0.001)
Pat_stock	0.041	0.049	0.029	0.038	0.040
	(0.062)	(0.063)	(0.064)	(0.063)	(0.063)
RD_int	0.149*	0.118	0.149*	0.118	0.119
	(0.080)	(0.077)	(0.084)	(0.079)	(0.079)
Cap_int	-0.195	-0.174	-0.163	-0.159	-0.154
	(0.166)	(0.167)	(0.174)	(0.171)	(0.171)

续表

变量	模型 21	模型 22	模型 23	模型 24	模型 25
Firm_Age	0.034	0.017	0.038*	0.021	0.021
	(0.023)	(0.022)	(0.022)	(0.021)	(0.021)
Firm_Size	-0.028	-0.024	-0.021	-0.020	-0.019
	(0.026)	(0.026)	(0.026)	(0.025)	(0.025)
RD_Dpart	0.024*	0.017	0.026*	0.018	0.018
	(0.014)	(0.013)	(0.014)	(0.013)	(0.013)
Hi_Tech	-0.010	-0.011	-0.012	-0.012	-0.013
	(0.023)	(0.023)	(0.023)	(0.023)	(0.023)
Subsidy		0.022***		0.021***	0.021***
		(0.003)		(0.003)	(0.003)
Tech_coll	0.001	-0.001			-0.001
	(0.002)	(0.002)			(0.002)
Human_res			0.207*	0.139	0.142
			(0.111)	(0.107)	(0.107)
_cons	0.052	-0.021	-0.058	-0.093	-0.094
	(0.199)	(0.185)	(0.197)	(0.183)	(0.183)
样本数	2 038	2 038	2 038	2 038	2 038
企业数	408	408	408	408	408
Prob > F	0.000 0	0.000 0	0.000 0	0.000 0	0.000 0

注：1. 括号内是以企业聚类的稳健标准误；
  2. *$p<0.1$，**$p<0.05$，***$p<0.01$；
  3. 所有模型均包含一组行业、地区和年份哑变量（未报告）。

表 6-9 说明了采用工具变量解决内生性问题的稳健性检验结果，报告了研发补贴对中小企业通过大学创造知识（模型 26）、与大学合作（模型 27）和招聘高学历人力资源（模型 28）的主要影响。估计结果与面板数据 Tobit 回归的结果非常接近，进一步证实了最初的实证结果。此外，根据模型 28，研发补贴的系数变得不显著，表明研发补贴影响高学历人才招聘的内生性问题可能更强。

表 6-9 研发补贴对中小企业通过大学创造知识的影响
（带固定效应和工具变量的标准面板数据模型）

变量	模型 26 Unipat_ratio	模型 27 Tech_coll	模型 28 Human_res
Tech_diver	-0.027***	-0.352**	0.001
	(0.010)	(0.173)	(0.004)
Tech_capa	0.005	0.002	0.000
	(0.004)	(0.067)	(0.001)
Pat_stock	0.082	3.171*	0.067*
	(0.100)	(1.728)	(0.038)
RD_int	0.051	-1.401	0.012
	(0.078)	(1.354)	(0.030)
Cap_int	-0.118	6.621	-0.127
	(0.256)	(4.421)	(0.098)
Firm_Age	-0.018	-0.792*	-0.014
	(0.026)	(0.449)	(0.010)
Firm_Size	-0.013	1.427***	-0.034***
	(0.032)	(0.548)	(0.012)
RD_Dpart	-0.002	-0.211	-0.005
	(0.019)	(0.321)	(0.007)
Hi_Tech	-0.008	-0.295	-0.001
	(0.019)	(0.322)	(0.007)
Subsidy	0.085***	1.613***	-0.011
	(0.030)	(0.512)	(0.011)
样本量	2 038	2 038	2 038
企业数	408	408	408
Prob > F	0.000 0	0.000 0	0.000 0

注：1. 括号内是以企业聚类的标准误差；
2. *p<0.1，**p<0.05，***p<0.01；
3. 工具变量检验：识别不足检验：14.852，Chi-sq（1）P-val=0.000；弱识别检验（Cragg-Donald Wald F 统计量）：14.897，Stock-Yogo 弱识别检验临界值：10%的最大 IV 值为 16.38，15%的最大 IV 值为 8.96。

6.6 讨论和结论

本章探讨了公共研发补贴对新兴经济体高科技中小企业通过大学创造知识的影响，同时分析了中小企业招聘高学历研发人力资源以及与大学开展研发合作的中介作用，并探讨了研发补贴与科技园区的互动对高科技中小企业知识创造的影响。研究结果显示，研发补贴可以促进高科技中小企业通过大学的科技知识创造，而高学历研发人力资源则起到了部分中介的作用。本研究还强调了研发补贴对中小企业与大学建立正式合作关系的积极作用，这种合作反过来又会提高中小企业的知识创造能力。然而，与大学的正式合作并未在本研究中成为研发补贴与中小企业知识创造之间的中介机制。此外，调查结果表明，位于科技园区的企业能显著加强研发补贴对中小企业通过大学创造知识的影响。然而，这种正向调节效应在招聘高学历人力资源的中介机制中并没有显著作用。出乎意料的是，科技园区甚至削弱了研发补贴对中小企业与大学建立正式合作关系的积极影响。

6.6.1 理论贡献

这些研究结果有助于我们对中小企业通过大学进行知识创造形成更全面的理解，并从中小企业的角度对知识创造视角、研发补贴和创新系统文献进行了阐释。

（1）我们的研究结果是对当前知识创造文献的补充，阐明了研发补贴对中小企业通过大学进行知识创造的影响（Greco et al., 2017; Kang et al., 2012）。当前的研究往往忽视知识创造对于高科技中小企业的重要性，而知识创造对于提高中小企业在当今知识型时代的竞争力至关重要。此外，较少研究探究了研发补贴在企业知识创造中的作用。我们的研究强调了研发补贴在鼓励经济脆弱的高科技中小型企业通过向大学学习来参与科技知识创造方面的能力，从而对现有文献进行了补充。

（2）本研究通过拓展知识创造视角，对研发补贴领域进行了深化与补充。具体来说，我们依据SECI模型探讨了企业在知识创造过程中两类被现有研究忽略的因素：与大学的研发合作以及招聘高学历人才。研究结果显示，研发补贴可以通过招募高学历研发人力资源，提升中小企业的知识创造能力。值得注意的是，研发补贴并未通过激励更多正式合作来促进高科技中小企业通过大学创造知识，这一发现颇具启示性。此现象可能有两种解释。首先，与大学的研发合作可能导致成本上升，尤其是在合作与协调方面的投入。这些成本可能抵消甚至超过合作带来的收益，从而阻碍企业研发绩效的提升（Cerulli et al.，2016）。其次，旨在创造科技知识的产学研合作需较长时间才能显现实际效果。因此，我们从知识创造视角分析了这两类因素的作用，并提出了新的内在机制见解，为研发补贴相关研究作出了贡献。

（3）本研究深入探讨了政府、产业与大学之间的互动关系，为创新系统的文献贡献了新的见解。特别是，我们对科技园区在我国研发补贴相关研究中的角色有了更深入的认识。科技园作为重要的创新中介，为高科技中小企业提供了更多的知识创造机会（Del Giudice et al.，2019）。尽管科技园的地理优势可以促进高科技中小企业与大学之间的正式科技合作，但园区内的企业往往会与大学建立更多的非正式关系，以实现知识转移和对接，尤其是隐性知识的共享（Lyu et al.，2019；Motohashi，2013）。这些非正式伙伴关系有助于企业减少与正式合作相关的庞大开支和协调成本（Motohashi，2013）。此外，我国的研发补贴和科技园也可被视为相互重叠甚至相互排斥的公共资源（Xie et al.，2018）。除了提供基础设施和创新支持外，政府支持的科技园还向入驻企业提供财政援助，导致公共资源过剩。因此，科技园可能不会加强，甚至削弱研发补贴对中小企业与大学正式合作或招聘高学历研发人员的积极影响。以往关于科技园或研发补贴的研究未能充分重视政府资源重叠可能引发的抵消效应（Ning et al.，2022；Xie et al.，2018）。为此，我们的研究结果为创新体系中行动者的角色提供了一个新的视角，从而为当前的研究作出了贡献。

6.6.2 实践启示

本研究对政策和商业实践具有重要的启示作用。

（1）实证结果强调将公共研发补贴项目的评价重点从结果导向转向过程导向的重要性。政府应促进企业在获得补贴后积极开展知识创造行为，而非仅关注研发产出。唯有提升企业知识创造能力，方能助力其在知识经济时代具备竞争力。

（2）政府应探索鼓励高科技中小企业加强内部知识创造的措施。研究发现，具有较高教育背景的内部研发人员可通过高校资源为企业知识创造贡献力量。因此，政策制定者应推出更多措施，鼓励和支持高科技中小企业招聘高学历人才，以增强其内部吸收能力和知识创造能力。同时，为确保企业招聘人才，政府还应致力于完善研发人才库。

（3）公共机构应平衡科技园区内外中小企业的研发补贴分配。在许多情况下，我国科技园区得到政府大力支持，可能导致研发补贴项目资源重叠。因此，建议公共研发补贴更多分配给有需求的科技园外企业，而不是完全倾向于享有丰富支持资源的科技园内企业，确保政府资源的有效使用。

（4）在获得研发补贴后，鼓励高科技中小企业与大学开展正式合作，其主要目标是扩大知识基础，促进知识创造。如此一来，企业有望产出更多技术成果，提高竞争优势（Sugheir et al.，2012）。同时，企业的管理者也应认识到，提高高科技中小企业自身知识创造能力至关重要。据研究，招聘高学历员工是提升企业知识创造能力的有效途径。因此，在努力提升企业知识创造能力的过程中，可制定相应策略以吸引更多此类人才。

6.6.3 未来研究方向

本研究为未来的研究提供了方向。①本研究所使用的数据集涉及江苏省高科技中小企业。该地区位于我国经济发展与创新的前沿，其中小企业研发实力超越了其他地区。为探究公共研发补贴是否对创新能力相对较弱地区的中小企业产生同等效果，还需开展更多研究。因此，未来研究的潜在方向是将样本拓展至我国其他省份。这将有助于分析公共研发补贴在不同地区及创新发展阶段对企业学习行为的影响。此外，研究还应关注在享受研发补贴的同时，跨区域知识流动对企业学习行为的影响。②本研究的核心关注点在于探讨研发补贴对中小企业通过大学这一关键科技知识创造者进行知识创造的作用。然而，有研究发现，企业与供应商、用户乃至竞争对手之间的互动对其创新成效具有显著影响。因此，后续研究可以深入评估研发补贴对中小企业与其他行业伙伴在科技知识创造活动方面的影响。③未来研究可聚焦于企业管理者，尤其是中高层管理者在推动高科技中小企业知识创造方面的贡献。如 Nonaka, Toyama 和 Konno（2000）所述，中高层管理者在知识创造过程中具有关键性作用，因为他们能够洞察知识创造的态势，并据此引导知识创造的发展。管理者需要提供知识愿景、促进知识共享，从而推动知识创造的螺旋式上升。④本研究采用专利申请数据作为因变量的衡量指标，以契合中小企业知识创造研究的初衷。然而，鉴于从技术创新到商业化产品的实现尚需经历漫长的过程，今后的研究可进一步探讨中小企业科技知识创新如何有效转化为经济效益。⑤本研究采用的面板数据所涵盖的五年观察期相对较短，这是因为我国研发补贴项目的评估通常在获得资金后的三四年内进行。若具备观察期更长的数据样本，未来研究将能更好地捕捉到研发补贴对高科技中小企业学习行为的持续影响。⑥本研究依赖于二手数据库展开。未来研究可以通过问卷调查或结构化访谈方式，对参与知识创造过程的利益相关者进行深入研究，以期为读者提供更多现实依据，并验证研究成果。

6.7 本章附录

6.7.1 倾向性得分匹配样本

在建立倾向性得分匹配样本上，我们使用了 2010 年作为配对的基期。处理组为获得 Innofund 项目资助的中小企业，而控制组是在观测期内没有获得任何研发补贴资助的中小企业。我们基于 Innofund 的筛选标准选择了协变量（表 6-10）。

表 6-10　倾向性得分匹配变量

变量	测度	注释
处理变量		
Public_project	企业是否参与 Innofund 项目	PSM 处理变量
协变量		
Pre_subsidy	2010 年前 3 年参与过研发补贴计划经历	影响后续研发补贴的领取
Pre_unitie	2010 年前 3 年是否有与高校合作研发的经历	影响后续与高校的合作创新
RD_int	研发支出占企业当年销售总额的比例	筛选标准：年研发支出不低于年销售额 3% 的高新技术中小企业
Cap_int	固定资产净值除以从业人数的自然对数	筛选标准：具有较强的市场竞争力和经济潜力
RD_Dpart	企业是否有自建研究部门	企业的正式研发规定
Firm_Age	企业建立时长（年）的自然对数	企业基础信息
Firm_Size	雇员人数的自然对数	筛选标准：不超过 500 名雇员
Hi_Tech	从事高科技制造业	筛选标准：优先考虑支持高科技产业发展和传统产业升级的项目

表 6-11 呈现了使用基期内全样本估计倾向得分（模型 A1）的 Probit 估计结果。我们通过无替换的 1-1 最近邻域匹配来识别企业的控制组。同时，我们使用预先设定的公差为 0.025 的卡尺来避免"不良"匹配。其中，两家已获得补贴的企业因不符合共同支持条件而被剔除。基于倾向性得分匹配样本，我们重新进行了 Probit 回归（结果见模型 A2）。如表 6-11 所示，没有任何一个协变量的系数保持显著，且 Pseudo R^2 在基期匹配后从 0.101 急剧下降到 0.008。这个结果意味着系统性差异已在处理组和对照组之间的协变量分布中消除。此外，表 6-12 展示了配对样本基于 2 位产业代码的产业分布。

表 6-11 倾向性得分 Probit 回归

变量	模型 A1 匹配前	模型 A2 匹配后
Pre_subsidy	-0.977***	0.437
	(0.177)	(0.357)
Pre_unitie	0.308**	0.123
	(0.136)	(0.181)
RD_int	0.477	0.294
	(0.437)	(0.625)
Cap_int	-12.316***	0.797
	(2.264)	(4.011)
Firm_Age	0.035	-0.075
	(0.076)	(0.105)
Firm_Size	-1.130***	0.078
	(0.150)	(0.281)
RD_Dpart	0.382***	0.203
	(0.128)	(0.181)
Hi_Tech	-0.077	0.108
	(0.123)	(0.181)
_cons	5.339***	-0.532
	(0.925)	(1.684)
样本数	1 271	408
企业数	1 271	408
Log-likelihood	-506.244	-281.966
Pseudo R^2	0.101	0.008
Prob > chi2	0.000 0	0.814 6

注：1. 括号内为标准误；
2. $^*p<0.1$，$^{**}p<0.05$，$^{***}p<0.01$。

表 6-12 配对样本基于 2 位产业代码的产业分布

2 位产业代码	产业名称	企业数量
17	纺织品制造	8
26	化工原料及化工产品制造业	42
27	医药制造	22

续表

2位产业代码	产业名称	企业数量
28	化学纤维制造	6
29	橡胶和塑料的制造	14
30	非金属矿产品制造业	16
31	黑色金属冶炼及加工	2
32	有色金属冶炼及加工	2
33	金属制品制造	14
34	通用机械制造	24
35	专用机械制造	102
37	运输设备制造	32
38	电气机械设备制造业	34
39	通信及其他电子设备制造	48
40	文化活动和办公用测量仪器和机械制造	34
41	其他制造业	8
总计		408

6.7.2 工具变量的第一阶段回归

工具变量的第一阶段回归结果见表6-13。

表6-13 工具变量的第一阶段回归结果

Subsidy	系数	标准误	P值
City_Fixasst	-0.741	0.192	0.000
Tech_diver	0.103	0.090	0.254
Tech_capa	-0.053	0.031	0.084
Pat_stock	-0.765	0.797	0.337
RD_int	1.252	0.595	0.036
Cap_int	-1.842	2.135	0.388
Firm_Age	0.369	0.273	0.177
Firm_Size	-0.342	0.243	0.159
RD_Dpart	0.179	0.157	0.256
Hi_Tech	0.053	0.163	0.748

第 7 章
政府直接研发补贴与贴息贷款对企业研发产出的影响

在我国，研发贴息贷款作为一种市场驱动的策略，可有效激励企业的研发产出，包括提升专利申请量和新产品的销售。然而，针对贴息贷款影响的实证研究尚显不足。本研究采用2010年至2014年江苏省制造业企业的面板数据，探讨了不同类型的研发补贴，即研发贴息贷款与直接补贴对企业研发产出的影响。研究结果显示，接受研发贴息贷款的企业在新产品销售方面显著优于仅获得直接补贴的企业。同时，贴息贷款抑制了受助企业的探索性专利申请，并阻碍了较高风险的研发活动。本研究丰富了研发补贴的相关文献，并拓展了对不同类型政府补贴在企业创新中所发挥作用的理解。*

7.1 本章研究背景

企业的研发活动常常陷入市场失灵。出于这个原因，政府的干预有时候是必要的（Arrow，1962；Nelson，1959）。政府研发补贴是应对与研发相关的市场失灵并激励企业研发活动最普遍的政策工具之一（David et al.，

---

* 本章研究的核心内容发表在 GAO Y, ZHANG S, HU Y. The Effects of Public R&D subsidized loans on firms' R&D outputs: evidence from China [J]. Journal of business economics and management, 2021, 22 (6): 1655-1678.

2000; Dimos et al., 2016)。大量现有文献针对政府研发补贴对企业研发投入和产出产生的影响进行了深入讨论（Dimos et al., 2016; Zuniga-Vicente et al., 2014）。尽管一些研究表明企业的研发投入（如私人研发支出）存在附加性效应，但对于研发补贴是否能促进企业的研发产出仍是模棱两可（Dimos et al., 2016）。这可能是因为大多数现有研究忽视了不同类型研发补贴的异质性。

大部分研发补贴是通过直接研发补助金的方式提供的（Hottenrott et al., 2020; Xin et al., 2016）。直接研发补助是弥补私营企业研发资源短缺最为普遍的补贴形式，特别是在资本市场发展不充分的转型经济体中（Zheng et al., 2015）。然而，由于政府和补贴受助者之间的利益不一致与信息不对称，直接研发补助作为一种行政性的事前补贴，可能会存在使用效率低下的问题，从而造成研发活动的产出不足（Jourdan et al., 2017; Perez-Sebastian, 2015）。由于中国的政府干预强度相较于西方国家更大，这一问题在转型经济体中更为严重（Tang et al., 2019; Wang et al., 2017）。

为了弥补直接研发资助的潜在缺陷，政府设计了另一种补贴形式，即研发贴息贷款或专项贷款。研发贴息贷款，在中国被政府广泛应用在战略性新兴产业来支持企业的研发活动（Grau et al., 2012; Jiang et al., 2012; Liang, 2014）。这种补贴计划本质上是一种商业贷款，其中政府代表补贴受助者向商业银行偿还部分或全部利息（Grau et al., 2012）。通过研发贴息贷款，政府为企业提供背书并降低银行的融资成本（Hottenrott et al., 2020）。近年来，研发贴息贷款越来越受到学术界和政策制定者的广泛关注（Bertoni et al., 2019; Hottenrott et al., 2020; Huergo et al., 2017; Zhao et al., 2020）。

在实现我国"自主创新计划"[①]等国家战略的过程中，中国企业发挥着

---

① 2006年2月9日，国务院制定了《国家中长期科学和技术发展规划纲要（2006—2020年）》。纲要明确指出，到2020年，我国科技发展总目标是自主创新能力显著增强，促进经济社会发展，维护国家安全。

举足轻重的作用，并有望为我国的经济转型和产业升级作出贡献。为了提升企业创新能力，并将创新成果转化为市场竞争力，我国政府根据国家自主创新战略推出了一系列针对企业研发补贴的政策。2018年，我国研发补贴总额达到3980亿元人民币，约占全国研发总支出的20.22%。① 在研发补贴政策中，直接补助和贴息贷款是两种主要形式。现有研究显示，我国政府的研发补贴政策有助于激发企业自身研发支出（Liu et al.，2016），且研发贴息贷款在此方面的效率更高（Xin et al.，2016）。然而，关于不同类型的研发补贴对中国企业研发产出（如专利申请和新产品销售）影响的研究尚显不足。Guan 和 Yam（2015）的研究在一定程度上弥补了这一空白，他们区分了不同研发补贴计划对中国企业专利申请和新产品销售的影响。然而，该研究的背景是20世纪90年代，当时我国正处于要素驱动转型阶段。进入21世纪，我国步入创新驱动转型期。在此背景下，贴息贷款对研发产出（包括专利申请和新产品销售）的影响是否已经产生了改变？与直接研发补贴相比，贴息贷款对企业研发产出的作用又有何不同？这些问题尚待深入探讨。近年来，我国政府致力于通过鼓励企业在研发活动中探索和应用新技术与知识，以促进技术创新和产业升级，而不仅仅是追求专利申请数量的增加。然而，基于全新技术与知识的企业专利申请往往具有较高风险和不确定性。研发补贴能否有效激发探索性研发行为，仍存在较大未知因素。

为了弥补这一研究空白，我们通过实证方法探讨了中国研发贴息贷款对企业研发产出的影响，并将其与直接资助进行对比分析。研发产出主要包括专利申请和新产品销售。在专利申请方面，本研究关注企业探索性创新的专利申请，涵盖对企业而言陌生的新技术与知识。利用中国江苏省制造业企业的面板数据，研究发现与直接资助相比，研发贴息贷款对企业新产品销售的正向效应显著增强，但降低了企业申请探索性创新专利的积极性。本研究结果进一步扩展了研发补贴相关研究，区分了不同政府补贴类型对企业探索性创新的影响，并为转型经济体中政府资金对企业研发产出的研究提供了

---

① 国家统计局社会科技和文化产业统计司，科学技术部战略规划司.中国科学技术统计年鉴 2019[M]. 北京：中国统计出版社，2019.

补充。此外，本研究还为研发贴息贷款的文献提供了实证检验。基于研究结果，我们提出了若干重要的政策建议。

7.2 文献回顾和假设提出

企业研发活动往往面临较高的成本和风险。受制于研发的公共产品特质及资本市场的不完善，企业在进行研发活动时，资源投入往往受限（David et al.，2000；Zuniga-Vicente et al.，2014）。资源约束可能对企业创新意愿及研发投资产生负面影响，进一步限制其研发成果的产出，如专利和新产品（Dimos et al.，2016；Hottenrott et al.，2020）。

从资源观的视角来看，研发补贴能够直接弥补企业研发活动所需的资源短缺，从而提升企业研发能力（David et al.，2000）。此外，研发补贴还可能诱发附加效应，进一步影响企业的创新行为。例如，附加效应的表现之一为私人研发投资的增加，这将有助于提高企业的技术实力（Hottenrott et al.，2020；Wernerfelt，1984）。更高水平的技术能力进而有助于企业更高效地配置资源，从而提升创新绩效（Verona，1999）。

企业在接受额外资源的支持后，得以投身于更具挑战性的研发活动，这是因为其风险承受能力得到了提升（Chapman et al.，2018）。依据优序理论，直接补贴会导致企业选择预期回报最高的项目。然而，高回报预期往往与高风险和新技术的应用相伴随（Hottenrott et al.，2020）。在获得直接补贴的企业开展研发项目时，其预期收益仅基于收益与成本之间的差值。倘若一家企业未获得政府补贴，若项目失败，研发成本须由企业自行承担。这会降低企业对挑战性较高、风险较大的研发项目的积极性。研发补贴直接改善了企业的内部资金状况，从而使企业在面临风险增加时，即使失败的可能性提高，实际损失亦可部分地由研发补贴弥补。因此，研发补贴有助于提升企业的风险承受能力（Chapman et al.，2018）。对于企业而言，这种激励机制在探索性研发活动中，特别是在寻求和采用新技术与知识的过程中，显得尤为重要，同时也对创新长期成功给予了奖励（Manso，2011）。

与此同时，政府研发补贴为企业提供了关键资源，这些资源是无偿的，没有价格或价值回报的要求。这种支持有助于企业免受环境威胁和不确定性的影响（Jourdan et al.，2017；Zhou et al.，2020）。在激烈且变幻莫测的市场竞争中，企业常常受到风险规避心态和财务限制的影响，这可能制约了它们对更具创新性的研发项目的投入（Beck et al.，2016；Bronzini et al.，2016）。研发补贴可以为企业创造一个资源丰富的环境，保护它们免受负面、不确定的风险的影响（Jourdan et al.，2017）。通过接受研发补贴，受助企业能够避免潜在的逆向选择问题，从而增强技术实力和资源储备，更有效地将有限的资源投入高风险但具有创新性的探索项目中（Rangan et al.，2006）。因此，研发补贴可以激励企业进行更多探索性质的研发活动，产生新知识，推动更多探索性专利的申请，并在不利的市场条件下提供新产品（Zhou et al.，2020）。基于以上分析，我们提出以下假设。

假设 1a：接受研发补贴会增加企业的探索性专利申请。

假设 1b：接受研发补贴会增加企业的新产品销售。

然而，仅依赖直接补助作为研发补贴，可能对企业研发成果产生不利影响。作为一种事前行政补贴，直接研发补贴可能因利益错位与信息不对称，而无法实现激励创新产出的预期目标（Jourdan et al.，2017）。具体来看，企业以盈利为目标，而政府关注整体的社会福利。我国政府官员侧重于落实中央政府制定的国家战略，但这与企业的市场导向目标未必一致（Li et al.，2018）。尽管开展风险较高的研发活动可能会增强企业的创新能力并产生新的技术成果，但受助企业在此方面的积极性相对较低（Tang et al.，2019）。同时，鉴于企业与政府间信息不对称，受助企业在经费使用上可能缺乏一定的自律性（Jourdan et al.，2017）。监管机制的缺失进一步加剧了这一问题，因为企业是通过非市场交换机制获得直接研发补贴的（Jourdan et al.，2017）。此外，缺乏价值治理的政府机构往往无法为企业高风险研发活动提供充足激励（Dixit，1997；Zhou et al.，2020）。因此，受助企业倾向于将资源分配至低风险、高收益但创新性较低的项目，或用于非生产性的寻租行为，以持续获得政府补贴（Antonelli et al.，

2013b)。

研发贴息贷款是为了弥补上述直接研发补助过程中的不足所设计的。首先，研发贴息贷款的获取是通过竞争实现的（Xin et al.，2016）。在我国，拟申请或已获得银行研发项目贷款的企业具备获得政府贴息贷款的资格。按照惯例，政府在贷款到期时将为获得贴息贷款的企业免去或者偿还部分利息。但是，政府并不保证贷款的批准或干涉银行的贷款决策过程。这意味着企业需要与其他企业竞争才能赢得贴息贷款（Xin et al.，2016）。因此，在市场原则的作用下，贴息贷款接受方则有更强的意愿去承担具有较高技术产出潜力的高风险研发项目（Xin et al.，2016）。其次，通过贴息贷款，银行和政府共同承担与研发活动相关的风险。贷款接受方在资金使用过程中将受到更严格的监管，从而缓解资金提供方与接受方之间的信息不对称。最后，贴息贷款的补贴有助于提高企业研发活动中资金使用的自律性（Huergo et al.，2016；Huergo et al.，2010）。与成本几乎为零的直接研发补贴相比，贴息贷款要求企业在项目结束时偿还本金。获得政府研发贴息贷款的唯一途径是确保受助的研发活动取得成功。这意味着贷款接受者需在政府资金流入前主动将资金投入研发活动中（Xin et al.，2016）。事实上，贴息贷款对企业研发投入的促进作用优于直接补贴。由于面临偿还贷款的压力和对政府承诺利率的追求，受助企业将努力限制资金浪费，并表现出更好的创新绩效。通过这种方式，政府可以抑制企业的寻租行为，提高企业在研发过程中的资源利用率。因此，我们提出以下假设。

假设 2a： 与仅接受直接研发补贴的企业相比，同时接受研发贴息贷款的企业会提交更多探索性专利申请。

从成本与预期回报的视角分析，贴息贷款对于推动研发商业产出具有更为显著的效果，如提升有形资产投资效益和新产品产出（Hottenrott et al.，2020）。与直接研发补贴相比，贴息贷款必须考虑偿还义务，即企业的预期回报则应从收益和成本之间的差额中减去偿还义务。如果项目失败，企业需要承担已发生的相关研发成本，但还要履行偿还义务。这意味着，贴息贷款获得者必须在研发的过程中投入自有资金，并与贷款提供方共同承担风险。因此，一方面，接受贷款的企业会选择风险较低的项目来保证预期收益。另一方面，受助企业更倾向于投资后续产品开发和商业化，将技术进步和研发成果转化为有形资产与市场收益。这背后主要包括两个原因：一是基于技术创新成果的产品开发风险较低；二是通过投资有形资产，即使项目失败，这些资产仍可用于抵扣债务。简言之，相较于技术研发项目失败导致全部投资"打水漂"的情况，投资有形资产和新产品开发降低了企业整体的潜在损失。此外，相比直接补助不计入研发税收优惠的范畴，贴息贷款与研发税收优惠则可以完全兼容（Huergo et al., 2016）。贴息贷款促使受助企业追求研发带来的经济利益，进而享受贴息贷款和税收优惠带来的新产品销售成本降低和回报提升。因此，我们提出如下假设。

假设 2b：与只接受直接研发补贴的企业相比，同时接受研发贴息贷款的企业产生更多的新产品销售。

7.3 数据与方法

7.3.1 数据与研究背景

本次研究的核心对象为我国江苏省制造业中接受研发补贴的企业。江苏省地处我国沿海发达地区，并位列全国领先创新区域之一。2018年，江苏高新技术产业实现收入达到26 160亿元。同年，全省研发总经费为2 504亿元，研发强度为2.70%。在研发总经费中，企业自筹资金2 182亿元，政府资金投入则为254亿元。[①] 江苏省的企业可享有7项国家级和13项省级的研发补贴创新激励计划。[②]

政府研发补贴的效应受到科学、技术和经济环境的影响（David et al., 2000）。此外，补贴效应在制造业与其他行业（如服务业）之间存在差异。因此，通过仅对制造业进行省级研究，可以减少潜在的不可观察的

[①] 国家统计局社会科技和文化产业统计司，科学技术部战略规划司. 中国科学技术统计年鉴2019[M]. 北京：中国统计出版社，2019.
[②] 企业技术创新政策手册.

影响，无论中国各省份在经济、政策和文化异质性方面存在何种区域差异（Dimos et al.，2016）。本研究采用了江苏省政府一项调查的独家面板数据，时间跨度从 2010 年至 2014 年。① 该调查的目的是评估江苏省企业研发补贴和创新绩效的效果。

我们选择省级科技型中小企业创新基金作为本次研究的研发补助项目。该创新基金是一项非营利性政府研发补贴计划，旨在提升中国科技型中小企业的技术研究能力，并通过新产品开发提升其市场竞争力。江苏省于 2007 年正式启动省一级的科技型中小企业技术创新基金项目。② 该省级基金原则上直接给予研发资助，每个入选项目可获得 30 万～50 万元人民币的资金支持。申报省创新计划的企业应符合以下条件。申报企业的创新项目应当符合国家级和省级产业技术政策，具有较高的新颖性、较强的市场竞争力和经济潜力，以及提高社会福利的潜力。特别是，申请企业应属于对江苏发展具有战略优先级和重要意义的行业。原则上创新基金支持年研发经费不低于年销售额 3% 的高科技中小企业。入选中小企业从业人员不超过 500 人，其中大专及以上学历比例不低于 30%。与此同时，江苏还于 2006 年启动了另一项扶持计划，为科技型中小企业提供贴息贷款，以鼓励和促进其创新活动。③ 申请贴息贷款的企业应符合产业技术政策，具有良好的技术和市场潜力，且为从事新技术研究、开发和应用的科技型中小企业。因此，贴息贷款项目的选择标准与中小企业创新基金相似。江苏省企业可同时获得两种补贴。

初始数据集包含 1 273 家企业的信息，以及 6 362 个企业-年度观测值。此外，本研究还为数据集补充并匹配了国家知识产权局的企业专利数据。在观察期内，数据集中有 142 家企业获得了研发补贴，其中 41 家接受了直接补贴和贴息贷款或只接受了贴息贷款，另有 101 家仅获得直接补贴。

---

① 本研究关注的专项研发补贴项目的官方信息仅发布至 2014 年。同时，江苏省政府仅披露了截至 2014 年的调查数据，没有进一步更新。
② 江苏省科学技术厅，江苏省财政厅．江苏省科技型中小企业技术创新资金管理办法：苏科计〔2007〕79 号、苏财企〔2007〕26 号 [Z].2007.
③ 江苏省人民政府．省政府关于鼓励和促进科技创新创业若干政策的通知：2006 年第 53 号 [Z].2006.

7.3.2 变量

本研究的因变量是创新产出，包括探索性专利申请和新产品销售。根据已有文献，分别采用新产品销售收入比率（New_Product）和探索性专利申请比率（Patent）进行测量，并做了滞后一期的处理（Griliches，1990；Guan et al.，2015）。企业的"新知识"概念源于 Ahuja 和 Lampert（2001）的研究。根据企业的专利申请历史，若在特定年份申请的专利技术组合中出现了过去四年未曾出现的 IPC 代码，则该专利申请可被视为企业通过学习和使用新知识的探索性技术（Ahuja et al.，2001）。鉴于新知识对企业而言较为陌生，新专利申请比例反映出企业进行高风险探索性研发的积极性，并可能产生更高价值的后续技术产出（Jia et al.，2019）。

本研究的自变量为研发补贴（Subsidy），表示从省级创新基金获得的政府研发补贴，该变量为哑变量，从企业收到补贴的那年开始设为 1，如果在该年之前收到或在观察期内从未收到补贴则设为 0。为检验贴息贷款的异质性效应，本研究还设置了哑变量 Sub_loans。具体来说，如果一家企业在观察期内获得贴息贷款，则 Sub_loans 的值为 1，否则为 0。根据现有文献，该研究还考虑了一系列控制变量。表 7-1 总结了自变量、因变量和控制变量。

表 7-1 变量列表

变量描述	变量	测度
研发产出	New_Product	企业新产品销售收入滞后一年的比例
	Patent	企业探索性专利申请比例滞后一年的比例
研发补贴	Subsidy	Subsidy 从企业收到补贴的那一年起设置为 1，在该年之前则设置为 0
贴息贷款	Sub_loans	如果企业在观察期内获得贴息贷款，则 Sub_loans 取值为 1，否则为 0
技术多样性	Tech_diver	$Tech\_diver_{it} = \sum_{j=1}^{N} P_j \times \ln(1/P_j)$ P_j 是从 t 年起前 3 年申请的具有特定 4 位 IPC 代码的发明专利数量与同一时期 i 企业申请的发明专利总数的比例（Teachman，1980）

续表

变量描述	变量	测度
技术能力	Tech_capa	无形资产与总资产的比率（Hall, 1992）。无形资产是指企业为开展研发活动而自行使用、开发或从外部购入的各种无形资源的价值
研发补贴经验	Pre_subsidy	如果一家企业在2010年之前的3年内获得研发补贴，则哑变量为1，否则为0（Clarysse et al., 2009）
高学历雇员比例	Hi_edu	拥有学士或以上学位的雇员占雇员总数的比例
企业专利存量	Pat_stock	$Pat\_stock_t = Patent_t + (1-\delta) \times Pat\_stock_{t-1}$，$Patent_t$ 是企业在 t 年获得的发明专利数量。δ 是15%的固定折旧率（Lach, 1995）。我们将专利存量除以每家企业的雇员数量
研发强度	RD_int	t 年研发支出占企业总销售额的比率
资本密集度	Cap_int	固定资产净值除以雇员人数的自然对数（Boeing, 2016）
企业规模	Firm_Size	企业雇员数的自然对数
企业年龄	Firm_Age	企业建立年数的自然对数
企业自建研发部门	RD_Dpart	企业是否配备研发部门，如测试基地、研发中心和实验室（Hussinger, 2008）
高技术制造业	Hi_Tech	企业是否从事高技术制造业

同样，本章研究也控制了产业哑变量（Industry_Dummy），区域哑变量（Region_Dummy）和年度哑变量（Year_Dummy），以控制产业、地区和宏观经济环境的差异。

7.3.3 研究方法

为了缓解选择偏差造成的内生性问题，我们在检验假设之前进行倾向性得分匹配。倾向性得分匹配在企业基期运行，即研发补贴项目启动的第一年，以确保消除研发补贴受助企业与非受助企业在进入观察期时的初始条件系统性偏差。在匹配过程中，我们将获得研发补贴的企业视为处理组，未获得的企业作为对照组。我们根据创新基金的筛选标准（详见表7-6）选取了一组协变量。此外，我们基于协变量，在仅接受创新基金的企业和也接受贴息贷款的企业之间进行显著性 t 检验。而消除两组之间的偏差是必要的，因为不同类型的补贴可能会吸引不同类型的企业。根据表7-7，这两组受助企业之间不存在显著的系统性差异。

本研究根据基期进一步进行Probit模型来估计倾向性得分。表7-8展示了结果（模型A1）。我们通过无替换的1-1最近邻域匹配来识别企业的控制组。同时，我们使用预先设定的公差为0.025的卡尺来避免"效果不佳"的匹配。2家接受补贴的企业在倾向性得分匹配过程中被删除，因为它们并不满足共同支持条件。我们以配对样本为基础对倾向得分进行重新评估，结果见表7-8（模型A2）。如表7-8所示，没有一个协变量保持显著，pseudo R^2 在基期匹配后从0.100急剧下降到0.007，这表明处理组和对照组之间协变量分布的系统性差异已从PSM样本中消除。

我们还为处理组和对照组之间的协变量均值进行了平衡检验（表7-9）。根据 t 检验统计量和协变量均值差的相应 p 值，协变量的均值在处理组和对照组之间是平衡的。此外，平均标准化偏差在匹配后急剧下降，这表明匹配成功。以基期的PSM结果为基础，我们补充了下一期对应的后续数据。最终的匹配样本包括280家企业和1 398个企业年度观测值。匹配后的企业行业分布（以2位产业代码为准）和地区分布详见表7-10和表7-11。

在配对样本中，超过48.7%的观测值对应Patent的取值为0，18.1%的取值为1；与此同时，13.2%的观测值对应New_Product的取值为0，5.6%的取值为1。因此，我们采用带随机效应的双归并Tobit模型进行实证分析（Jia et al.，2019；Li et al.，2018）。作为归并回归模型，Tobit模型在因变量存在归并时为模型参数提供了一致性的估计。

7.4 实证结果

7.4.1 描述性统计

基于倾向性得分匹配样本的统计描述和相关矩阵如表7-2所示。资本密集度与企业规模之间的相关性说明可能存在多重共线性问题。因此，我们首先进行了基于普通最小二乘回归的方差膨胀因子检验。当因变量为Patent时，方差

表 7-2 基于倾向性得分匹配样本的统计描述和相关矩阵

序号	变量	1	2	3	4	5	6	7	8	9	10	11	12	13	14	15
1	Patent	1.000														
2	New_Product	0.036	1.000													
3	Subsidy	0.178*	0.097*	1.000												
4	Sub_loans	0.035	0.138*	0.356*	1.000											
5	Tech_diver	-0.108*	0.064*	0.073*	0.085*	1.000										
6	Tech_capa	0.009	-0.021	0.049	0.008	0.011	1.000									
7	Pre_subsidy	-0.058*	0.007	-0.001	-0.014	0.138*	0.091*	1.000								
8	Hi_edu	0.020	0.013	0.147*	0.191*	0.115*	0.090*	0.035	1.000							
9	Pat_stock	0.037	0.012	0.060*	0.104*	0.377*	-0.025	0.074*	0.245*	1.000						
10	RD_int	0.050	0.030	0.085*	0.075*	0.018	0.097*	0.017	0.232*	0.138*	1.000					
11	Cap_int	0.000	-0.024	0.028	-0.035	-0.105*	0.001	0.053*	0.2105*	0.363*	0.186*	1.000				
12	Firm_Age	0.000	0.026	-0.049	-0.029	0.094*	0.039	0.072*	-0.040	0.032	-0.051	-0.078*	1.000			
13	Firm_Size	-0.030	0.048	-0.038	0.059*	0.139*	-0.045	-0.063*	-0.205*	-0.341*	-0.190*	-0.858*	0.089*	1.000		
14	RD_Dpart	-0.007	0.129*	-0.094*	-0.030	0.039	-0.006	-0.004	-0.088*	0.001	-0.067*	-0.041	0.081*	0.098*	1.000	
15	Hi_Tech	0.008	-0.019	0.079*	0.089*	-0.040	0.030	0.055*	0.231*	0.027	0.169*	0.037	-0.018	-0.010	-0.063*	1.000
	观测样本	1398	1118	1398	1398	1398	1398	1398	1398	1398	1398	1398	1398	1398	1398	1398
	平均数	0.329	0.495	0.340	0.175	0.862	0.214	0.200	0.134	0.080	0.071	0.065	2.415	5.215	0.927	0.229
	标准差	0.394	0.344	0.474	0.380	0.713	0.259	0.400	0.120	0.086	0.099	0.046	0.559	0.604	0.260	0.420

注: *$p<0.05$。

VIF 值从 1.03 到 4.04（平均值 =1.60），当因变量为 New_Product 时，VIF 值从 1.03 到 4.65（平均值 =1.68）。结果表明不存在严重的多重共线性问题。

7.4.2 直接研发补贴和贴息贷款对研发产出的影响

表 7-3 分别说明了接受直接研发补贴（模型 2 和模型 5）和接受贴息贷款（模型 3 和模型 6）对企业探索性专利申请和新产品销售影响的回归结果。模型 1 和模型 4 则仅包含控制变量。

表 7-3 直接研发补贴和贴息贷款对研发产出的影响

变量	模型 1	模型 2	模型 3	模型 4	模型 5	模型 6
	因变量：Patent			因变量：New_Product		
Tech_diver	-0.206***	-0.231***	-0.225***	0.003	-0.001	-0.006
	(0.051)	(0.050)	(0.050)	(0.021)	(0.021)	(0.021)
Tech_capa	-0.006	-0.017	-0.011	-0.008	-0.010	-0.012
	(0.030)	(0.029)	(0.029)	(0.012)	(0.012)	(0.012)
Pre_subsidy	-0.045	-0.056	-0.077	-0.042	-0.020	-0.025
	(0.083)	(0.082)	(0.082)	(0.037)	(0.037)	(0.037)
Hi_edu	0.160	-0.011	0.085	0.075	0.040	-0.018
	(0.275)	(0.272)	(0.275)	(0.124)	(0.124)	(0.124)
Pat_stock	2.448***	2.414***	2.495***	-0.040	-0.047	-0.099
	(0.432)	(0.425)	(0.427)	(0.203)	(0.202)	(0.202)
RD_int	0.548*	0.501	0.490	0.119	0.100	0.095
	(0.330)	(0.324)	(0.323)	(0.126)	(0.126)	(0.125)
Cap_int	-3.299**	-3.228**	-3.269**	-0.323	-0.264	-0.219
	(1.445)	(1.429)	(1.431)	(0.637)	(0.634)	(0.631)
Firm_Age	0.097*	0.105*	0.101*	-0.012	-0.012	-0.011
	(0.058)	(0.057)	(0.057)	(0.030)	(0.030)	(0.029)
Firm_Size	-0.054	-0.042	-0.038	0.018	0.024	0.020
	(0.107)	(0.105)	(0.105)	(0.050)	(0.050)	(0.050)
RD_Dpart	0.096	0.139	0.145	0.236***	0.243***	0.239***
	(0.121)	(0.120)	(0.119)	(0.046)	(0.045)	(0.045)

续表

变量	模型1	模型2	模型3	模型4	模型5	模型6
	因变量：Patent			因变量：New_Product		
Hi_Tech	-0.228	-0.257*	-0.241*	-0.000	-0.010	-0.017
	(0.147)	(0.144)	(0.144)	(0.054)	(0.053)	(0.053)
Subsidy		0.374***	0.486***		0.111***	0.062**
		(0.066)	(0.077)		(0.028)	(0.031)
Sub_loans			0.123			0.010
			(0.139)			(0.069)
Subsidy×Sub_loans			-0.412**			0.177**
			(0.173)			(0.076)
_cons	6.407	6.016	5.838	2.339	2.278	2.279
	(274.349)	(155.917)	(112.453)	(52.145)	(51.808)	(51.678)
样本数	1 398	1 398	1 398	1 118	1 118	1 118
企业数	280	280	280	280	280	280
Loglikelihood	-1 369.710	-1 353.206	-1 349.240	-579.647	-571.916	-566.002
Prob＞chi2	0.000 0	0.000 0	0.000 0	0.000 0	0.000 0	0.000 0

注：1. 括号内为标准误；
2. *$p<0.1$，**$p<0.05$，***$p<0.01$；
3. 所有模型都包括一组行业、区域和年份哑变量（未报告）。

模型2中的补贴系数表明，接受研发补贴对企业的探索性专利申请具有正向效应（$b=0.374$，$p<0.01$）。边际效应表明，在保持所有的其他变量不变的前提下，接受研发补贴会使企业的探索性专利申请增加19.2%。于是假设1a得到支持。在加入Sub_loans和其与Subsidy的交互变量后，交互系数显著为负（$b=-0.412$，$p<0.05$，模型3）。这表明，获得研发贴息贷款会抑制企业的探索性研发活动，限制可能的新技术产出。边际效应表明，在同一时期同时获得贴息贷款的企业仅增加了3.7%的探索性专利申请，利润率远低于仅获得直接补贴的企业（图7-1）。因此，该结果并不支持假设2a。

模型5中的补贴系数表明，接受研发补贴对企业的新产品销售具有正向效应（$b=0.111$，$p<0.01$）。边际效应表明，接受研发补贴使企业的新产品销

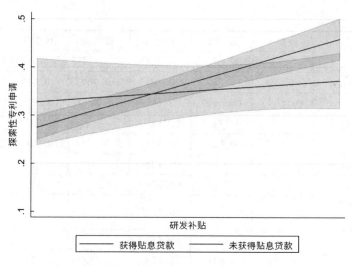

图 7-1 研发补贴对探索性专利申请的影响

售额增加 9.8%。从而支持了假设 1b。此外，Sub_loans 和 Subsidy 之间的交互系数显著为正（$b=0.177$，$p<0.05$，模型 6）。这表明获得研发贴息贷款将促进企业的新产品销售并提高研发活动的财务收益。边际效应表明，同时获得贴息贷款的企业可提升新产品销售额达 21.2%，高于仅获得直接补助的企业（图 7-2）。因此，假设 2b 得到支持。

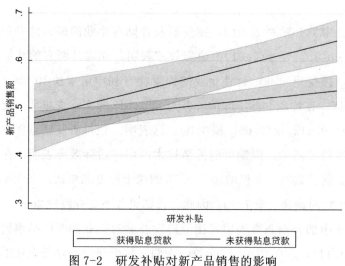

图 7-2 研发补贴对新产品销售的影响

7.4.3 稳健性检验

为了验证实证结果的可靠性，我们进行了两步稳健性检验。

首先，在保留所有变量的基础上，采用了带固定效应的标准面板数据模型重新进行回归分析。这种方法可以消除由企业间差异所导致的替代性解释，并纠正可能存在的遗漏变量偏差（Benner et al.，2002）。为解决潜在的内生性问题，我们为研发补贴设立了一个工具变量，并运用广义矩估计进行固定效应回归。参照 Guo 等（2016）的建议，我们选择市级地方政府固定资产投资总额的自然对数作为工具变量。这个 IV 与企业在获得政府研发补贴方面的概率相关，对直接研发补贴的分配具有显著影响，但与影响企业研发投入和产出的未观测变量无关。本研究的数据来源于《中国科技统计年鉴》（2011—2015）。表 7-4 分别展示了直接研发补贴（模型 7 和模型 11）和研发贴息贷款（模型 9 和模型 13）对企业探索性专利申请和新产品销售的异质性影响的稳健性检验结果。模型 8 和模型 12 报告了研发补贴影响的 IV-GMM 回归，模型 10 和模型 14 显示同时接受贴息贷款的调节作用的 IV-GMM 回归。所有采用标准面板数据回归的结果都与面板 Tobit 回归的结果相一致。

表 7-4 采用固定效应面板数据回归的稳健性检验

变量	模型 7	模型 8	模型 9	模型 10	模型 11	模型 12	模型 13	模型 14
	因变量：Patent				因变量：New_Product			
		IV-GMM		IV-GMM		IV-GMM		IV-GMM
Tech_diver	-0.318***	-0.293***	-0.317***	-0.121***	-0.006	0.021	0.000	-0.007
	(0.025)	(0.027)	(0.025)	(0.028)	(0.023)	(0.023)	(0.018)	(0.017)
Tech_capa	-0.047	-0.015	-0.050	-0.061	-0.120*	-0.133**	-0.084*	-0.028
	(0.070)	(0.069)	(0.070)	(0.058)	(0.064)	(0.060)	(0.051)	(0.041)
Pre_subsidy	-0.071	0.163	-0.069	-0.025	0.007	0.176*	-0.008	-0.016
	(0.049)	(0.168)	(0.049)	(0.034)	(0.043)	(0.106)	(0.031)	(0.044)
Hi_edu	-0.138	-0.119	-0.136	-0.081	0.043	0.049	0.005	-0.062
	(0.159)	(0.166)	(0.159)	(0.130)	(0.168)	(0.148)	(0.112)	(0.093)
Pat_stock	0.836**	0.921***	0.833**	0.629***	0.098	0.251	-0.039	-0.077

续表

变量	模型 7	模型 8	模型 9	模型 10	模型 11	模型 12	模型 13	模型 14
	因变量:Patent				因变量:New_Product			
		IV-GMM		IV-GMM		IV-GMM		IV-GMM
	(0.377)	(0.259)	(0.376)	(0.182)	(0.217)	(0.229)	(0.169)	(0.140)
RD_int	0.244*	0.211	0.245*	0.103	-0.022	-0.035	0.051	0.123
	(0.148)	(0.156)	(0.148)	(0.137)	(0.155)	(0.126)	(0.118)	(0.094)
Cap_int	-1.226**	-1.138*	-1.252**	-0.689	-0.595	-0.461	-0.252	-0.152
	(0.603)	(0.684)	(0.605)	(0.544)	(0.901)	(0.682)	(0.688)	(0.455)
Firm_Age	0.138*	0.070	0.137*	0.036	-0.083	-0.114	-0.011	0.013
	(0.072)	(0.089)	(0.072)	(0.023)	(0.062)	(0.087)	(0.025)	(0.019)
Firm_Size	-0.071	-0.083	-0.074	0.003	0.037	0.046	0.016	0.037
	(0.073)	(0.073)	(0.072)	(0.046)	(0.082)	(0.067)	(0.049)	(0.038)
RD_Dpart	0.054	0.064	0.055	0.102	0.207***	0.218***	0.185***	0.144***
	(0.048)	(0.054)	(0.049)	(0.062)	(0.048)	(0.045)	(0.039)	(0.038)
Hi_Tech	-0.045	-0.056	-0.042	-0.077	0.015	-0.037	0.006	-0.011
	(0.069)	(0.062)	(0.070)	(0.059)	(0.051)	(0.047)	(0.044)	(0.040)
Subsidy	0.093**	0.493*	0.107**	0.747**	0.098***	0.427*	0.053*	-0.045
	(0.040)	(0.269)	(0.044)	(0.365)	(0.037)	(0.222)	(0.027)	(0.242)
Sub_loans			-0.002	-0.238*			0.008	-0.077
			(0.036)	(0.135)			(0.059)	(0.090)
Subsidy×Sub_loans			-0.039	-0.106*			0.136*	0.461***
			(0.066)	(0.062)			(0.070)	(0.040)
_cons	0.717	0.602	0.742	1.234**	0.886*	0.167	0.789***	0.259
	(0.454)	(0.414)	(0.454)	(0.519)	(0.478)	(0.392)	(0.292)	(0.335)
N	1 398	1 398	1 398	1 398	1 118	1 118	1 118	1 118
Firms	280	280	280	280	280	280	280	280
Prob>F	0.000 0	0.000 0	0.000 0	0.000 0	0.000 0	0.000 0	0.000 0	0.000 0

注:1. 括号内是以企业聚类的稳健标准误;
2. *p<0.1, **p<0.05, ***p<0.01;
3. 所有模型都包括一组行业、区域和年份哑变量(未报告);
4. 工具变量检验:识别不足检验:24.380(模型 8), 19.275(模型 12) Chi-sq (1) P-val =0.0000;
5. 弱识别检验(Cragg-Donald Wald F 统计量):24.656(模型 8), 19.446(模型 12), Stock-Yogo 弱识别检验临界值:10% 最大 IV 值为 16.38。

其次,采用基于全样本的内生处理效应回归。内生处理效应回归考虑了倾向性得分匹配方法难以解决的不可观察变量导致的自选择偏差。表7-5显示的估计结果与面板Tobit回归的结果几乎相同,为实证结果提供了进一步的支持。

表7-5 内生性处理效应回归

变量	模型15	模型16	模型17	模型18
	因变量:Patent		因变量:New_Product	
Tech_diver	0.024	0.031	-0.005	-0.006
	(0.115)	(0.115)	(0.010)	(0.010)
Tech_capa	-0.355	-0.353	0.054*	0.056**
	(0.222)	(0.222)	(0.028)	(0.028)
Pre_subsidy	-0.706***	-0.711***	0.020	0.024
	(0.168)	(0.167)	(0.020)	(0.021)
Hi_edu	1.663***	1.691***	-0.064	-0.074
	(0.407)	(0.396)	(0.053)	(0.053)
Pat_stock	7.145***	7.145***	0.019	0.013
	(1.955)	(1.955)	(0.077)	(0.077)
RD_int	-1.114*	-1.124*	0.257***	0.255***
	(0.658)	(0.655)	(0.079)	(0.079)
Cap_int	6.216**	6.268**	0.106	0.087
	(2.785)	(2.781)	(0.250)	(0.260)
Firm_Age	-0.217	-0.217	0.002	0.002
	(0.147)	(0.147)	(0.015)	(0.015)
Firm_Size	1.361***	1.364***	0.019	0.017
	(0.171)	(0.171)	(0.016)	(0.016)
RD_Dpart	0.252	0.250	0.140***	0.140***
	(0.169)	(0.169)	(0.019)	(0.019)
Hi_Tech	-0.557**	-0.556**	0.010	0.007
	(0.236)	(0.235)	(0.025)	(0.025)

续表

变量	模型 15	模型 16	模型 17	模型 18
	因变量：Patent		因变量：New_Product	
Subsidy	0.738**	1.045***	0.096***	0.048
	(0.297)	(0.316)	(0.034)	(0.036)
Sub_loans		0.659		0.023
		(0.572)		(0.045)
Subsidy×Sub_loans		-1.251**		0.135**
		(0.561)		(0.055)
_cons	-7.247***	-7.253***	0.038	0.046
	(1.101)	(1.101)	(0.240)	(0.244)
样本数	6 362	6 362	5 088	5 088
企业数	1 273	1 273	1 273	1 273
Loglikelihood	-18 640.439	-18 636.227	-3 375.580	-3 365.279
Prob>chi2	0.000 0	0.000 0	0.000 0	0.000 0

注：1. 括号内是以企业聚类的稳健标准误；
2. *p<0.1，**p<0.05，***p<0.01；
3. 所有模型都包括一组行业、区域和年份哑变量（未报告）。

7.5 讨论

实证研究结果显示，通常情况下，企业在获得研发补贴后，研发产出会有所提升，具体表现为探索性专利申请和新产品销售的增加。相较于仅接受直接研发补贴的企业，那些同时获得贴息贷款的企业在新产品销售量上具有显著优势。然而，在探索性专利申请方面，接受贴息贷款的企业显著低于仅获得直接研发补贴的企业。

研究结果表明，在创新性和风险性均较高的研发活动中，企业较少采用贴息贷款去开发基于新技术与新知识的探索性专利。相反，企业更倾向于在产品开发和商业化活动中使用贴息贷款，以换取经济利益。这一结果有力地支持了 Hottenrott 和 Richstein（2020）基于德国高科技初创企业的研究成果。因此，在我国，直接研发补贴和贴息贷款对企业创新产出的差异化影响可能更符合成本与预期回报的经济学分析逻辑。

本研究的实证发现也与 Guan 和 Yam（2015）的观点存在分歧，他们认为无论是直接研发补贴还是专项贷款，均未能对中国企业的专利申请产生显著的积极影响。这种差异可能源于我国经济转型的发展阶段、企业研发能力的提升以及政府对研发补贴使用要求的变化。Guan 和 Yam 的研究基于 20 世纪 90 年代中期的数据，当时我国正处于国民经济转型的初期，企业技术水平相对滞后，政府更侧重于实现经济赶超（Liu et al.，2017）。在这种情况下，企业可能会利用研发补贴来换取经济利益，例如通过模仿国外企业的技术扩大生产规模或快速开发新产品。此外，我国当时的知识产权制度相对薄弱（Liu et al.，2001），这也削弱了补贴对企业专利申请的推动作用。而在本研究中，经过数十年的发展和技术的显著进步，我国企业的技术创新能力得到了极大的提升，政府也将更多的注意力转向了自主创新（Liu et al.，2017）。因此，研发补贴对企业研发产出的影响，特别是在专利申请方面多年来的表现有所变化。

7.6 结论

本研究以企业研发活动的探索性专利申请和新产品销售为切入点，分析了直接研发补贴和研发贴息贷款对企业研发产出的异质性影响。本研究基于我国江苏省制造企业的数据进行实证研究，补充并丰富了研发贴息贷款相关的文献。本研究的一个关键理论贡献在于，通过考虑与补贴类型相关的异质性影响，拓展了关于政府研发补贴的知识体系。这一发现有助于更加全面地理解政府研发补贴政策的实施效果，为政策优化提供理论依据。此外，本研究还推进了对中国等转型经济体研发贴息贷款的研究，这有助于深化对中国转型经济中政府与企业创新关系的理解，为转型期的政府制定有效政策提供借鉴。

这项研究也同时提供了几个重要的政策启示。在我国的经济改革中，依托要素驱动的发展模式，取得了令人瞩目的经济增长。当前，我国正处于由要素驱动向创新驱动的关键转折阶段，亟待为这场"知识革命"做好充分准备。首先，我国政府应推动企业实施技术升级，并着力将技术研究与市场需求相结合。因此，有必要进一步鼓励合理利用贴息贷款，实施以需求为导向的政策，以解决传统供给侧政策短板。通过将政府研发补贴与贴息贷款等政策手段有机结合，形成一套有效的政策组合，既能发挥各自优势，又能对企业的研发活动产生更为显著的正向效应。其次，为鼓励企业创新，我国应营造更为有利的创新环境。政府在筛选和监督研发贴息贷款的过程中，可引入更多市场化原则。在设计补贴方案时，政府应确保与商业银行的兼容性，从而间接提升政府通过研发补贴进行资助的效果。尤其值得一提的是，政府可以制定和修改评估协议，为企业提供创新方向上的灵活性。此外，政策制定者应推动制定有利于企业获取其他外部融资渠道的政策，以缓解部分企业对银行贷款的压力。这些政策对于其他正处于转型过程中的经济体也具有重要的借鉴意义。

此项研究揭示了若干有待深入探讨的潜在研究方向。首先，本研究所采用的数据集在2014年以后已经停止更新。今后的研究可延伸样本周期，探讨各类研发补贴对企业的更长远影响。例如，在企业开展探索性研发活动并取得探索性专利后，需研究补贴获得者是否会通过许可或转让专利权等方式实现收益。其次，各级政府在研发补贴设计及分配方面可能遵循各异的原则和逻辑，因此系统性地对比中央与地方政府研发补贴成效颇具价值。最后，研究研发补贴对企业行为的影响日益重要，如研发过程的行为变化。未来研究有望进一步揭示研发补贴如何发挥作用的具体机制。综上，本研究以新知识专利作为衡量技术产出的指标，揭示了企业探索性创新的尝试。未来可探讨不同类型的研发补贴对探索与开发的影响，以及协同补贴计划如何激发企业的双元能力。

7.7 本章附录

7.7.1 倾向性得分匹配样本

倾向性得分匹配变量见表 7-6。

表 7-6 倾向性得分匹配变量

变量	测度	注释
处理变量		
Public_project	企业是否参与中小企业创新基金	PSM 处理变量
协变量		
Tech_capa	无形资产占总资产的比例	企业的技术潜力
Pre_subsidy	2010 年前 3 年参与过研发补贴计划经历	影响后续研发补贴的领取
Hi_edu	本科及以上学历雇员占雇员总数的比例	筛选标准：至少 30% 拥有大专以上学历
RD_int	研发支出占企业当年销售总额的比例	筛选标准：年研发支出不低于年销售额 3% 的高科技中小企业
Cap_int	固定资产净值除以从业人数的自然对数	筛选标准：具有较强的市场竞争力和经济潜力
RD_Dpart	企业是否有自建研究部门	企业的正式研发规定
Firm_Size	雇员人数的自然对数	筛选标准：雇员不超过 500 人
Dummy_industry	哑变量	基于 2 位产业代码
Dummy_region	哑变量	基于江苏南部、北部和中部地区的企业分布

贴息贷款受助者和非受助者的显著性 t 检验见表 7-7。

表 7-7 贴息贷款受助者和非受助者的显著性 t 检验

协变量	均值		t-test	
	非贷款受助企业	贷款受助企业	t	$p>t$
Tech_Capa	0.213	0.243	−0.579	0.564
Pre_subsidy	0.020	0.049	−0.920	0.359

续表

协变量	均值		t-test	
	非贷款受助企业	贷款受助企业	t	p>t
Hi_edu	0.134	0.171	-1.653	0.101
RD_int	0.070	0.088	-0.806	0.421
Cap_int	0.072	0.062	1.434	0.154
RD_Dpart	0.889	0.878	0.182	0.856
Firm_Size	5.064	5.193	-1.194	0.235

倾向性得分 Probit 回归见表 7-8。

表 7-8 倾向性得分 Probit 回归

变量	模型 A1 Pre-PSM	模型 A2 Post-PSM
Tech_Capa	0.165	-0.110
	(0.183)	(0.280)
Pre_subsidy	-1.116***	0.362
	(0.233)	(0.559)
Hi_edu	0.544	0.291
	(0.398)	(0.624)
RD_int	0.148	-0.056
	(0.497)	(0.641)
Cap_int	-10.991***	-4.892
	(2.431)	(4.557)
RD_Dpart	0.423***	-0.188
	(0.146)	(0.255)
Firm_Size	-0.940***	-0.270
	(0.153)	(0.314)
_cons	4.056***	1.870
	(0.945)	(1.885)

续表

变量	模型 A1	模型 A2
	Pre-PSM	Post-PSM
样本数	1 274	280
企业数	1 274	280
Loglikelihood	-401.168	-194.066
Prob>chi2	0.000 0	0.902 6
Pseudo R^2	0.100	0.007

注：1. 括号内为标准误；
2. $^*p<0.1$，$^{**}p<0.05$，$^{***}p<0.01$；
3. 所有模型都包括一组行业和区域哑变量（未报告）；
4. 2家获得补贴的企业在倾向性得分匹配过程中因无法满足共同支持条件而被自动剔除。

倾向性得分匹配平衡测试结果见表7-9。

表7-9 倾向性得分匹配平衡测试结果

协变量	均值		t-test		MSB/%	
	处理组	控制组	t	$p>t$	匹配前	匹配后
Tech_Capa	0.220	0.228	-0.22	0.825	13.3	-2.7
Pre_subsidy	0.028	0.014	0.82	0.411	-44.5	5.1
Hi_edu	0.142	0.136	0.42	0.678	10.1	4.9
RD_int	0.076	0.079	-0.19	0.847	8.9	-2.8
Cap_int	0.069	0.071	-0.53	0.599	9.6	-5.3
RD_Dpart	0.887	0.915	-0.79	0.428	19.8	-8.0
Firm_Size	5.100	5.096	0.06	0.956	-39.6	0.5

7.7.2 产业及地区分布

配对样本基于2位产业代码的产业分布见表7-10。

表 7-10 配对样本基于 2 位产业代码的产业分布

2 位产业代码	名称	数量	贴息贷款	仅直接补贴
17	纺织工业	8	0	4
26	化工原料及化工产品	42	2	19
27	医药产品	8	3	1
28	化学纤维	6	0	3
29	橡塑制品	8	1	3
30	非金属矿产品	10	3	2
31	黑色金属冶炼及压延加工	2	1	0
32	有色金属冶炼及压延加工	2	1	0
33	金属制品	12	2	4
34	通用机械	12	2	4
35	特殊用途设备	66	9	24
37	其他运输设备	18	2	7
38	电气机械和设备	22	4	7
39	电脑、通信、其他电子设备	32	4	12
40	测量仪器和机械	24	6	6
41	其他制造业	8	1	3
总计		280	41	99

配对样本的区域分布见表 7-11。

表 7-11 配对样本的区域分布

地区	城市	企业数量
苏北地区（苏北）	徐州、连云港、淮安、盐城、宿迁	19
苏中地区（苏中）	扬州、泰州、南通	43
苏南地区（苏南）	南京、苏州、无锡、常州、镇江	218
总计		280

政策篇

第8章
结论、理论贡献与政策启示

本书基于深入的实证研究,旨在探索并回答一个核心的研究问题:我国的研发补贴是如何影响企业的学习行为,并最终促进企业的探索性创新和技术升级的?本书遵循熊彼特增长理论的逻辑,整合了演化经济学、组织学习视角和系统理论,形成了一个创新性、系统性的分析框架,从多角度探究并深化了对于研发补贴在我国背景下对企业学习行为的影响机制,拓展了新古典经济学逻辑对现有研发补贴相关研究的理解。

8.1 研究结论

政府研发补贴,企业的学习行为与探索性创新三者之间的互动关系是本书研究的关注重点。研究以2010年至2014年间的7 928家处在制造业的江苏高新技术企业数据为基础,结合中华人民共和国国家知识产权局专利数据库中的2 024家相关企业的专利数据,以及《中国科技统计年鉴》《中国火炬统计年鉴》和江苏省各地级市年鉴的数据构建研究样本;采用倾向性得分匹配算法、工具变量法、Tobit回归模型等实证方法进行了系统的实证研究;重点回答了"政府研发补贴是否以及如何促进受资助企业的探索性创新?""从企业内部的演化视角和外部的系统视角出发,存在哪些权变因素,

第 8 章
结论、理论贡献与政策启示

并如何调节政府研发补贴对企业探索性创新的影响？"以及"不同形式的政府研发补贴对企业的探索性创新存在哪些异质性影响？"这三个核心研究问题。其主要的研究结论如下。

（1）政府研发补贴在激励企业进行探索性创新方面具有显著的积极影响。特别是在接受地方研发补贴或处在高度专业化集聚行业的受助企业中，这种促进效果更为显著。进一步的检验显示，接受了中央政府研发补贴项目资助的企业在探索后更倾向于回归到他们所熟悉的技术领域。

（2）在适当范围内，研发补贴可以有效促进企业的探索性创新，即研发补贴对企业探索性创新的影响呈现出一个倒 U 形曲线。进一步研究发现，企业的技术能力在研发补贴产生的曲线效应中起到了正向调节作用，然而企业与大学或政府研究机构的研发合作并没有对这种调节作用产生显著影响。

（3）研究结果表明，研发补贴能够促进高科技中小企业通过向大学学习来进行知识创造。同时，研发补贴能够促进高科技中小企业招募高学历的研发人员和与大学、科研院所建立正式的合作关系。其中，企业自身招募的高学历研发人员在某种程度上对研发补贴促进企业通过向大学学习来进行知识创造起到了部分中介作用。此外，我们的实证结果还显示，位于大学科学园内的企业能显著加强研发补贴对中小企业通过向大学学习以创造知识的影响。然而，这种正向调节效应在企业通过招聘高学历研发人员的中介机制中没有起到显著作用。并且令人惊讶的是，科技园区甚至会在一定程度上削弱研发补贴对中小企业与大学建立正式合作关系的积极影响。

（4）与只接受直接研发补助相比，同时获得研发贴息贷款，会在促进受助企业的新产品销售方面具有明显优势。但是，贴息贷款可能会抑制受助企业从事较高风险研发活动的意愿，从而降低高新颖性的探索性专利申请。结果显示，接受贴息贷款的企业在探索性专利申请上显著少于仅接受直接研发补助的企业。这意味着，企业不太可能在创新性和风险性都较高的研发活动中使用贴息贷款去寻求新技术与知识的探索性专利。相反，企业更倾向于在产品开发和商业化活动中使用贴息贷款以换取经济利益。

8.2 理论贡献:重新审视研发补贴研究的新视角

在当今的科技创新政策制定中,熊彼特增长理论为我们提供了一个全新的视角,将创新视为经济增长的内在动力,从而弥补了新古典经济学在解释经济增长中创新机制时的不足(Aghion et al.,1998;Romer,1986)。

首先,熊彼特增长理论将知识重组视为创新的关键源泉,认为知识增长和技术进步对经济发展具有根本性影响(Romer,1986)。从微观层面来看,专业化、独特知识的积累对于企业竞争优势的增强具有关键作用,是经济竞争力和企业差异化的关键因素(Levitt et al.,1988;March,1991)。因此,在熊彼特增长理论中,知识是重要的资源,学习是重要的经济活动,企业可以通过知识积累和学习实现可持续增长(Lundvall,1992;Romer,1986)。企业不仅要持续地积累知识,还要构建一个有效的学习机制,以确保知识能够被充分利用并转化为实际的生产力。

其次,熊彼特增长理论中"创造性破坏"的概念为我们揭示了创新与经济增长之间的复杂关系(Aghion et al.,1992)。这一理论观点挑战了传统的经济增长模型,强调了创新在经济发展中的非线性作用。创新并非总是一个平稳、持续的过程,而是需要通过"创造性破坏"来促进。在破坏的过程中,现有的经济结构和市场格局可能会被打破,创新不断涌现,创造了机会窗口,使追赶甚至跨越成为可能(Lee et al.,2017)。这也意味着,在"创造性破坏"产生的不连续性中,需要适当的公共干预来促进知识创造,打破现有格局,从而重塑社会对创新的认知,促进创新合法性的形成(Nelson,1993)。

随着科技创新在全球经济中的核心地位逐渐凸显,政府在制定科技创新政策时越来越强调遵循熊彼特增长理论的逻辑,通过鼓励企业的持续学习行为来创造、积累、传播和应用新知识。本书的研究正是基于这一理论框架,对现有的创新政策文献特别是研发补贴研究进行了系统的补充和拓展。研究还为政府和企业提供了一系列具体的政策建议和实践指导。本书认为,通过深化对熊彼特增长理论的理解和应用,可以为政府制定更加科学、合理的创新政策提供有力的理论支持；同时，也可以为企业在利用政府资源进行组织学习、开展研发活动和获取持续竞争优势等战略活动中提供宝贵的理论和实践指导。本书具体的理论贡献可以从以下几个方面论述。

（1）本研究从学习视角，深入挖掘了公共研发补贴对企业研发行为的影响以及技术转型升级的贡献，增加了相关领域的理论深度。研究对研发补贴资助下企业层面的研发行为，尤其是学习行为变化进行了分析和探讨，这超越了当前主要关注新古典经济学逻辑的研发补贴研究（Antonioli et al.，2012；Gök et al.，2012）。本研究系统性回顾了组织学习的核心概念和理论，认为组织学习是企业对环境变化作出响应的重要途径，它涉及知识的获取、存储、应用和分享。在这一背景下，研发补贴为企业提供了一种外部资源，有助于加速其学习过程。研究验证了公共研发补贴对企业两种学习行为的影响，即新颖知识探索（novel knowledge exploration）和熟悉知识利用（familiar knowledge exploitation）。特别是对通过新知识学习，进而形成探索性创新的研究，加深了对政府支持的企业不断变化的学习行为的理解，这有助于更好地理解研发补贴如何支持企业克服系统失灵（Clarysse et al.，2009）。基于此，本研究深入探讨了研发补贴作为创新政策的核心工具在促进企业研发活动中的作用和影响。基于一般性资源和专业性互补资源与知识对探索性学习行为影响的理论分析框架，本研究首次探讨了政府研发补贴对企业的新知识获取与利用的学习行为的影响，并通过计量经济学方法进行验证。这一研究在Clarysse等（2009）的研究基础上，延伸了组织学习理论在政府研发补贴研究上的应用，从而加强了这一研究领域的理论深度。因此，与传统的研发补贴视角不同，本研究强调政府在制定补贴政策时应更加注重企业的学习能力和组织学习机制。这意味着政府不仅需要提供物质支持，还需要通过引导企业在组织、学习和研发方面形成长期的战略规划，从而确保研发活动能够真正地转化为创新成果。

（2）本研究从更全面的角度对研发补贴如何影响企业学习行为的异质性因素进行了分析和讨论，从而有助于拓展现有的组织学习理论研究。具体来说，研究从外部隐性知识学习和经验收益递减学习曲线的角度出发，检验和讨论了企业自身知识存量、内部学习能力与外部组织间学习活动在研发补贴对企业学习行为和探索性创新的影响中的作用。实证结果表明，企业在公共支持下，其先天学习积累的知识存量在学习新知识并形成探索性创新的过程中起到了核心作用，即企业之前的学习和积累不仅为其当前的研发活动提供了基础，但同时也可能对其未来的技术方向和焦点产生一定的路径依赖，从而限制其技术焦点的变化和迁移。为此，研究进一步挖掘了研发补贴影响企业学习行为的调节因素。与Clarysse等（2009）和Huber（1991）的研究相呼应，本研究发现，尽管研发补贴促进了企业与高水平研究机构的合作，但将这些机会转化为实际的研发成果仍需企业内部学习能力的支持。例如，企业需要考虑如何有效整合外部知识，确保其与企业的内部资源和战略方向相匹配。此外，企业从政府补贴项目中获得的经验可能降低其在后续项目中的效率，这也为组织学习理论提供了公共管理研究的新视角。

（3）本书的研究进一步探索和刻画了政府研发补贴影响企业研发活动的复杂中间机制。本研究发现，人力资源升级作为一种重要的提升企业内部学习能力的途径，可以作为研发补贴和企业探索性创新之间起到重要的中介作用。这主要是因为接受过高等教育的研发人员是推动企业内部学习和创新知识，尤其是隐性知识的核心参与者，并可以通过建立和维系大学校友网络来促进企业学习外部的隐性知识。同时，高质量的研发人员也在隐性知识向显性知识的转化中发挥了关键作用，有助于强化企业的内部知识创新，促使离散的显性知识得到系统化和应用。此外，高水平的研发人员还提高了企业对外部知识的吸收和内化能力，助力新知识在组织内得到更为深入的融合和应用。

（4）本书的研究深入探讨了中央政府与地方政府在研发补贴对企业学习行为上的区别。基于行政邻近、经济邻近和地理邻近相结合的邻近理论框架，研究从共性资源与专业资源的提供、利益一致性和信息不对称三个关键维度系统地解析了中央与地方补贴政策的差异。本研究的实证结果表明，地方政府的补贴更有助于企业通过探索性创新实现产业技术转型和升级，这一方面可能与地方政府更加了解本地经济需求和产业结构有关,另一方面是接受地方政府资助的企业在重塑研发流程和重新配置研发资源的灵活性上要更高。与之相对应的是,获得中央政府研发资源的企业,其创新活动更多的是在可见的技术轨道上进行强化。这一研究发现也在一定程度上呼应了柳卸林等(2017)和Li等(2018)的结论,不仅为研发补贴的理论研究提供了新的维度,而且也为政府与产业关系在战略管理领域的进一步研究提供了有益的拓展。

(5)本研究通过深入探索中国政府研发补贴如何精准地影响企业的学习行为,为相关决策者提供了理论上的指导和实证上的依据。尤其在中国政府强调以企业为核心的创新驱动发展策略的大背景下,本研究为政府在优化资源配置、增强研发支持和促进产业技术转型方面提供了策略性的建议和方向,以推动中国企业的持续创新和产业升级。本研究详细探索了大学科技园在研发补贴政策实施中的独特地位和功能。这些园区不仅是创新活动的主要场所,而且在整体创新生态系统中扮演着桥梁和加速器的角色。为了更好地激发企业的研发活力和学习激情,本研究进一步提出了一系列具体且针对性的政策建议。这包括建立更加完善的培训体系、构建跨界的研发合作网络,并鼓励产学研之间的深度合作和交流。此外,考虑到中国众多企业的多样性和特定需求,研究还强调了政府在制定和实施研发补贴政策时,应更加注重差异化和个性化。这意味着政府在考虑补贴策略时,需要充分了解和分析不同企业的实际情况和需求,从而确保补贴措施更具针对性和实效性。

(6)本研究对比了研发贴息贷款与直接研发补助对企业探索性创新的异质性影响,进一步丰富了对不同研发补贴类型有效性的学术探讨。尤其值得注意的是,本研究从成本-预期回报的逻辑分析了两种研发资金支持方式在企业研发活动中的不同作用机制。研究结果显示,研发贴息贷款虽有助于激发企业更为自主和高效地配置资源进行研发活动,但这主要作用于企业的创新经济产出,而非企业的技术探索活动。这一结论与Hottenrott和Richstein(2020)的研究成果相呼应。这也为未来如何合理利用不同的研发补贴工具组合以实现差异化的政策目标提供了有益的启示。

8.3 实践启示：面向系统失灵的科技创新政策制定

基于对研究结果的讨论，本书将试图回答当前形势下有关科技创新政策制定的几个关键问题。

（1）本研究支持了 Mazzucato（2016）的观点，即当前的科技创新政策需要突破市场失灵框架，更多关注系统失灵。中国实施研发补贴的初衷是为了解决产业创新发展中包含研发投入不足等的市场失灵问题。随着产业发展和技术创新的复杂性日益提高，现阶段政府的研发补贴政策要考虑如何克服更大范围的"系统失灵"。根据演化理论，产业结构、特征以及相关企业的创新能力、认知水平和战略是不尽相同的，因此这些企业的发展受到内外部不同因素的影响，在发展过程中也不是完全孤立的。在产业技术创新中，传统的新古典理论强调政府可以使用研发补贴对企业的相关资源直接进行补充，促进企业的创新。但是，演化理论则强调对企业内在创新能力的提升和对企业所嵌入创新系统的完善（Metcalfe，2005）。本研究认可并强调在创新政策中需要"选择的方向足够广泛，以允许自下而上地探索、发现和学习"（Mazzucato，2016：150）。因此，政府相关的补贴政策在设计和执行上不再是简单地用来克服研发的市场失灵，更需要思考如何应对因企业知识创造与学习能力缺失，以及企业所嵌入系统存在结构与配置问题而导致的系统失灵。为了使自下而上的学习变得高效，本研究认为政府的作用不仅是提供研发补贴以促进企业层面的研发投入，而且要创造有利于企业学习和研发合作的外部环境，帮助企业克服人力资源不足，难以通过交流学习获得与创新相关的重要资源和大学科研院所合作的协调成本过高等问题，鼓励企业学习和吸收外部知识进行探索与创新。企业则应重视通过人力资本升级提高自身的内部研发能力和对新知识的吸收能力，并结合自身的能力和不同的研发需求，申请不同形式、不同级别的政府研发补贴，以促进企业获得持续竞争力。为此，企业还需要设计具有柔性的组织机制，在利用一般性的政府资源时，高效地吸收并利用企业外部环境中的相关专业性资源和知识。

（2）创新政策的评价标准要从结果导向转向过程导向。政府的研发补贴政策需要避免寻求短期回报的做法，关注企业在获得研发补贴后的研发行为的改变。目前，依据市场失灵框架制定的政府研发补贴评价指标和方法通常采用成本收益分析进行估算。换言之，当前科技创新政策的评价标准通常关注的是公共干预的收益能否弥补市场失灵和公共干预所带来的成本。Mazzucato（2016）认为，这些传统的、静态的创新政策评价标准与创新驱动下的经济发展内在动力不匹配。它们没有考虑到企业往往规避风险，并且不太愿意改变现有技术发展模式以探索新的、具有更高价值的技术。在本书中，对研发补贴影响企业学习并利用新颖知识的研究表明，政府需要制定政策促进企业转型，鼓励企业创造全新的技术组合。如果没有动态的指标，静态标准将使政府难以评估企业创新的新颖性和判断企业的创新能力是否具有实质性增长。因此，有必要制定一套新的标准来更为准确地衡量和评估科技创新政策对企业学习行为与技术研发的新颖性及价值的实际影响。例如，在本研究中，采用 IPC 代码组合的新颖性来评价企业接受公共研发补贴后创新行为的变化，这为新评价标准的制定提供了重要启示。

（3）Mazzucato（2016）的研究表明，政府在设计新的创新政策时应不断适应技术和社会经济的变革过程。一方面，政府需要对企业的创新活动更加耐心，以接受企业在政策支持下的创新失败和尝试。另一方面，政府需要为企业提供实验和探索的环境。因此，政府自身也应在投资企业创新的过程中进行学习，并建立相关的资源、能力和治理结构，与企业建立共生伙伴关系。本研究进一步表明，基于与当地企业的行政、经济和地理邻近性，地方政府在政策制定过程中通过与当地企业的互动可以提高此种学习效率。因此，中央政府可以适度将研发补贴的分配决策权限下放到地方政府。与此同时，地方政府应加强与当地产业界的互动，通过向产业学习，发挥制度柔性，以促进企业获得和利用地区内的专业性资源。这呼应了 Mazzucato（2016）的论点，即创新"最好不是通过沉重的自上而下的政策来实现，而是通过分散的结构来实现，在这种结构中，所涉及的组织从内部保持灵活、创新和活力"（Mazzucato，2016：151）。企业也需要地方政府保持互动，以降低在承担研发补贴项目时的信息不对称。

8.4 我国研发补贴政策的主要问题

在当前中美科技竞争越发激烈的国际形势下，尤其在美国大规模实施研发补贴的情况下，亟须重新审视我国研发补贴政策的实施效果和设计合理性，用以完善和充实科技竞争中的政策工具箱。目前，美国通过管制清单限制中国高新技术企业的出口与国际化研发创新，遏制中国关键核心技术的突破，导致中国的"卡脖子"技术与产业受到极大的发展限制。为此，需要我国政府以及科技政策制定部门加强对关键核心技术"卡脖子"问题的制度供给与政策设计，并且有针对性地促进我国企业通过探索性创新完成技术升级，这需要充分考虑如何利用政策手段克服系统失灵的问题。但是，结合本书的研究结论，我国现行的研发补贴政策仍存在以下问题。

8.4.1 补贴设计有待改进，支撑高质量创新的能力相对不足

目前，我国研发补贴的制度设计与政策供给仍然存在较大的改进空间，尤其是在面向"卡脖子"技术的突破与完善科技创新链的资助效果上仍需要进一步优化，从而推动我国高新技术产业的高质量发展，并破解目前所面临的困境。

（1）我国研发补贴政策对探索性、前瞻性的研发活动支撑能力存在不足。目前，我国部分现行补贴制度不够健全，缺乏针对性、灵活性和时效性，尚缺乏明确和合理的退出机制，导致部分研发补贴演变为长期财政支出，激发了某些申报申领对象的"寻补贴"和"伪研发"等行为。对补贴的过分依赖，使特定产业和部分亏损、生产率低、市场竞争力弱的企业受到长期保护，损害了市场竞争的"优胜劣汰"机制，扭曲了市场的资源配置。这将削弱研发补贴对企业创新能力的提升作用，在资源错配的基础上导致产业的低水平重复建设，不利于高质量创新的形成。

（2）我国部分研发补贴政策审核考评标准僵化，导致了部分企业的"逆向选择"行为。目前，我国一些研发补贴政策不同程度地存在"重进度速度、轻质量效益""重项目审评、轻过程管理""重资金下拨、轻效益评估"

等问题。例如,研发补贴政策采用简单的专利申请数作为结题考核依据,企业与其集中投入一项研发周期长、成本高的优质专利技术,不如投入多项研发周期短、成本低的低水平专利技术以获取更多专利。这导致某些企业通过申请质量低下的专利来牟取政府资助、国家补贴,抑制了真正的创新活动。再如,一些创新专项资金要求企业在申请前按对应会计科目确定预算,但在实施过程中难以调整预算,导致本来有意愿进行探索性、前瞻性技术研发的企业为了保险起见,转而采用了成熟的技术路线,丧失了承担风险和不确定性进行原始创新的动力。

(3)新旧产业中"卡脖子"技术的政策供给的集成度与联动性不足。我国对不同产业类型"卡脖子"问题进行有效甄别与分类设计尚存不足。新一轮技术革命下,新兴和传统产业在技术创新路径上存在颠覆性的差别。但是,我国仍然在一定程度上缺乏对不同产业"卡脖子"技术突破提供分类制度与异质性的政策供给。

8.4.2 地方补贴合力不足,难以发挥国内超大规模市场优势

地方政府的研发补贴在促进企业创新,推动产业发展、技术升级和产业结构优化等方面发挥了重要作用。但是,从全国范围看,目前各地方政府的研发补贴政策尚不能很好地形成合力。

一方面,地方研发补贴政策设置合理性仍需提高。出于服务地方经济发展的需求,一些地方政府的研发补贴政策主要聚焦于培育和扶持特定产业发展。但是,由于补贴政策与竞争政策的内在矛盾和冲突,地方补贴政策的实施可能产生排除、限制竞争的一些副作用效果,甚至导致研发补贴政策功能异化。

另一方面,地方的研发补贴政策在一定程度上缺乏统一协调,欠缺在符合地方比较优势的关键节点上的精准施策。由于地区之间发展程度和各项产业之间的定位具有差异,加之地方政府财政预算以及统筹规划等方面参差不齐,政府无法对所有产业全面扶持。在选择性投入补贴的情况下则会出现关键节点投入不足的情况。这影响了企业对所从事生产经营活动地域、产品的

选择，还可能会选择性地忽视本地企业的实力和国家的实际需求，造成对低技术的重复投资，形成极大的资源浪费。

8.4.3 配套政策存在缺项，产业生态系统建设需进一步加强

当前的技术发展依赖于金融财税、人力资源、产业基础、服务中介等多维要素构成的产业生态系统。但是，我国创新生态系统的建设仍存在不足，且相关配套政策有一定缺项，制约了研发补贴政策的实施效果。

（1）产业服务中介体系建设仍然滞后，产业内部合作机制不完善。目前，我国多数产业的共性技术平台、专业化生产设备的运维、方案解决供应商、知识产权中介等环节较为薄弱，造成了研发补贴政策的"孤岛"现象，无法很好地帮助企业克服系统失灵问题。这也同时造成产业内主体间的合作不畅，无法形成共赢关系，以谋求整体发展，追求社会效益与利益最大化。

（2）技术转化不畅，产业创新人才存在大量缺口或分布不均。虽然受到补贴的支持，但是我国大学科研院所和企业间的成果转化仍存在一定的制约，这主要是在技术研发、供需情况、应用前景等限制性因素上，大学科研院所和企业之间存在观念性差异和制度障碍。此外，产业创新人才储备不足。例如，半导体人才多集中于半导体制造领域，而 IC 设计（集成电路设计）、EDA（电子设计自动化）工具和半导体设备领域人才较为匮乏，此外，国际型人才的吸纳、现有技能人才的技能提高、在校学生的专业培育体系有待构建。

（3）研发补贴的分配缺乏定量化的监测机制，造成资源错配，部分关键产业面临冲击时容易发展停滞。常见的"卡脖子""跟不上"等技术创新问题极大地影响产业的稳定发展，配合研发补贴政策的相关产业外部威胁预警、冲击协调恢复以及后期的适应性治理等环节仍然缺失，导致无法及时调整补贴的分配。

8.5 我国研发补贴政策的对策建议

8.5.1 加强战略需求凝练，强化国家有组织科研

我国应在相关高新技术产业的发展中提高对若干核心领域补贴支持的决策效率，加强统筹管理。①在国家层面加大统筹组织力度，统一协调攻坚若干核心领域。可在中央科技委的指导下，考虑建立国家层面的产业技术发展联席会议制度，协调相关部委，联合中国科学院、工程院、相关高校和行业协会、领军企业识别并筛选若干重大战略产品、关键共性技术或重大工程。积极利用国家重点研发计划、国家科技重大专项等给予基础研究和应用研究支持，全力解决关键技术攻关和自主化问题。②发挥国家力量引进和培养尖端领军人才和工程技术专家。对于参与上述专项集中攻关的尖端领军人才和工程师人才，给予丰厚且完善的激励机制，以保障攻关的效率和连续性。③设立人才补贴，优先培育关键领域产教融合型企业。鼓励企业通过吸引高质量的研发人员，完成人力资源升级，提升企业研发相关的内部能力。促进高校的人才培养与市场创新需求相吻合，鼓励高校与当地企业进行合作，让企业参与高校人才的培养，以产业创新发展需求优化专业结构，并促使更多的技术人员向企业流动。

8.5.2 提高补贴统一规范，助力内源式创新发展

依托全国统一大市场建设，调整完善奖补政策，尊重行业规律，做到全国一盘棋、统一大市场、畅通大循环。①分阶段清理废除含有地方保护性质的奖补政策，在有条件的地区优先开展区域市场一体化建设，要求地方从比拼优惠政策补贴力度向比拼公共服务供给质量转变。②加快推进设立各产业技术和产能发展的统一负面清单制度，加强对全国产业重大项目建设的服务和指导，有序引导和规范产业发展秩序，避免因补贴引起的低水平重复建设和恶性竞争。③加强产业容量分析和产业安全预警，定期公布相关产业技术发展和产能动态及经济运行数据。建立全国统一的数据库，实现对补贴效果的定量化评估，对重点项目投资形成指导，坚决遏制产能盲目扩张。最终

通过合理的地方研发补贴政策促进各地区实现优势互补协同发展，释放内需潜力。

8.5.3 精准强化政策配套，培育产业创新生态系统

围绕研发补贴政策，多层次、多维度谋划产业技术高质量发展，构建安全稳定的创新生态政策体系。①我国各级政府需要创造适宜的外部环境，配合研发补贴政策，促进企业的学习行为。促进企业与大学，科研院所等外部机构建立研发合作，拓展产学研合作的深度和广度，促进科研机构的研究与产业需求挂钩，鼓励企业参与大学与科研院所的研发活动。②加强面向产业链关键节点的专精特新企业的经济杠杆政策。在补贴的供给上，政府应该强调市场导向型研发补贴的重要性，发挥政府资本的引导和杠杆作用，激活全社会创新资源。但同时也应意识到直接研发补助在金融市场发展尚不完善的背景下仍然发挥着重要的作用。因此，应通过组合使用不同形式的研发补贴以弥补各类补贴的缺陷，发挥其不同优势。例如，在半导体产业中可使用财税政策鼓励配套14纳米以下芯片生产的企业或项目，减免企业所得税；利用投融资政策，通过不同层次的资本市场为不同发展阶段的集成电路企业提供股权融资、股权转让等服务。③强化创新支撑体系的建设。应强调根据不同地区的专业性资源差异，构建差异化的地区创新生态系统。例如构建共性技术的区域创新平台，推动高水平产业集群建设；加强配套知识产权政策，强化对集成电路布图设计专有权、软件著作权的保护。第四，强调市场应用政策的供给，加大对产业创新产品的推广力度，对于进口替代产品，实施"首台套"补贴和保险。④完善国际合作政策，加强国内外学界、行业协会间的民间交流，深度参与国际市场分工协作和国际标准制定，依托"一带一路"倡议推动相关产业"走出去"。

8.5.4 改革优化补贴模式，引导企业聚焦原始创新

要注重补贴重大原始创新，用于研究和发展可能改变"竞争赛道"和"游戏规则"的下一代前沿技术。因此，研发补贴政策既要持续支持传统、

可靠的技术路线升级,更要扶持新的战略性的技术发展方向,支持相关企业开展全新技术和全新工艺的探索性研发。为此,需要改进现有补贴模式。①引导企业更高效地将研发资源投资和转换为相关专业性资产,如科研仪器、设备和原材料,促进企业招募高水平研发人员或与大学科研院所进行合作。②给予企业使用研发补贴更高的灵活性。探索性创新不存在成熟且一定成功的研究设计,企业需要有更高的补贴预算灵活性来调整探索过程中实验必需品的投入。③提升企业的风险承受能力。通过研发补贴的方式提升企业的风险承担意愿,使用政策工具弥补企业因高风险研发活动所承担的机会成本。例如,可以设置享受补贴的向前追溯期和为研发活动的复杂性和实际管理预留空间。④政府应研究并科学设定同一企业先后获得研发补贴项目的间隔时间,避免因学习的经验回报递减以及重复投资而造成的研发补贴对企业研发相关行为的促进作用的削弱。⑤探索补贴新模式,全力打造科技金融新业态。

8.6 未来研究方向

本书还提供了以下几个未来研究方向,以期对研究进一步完善。

(1) 未来研究可以延长样本的观测期,以捕获研发补贴对企业层面行为附加性的持续影响。本书使用的数据,观测期较短,难以捕捉政府研发补贴对企业长期的研发与学习行为,研发绩效和企业绩效的影响。正如Georghiou 和 Clarysse(2006)所强调的,政府研发补贴所带来的企业层面的高水平行为附加性,并不一定意味着该政策的成功。这一政策可能导致企业超越自身能力,走向错误的技术发展方向,并导致其在研发活动上面临更高的失败风险,不利于企业获得持续竞争力。例如,企业转变产业技术的行为可能只是暂时调整其研发行为,以满足政策要求和获得研发补贴。但是,企业并不认为这些行为变化对企业自身具有战略价值,在政府研发补贴的资助周期结束后,企业可能会将产业技术转变回之前的技术领域和原有的技术研发路径。因此,未来研究可以参考Lazzarini(2015)所提出的"政府政策调整后的企业可持续竞争优势（support-adjusted sustainable competitive advantage）"的概念，捕捉政府研发补贴对企业绩效的更长期影响。

（2）横向扩展研究样本，比较中国不同技术发展阶段，不同创新能力的地区中政府研发补贴对企业研发与学习行为，创新绩效的影响，以及相关互动关系。这主要是因为本书所采用的样本，是江苏省高新技术企业。江苏省是中国企业创新的领先省份，企业的研发能力在整体水平上处于全国领先地位。对于其他省份，尤其是企业创新能力相对落后的省份，政府研发补贴是否也存在同样的影响，在本书研究中尚未做出验证。同时，未来还可以参考Qiu等（2017）的研究，探索企业与地方伙伴联结，跨地区联结所形成的知识流动对企业研发行为和绩效的影响。

（3）设置与产业合作者的组织间学习行为的变量，研究政府研发补贴政策对企业这一学习行为的影响。Li等（2018）的研究认为，和供应商、用户乃至竞争对手之间的互动也会对企业的创新绩效产生深刻的影响，且与政府资助具有相互作用。但是，本书研究在变量设置上，还无法刻画企业与产业伙伴的合作关系对研发补贴效用，以及对企业研发绩效的影响，这是未来研究可以重点考虑的方向。在此基础上，也可以进一步研究中央和地方政府的研发补贴政策对企业间学习行为以及对企业研发绩效的影响。

（4）通过使用大规模问卷调查，探索专利的前向引用和后向引用等方法，进一步刻画企业的学习行为，以更为细致地描述和捕捉企业内部学习能力的提升，并设置相应的变量。同时，本书研究虽然采用了目前主流的实证方法，如倾向性得分匹配，定量化研究了政府研发补贴所导致的企业"行为附加性"，但是，这仍然不能完全和充分解释企业所形成的研发行为改变，是来源于企业研发补贴的资助。例如，企业主要产业技术的转变方向是否与所参与研发补贴项目的目标与内容相关。为了进一步证明政府研发补贴与企业学习行为附加性之间的因果关系，未来还可以进行定性研究，即研究企业参与政府研发补贴项目的具体目标与内容和企业获取新知识类型，利用新知识结果的匹配程度，以验证政府研发补贴实质上在多大程度影响了企业的学习行为附加性。

（5）一方面，未来研究可以考虑采用 DEA 方法，寻找不同地区研发补贴占企业研发投入比重的最优解，同时也可以探索不同形式研发补贴混合使用时各自占比的最优解。另一方面，未来研究可以考虑采用定性比较分析（QCA）来研究复杂制度情境下研发补贴促进企业探索性创新的影响因素组合，分析不同政策要素之间的协同影响，从而为政府更详细地研发补贴政策制定提供科学的指导。

参考文献 Reference

[1] 白旭云，王砚羽，苏欣．研发补贴还是税收激励——政府干预对企业创新绩效和创新质量的影响[J]．科研管理，2019，40（6）：9-18.

[2] 陈玲，杨文辉．政府研发补贴会促进企业创新吗？——来自中国上市公司的实证研究[J]．科学学研究，2016，34（3）：433-442.

[3] 戴小勇，成力为．财政补贴政策对企业研发投入的门槛效应[J]．科研管理，2014（6）：68-76.

[4] 高艳慧，万迪昉，蔡地．政府研发补贴具有信号传递作用吗？——基于我国高技术产业面板数据的分析[J]．科学学与科学技术管理，2012（1）：5-11.

[5] 高雨辰，柳卸林，马永浩，等．政府研发补贴对企业研发产出的影响机制研究——基于江苏省的实证分析[J]．科学学与科学技术管理，2018，39（10）：51-67.

[6] 高雨辰，万滢霖，张思．企业数字化、政府补贴与企业对外负债融资——基于中国上市企业的实证研究[J]．管理评论，2021，33（11）：106-120.

[7] 贾无志，王艳．欧盟第九期研发框架计划"地平线欧洲"概况及分析[J]．全球科技经济瞭望，2022，37（2）：1-7.

[8] 解洪涛，陈昶旭，张建顺．研发补贴引致作用研究的meta分析——异质性、发表偏倚与真实效应[J]．管理评论，2022，34（3）：114-126.

[9] 靳光辉，王雷，马宁．政府补贴对企业研发投资的影响机制研究：高管创新努力视角[J]．科研管理，2023，44（4）：47-55.

[10] 李凤梅，柳卸林，高雨辰，等．产业政策对我国光伏企业创新与经济绩效的影响[J]．科学学与科学技术管理，2017（11）：47-60.

[11] 刘子誉，周江华，李纪珍．过犹不及：财政补贴对企业创新的多重作用机制分析[J]．科学学与科学技术管理，2019，40（1）：51-64.

[12] 柳卸林．技术创新经济学[M]．2版．北京：清华大学出版社，2014.

[13] 柳卸林，高雨辰，丁雪辰．寻找创新驱动发展的新理论思维——基于新熊彼特增长理论的思考[J]．管理世界，2017（12）：8-19.

[14] 聂辉华,李光武,李琛.关于企业补贴的八个关键问题——兼评当下的产业政策研究[J].学术月刊,2022,54(6):47-60.

[15] 苏竣.公共科技政策导论[M].2版.北京:科学出版社,2021.

[16] 王红建,过江明,邢斐.金融科技与公共研发补贴政策的实施绩效[J/OL].科学学研究,2024(6):1188-1199.https://doi.org/10.16192/j.cnki.1003-2053.20230817.001.

[17] 王宛秋,邢悦.创新补贴对企业技术并购后研发投入的影响机理研究[J].科研管理,2021,42(4):82-91.

[18] 吴伟伟,张天一.非研发补贴与研发补贴对新创企业创新产出的非对称影响研究[J].管理世界,2021,37(3):137-160.

[19] 叶阳平,马文聪.政府补贴、高管团队社会资本与企业创新合作[J].科研管理,2023,44(5):85-95.

[20] 周江华,李纪珍,刘子諲,等.政府创新政策对企业创新绩效的影响机制[J].技术经济,2017,36(1):57-65.

[21] ABADIE A, IMBENS G W. Matching on the estimated propensity score[J]. Econometrica, 2016, 84(2): 781-807.

[22] AERTS K, SCHMIDT T. Two for the price of one? Additionality effects of R&D subsidies: a comparison between Flanders and Germany[J]. Research policy, 2008, 37(5): 806-822.

[23] AFCHA CHAVEZ S M. Behavioural additionality in the context of regional innovation policy in Spain[J]. Innovation-management policy & practice, 2011, 13(1): 95-110.

[24] AFCHA S, GARCIA-QUEVEDO J. The impact of R&D subsidies on R&D employment composition[J]. Industrial and corporate change, 2016, 25(6): 955-975.

[25] AGHION P. Innovation process and policy: what do we learn from new growth theory?[M]//LERNER J, STERN S. The rate and direction of inventive activity revisited. Chicago: University of Chicago Press, 2011: 515-520.

[26] AGHION P, HOWITT P. A model of growth through creative destruction[J]. Econometrica, 1992, 60(2): 323-351.

[27] AGHION P, HOWITT P, BRANT-COLLETT M, et al. Endogenous growth theory[M]. Boston, Massachusetts: MIT Press, 1998.

[28] AGRAWAL A K. University-to-industry knowledge transfer: literature review and unanswered questions[J]. International journal of management reviews, 2001, 3(4): 285-302.

[29] AGRAWAL A. Engaging the inventor: exploring licensing strategies for university inventions and the role of latent knowledge[J]. Strategic management journal, 2006, 27(1): 63-79.

[30] AHN J M, LEE W, MORTARA L. Do government R&D subsidies stimulate collaboration initiatives in private firms?[J]. Technological forecasting and social change, 2020, 151: 119840.

[31] AHUJA G, KATILA R. Where do resources come from? The role of idiosyncratic situations[J]. Strategic management journal, 2004, 25(8-9): 887-907.

[32] AHUJA G, LAMPERT C M. Entrepreneurship in the large corporation: a longitudinal study of how established firms create breakthrough inventions[J]. Strategic management journal, 2001, 22(6-7): 521-543.

[33] ALEXANDER A T, MARTIN D P. Intermediaries for open innovation: a competence-based comparison of knowledge transfer offices practices[J]. Technological forecasting and social change, 2013, 80(1): 38-49.

[34] ALMUS M, CZARNITZKI D. The effects of public R&D subsidies on firms' innovation activities[J]. Journal of business & economic statistics, 2003, 21(2): 226-236.

[35] AMEZCUA A S, GRIMES M G, BRADLEY S W, et al. Organizational sponsorship and founding environments: a contingency view on the survival of business-incubated firms, 1994-2007[J]. Academy of management journal, 2013, 56(6): 1628-1654.

[36] ANTONELLI C, CRESPI F. The "Matthew effect" in R&D public subsidies: the Italian evidence[J]. Technological forecasting and social change, 2013, 80(8): 1523-1534.

[37] ANTONIOLI D, MARZUCCHI A. Evaluating the additionality of innovation policy. A review focused on the behavioural dimension[J]. World review of science, technology and sustainable development, 2012, 9(2-4): 124-148.

[38] ANTONIOLI D, MARZUCCHI A, MONTRESOR S. Regional innovation policy and innovative behaviour: looking for additional effects[J]. European planning studies, 2014, 22(1): 64-83.

[39] ARMANIOS D E, EESLEY C E, LI J, et al. How entrepreneurs leverage institutional intermediaries in emerging economies to acquire public resources[J]. Strategic management journal, 2017, 38(7): 1373-1390.

[40] ARROW K. Economic welfare and the allocation of resources for invention[M]//NELSON R R. The rate and direction of inventive activity: economic and social factors. Princeton:

Princeton University Press, 1962: 609-626.

[41] ASCHHOFF B. The effect of subsidies on R&D investment and success-do subsidy history and size matter?[R].ZEW-Centre for European Economic Research, 2009.

[42] ASCHHOFF B, SOFKA W. Innovation on demand-can public procurement drive market success of innovations?[J]. Research policy, 2009, 38 (8): 1235-1247.

[43] AUTIO E, KANNINEN S, GUSTAFSSON R. First-and second-order additionality and learning outcomes in collaborative R&D programs[J]. Research policy, 2008, 37 (1): 59-76.

[44] BACH L, MATT M. Rationale for science and technology policy[R]//GEORGIOU L, RIGBY J. Assessing the socio-economic impacts of the Framework Programme. Bruxelles: Report to European Commission DG Research, 2002: 93-120.

[45] BACH L, MATT M. From economic foundations to S&T policy tools: a comparative analysis of the dominant paradigms[M]//BACH L, MATT M. Innovation policy in a knowledge-based economy: theory and practice. Heidelberg: Springer, 2005: 17-45.

[46] BAGHANA R, MOHNEN P. Effectiveness of R&D tax incentives in small and large enterprises in Québec[J]. Small business economics, 2009, 33 (1): 91-107.

[47] BAUM J A, CALABRESE T, SILVERMAN B S. Don't go it alone: alliance network composition and startups' performance in Canadian biotechnology[J]. Strategic management journal, 2000, 21 (3): 267-294.

[48] BAUM J A, OLIVER C. Institutional linkages and organizational mortality[J]. Administrative science quarterly, 1991, 36 (2): 187-218.

[49] BEAUDRY C, SCHIFFAUEROVA A. Who's right, Marshall or Jacobs? The localization versus urbanization debate[J]. Research policy, 2009, 38 (2): 318-337.

[50] BECK M, LOPES-BENTO C, SCHENKER-WICKI A. Radical or incremental: where does R&D policy hit?[J]. Research policy, 2016, 45 (4): 869-883.

[51] BECKER B. Public R&D policies and private R&D investment: a survey of the empirical evidence[J]. Journal of economic surveys, 2015, 29 (5): 917-942.

[52] BECKER B, HALL S G. Do R&D strategies in high-tech sectors differ from those in low-tech sectors? An alternative approach to testing the pooling assumption[J]. Economic change and restructuring, 2013, 46 (2): 183-202.

[53] BENNER M J, TUSHMAN M. Process management and technological innovation: a longitudinal study of the photography and paint industries[J]. Administrative science

quarterly, 2002, 47（4）: 676-707.

[54] BENNER M, LIU L, SERGER S S. Head in the clouds and feet on the ground: research priority setting in China[J]. Science and public policy, 2012, 39（2）: 258-270.

[55] BERTONI F, MARTÍ J, REVERTE C. The impact of government-supported participative loans on the growth of entrepreneurial ventures[J]. Research policy, 2019, 48（1）: 371-384.

[56] BERUBE C, MOHNEN P. Are firms that receive R&D subsidies more innovative?[J]. Canadian journal of economics-revue Canadienne d economique, 2009, 42（1）: 206-225.

[57] BI J, SARPONG D, BOTCHIE D, et al. From imitation to innovation: the discursive processes of knowledge creation in the Chinese space industry[J]. Technological forecasting and social change, 2017, 120: 261-270.

[58] BIANCHI M, MURTINU S, SCALERA V G. R&D subsidies as dual signals in technological collaborations[J]. Research policy, 2019, 48（9）: 103821.

[59] BLOOM N, GRIFFITH R, VAN REENEN J. Do R&D tax credits work? Evidence from a panel of countries 1979–1997[J]. Journal of public economics, 2002, 85（1）: 1-31.

[60] BOEING P. The allocation and effectiveness of China's R&D subsidies-evidence from listed firms[J]. Research policy, 2016, 45（9）: 1774-1789.

[61] BOEING P, EBERLE J, HOWELL A. The impact of China's R&D subsidies on R&D investment, technological upgrading and economic growth[J]. Technological forecasting and social change, 2022, 174: 121212.

[62] BONARDI J P. The internal limits to firms' nonmarket activities[J]. European management review, 2008, 5（3）: 165-174.

[63] BOSCHMA R. Proximity and innovation: a critical assessment[J]. Regional studies, 2005, 39（1）: 61-74.

[64] BRANDT L, THUN E. The fight for the middle: upgrading, competition, and industrial development in China[J]. World development, 2010, 38（11）: 1555-1574.

[65] BRONZINI R, PISELLI P. The impact of R&D subsidies on firm innovation[J]. Research policy, 2016, 45（2）: 442-457.

[66] BUISSERET T J, CAMERON H M, GEORGHIOU L. What difference does it make? Additionality in the public support of R&D in large firms[J]. International journal of technology management, 1995, 10（4-6）: 587-600.

[67] BUSH V. Science: the endless frontier[M]. Washington, DC: United States Government Printing Office, 1945.

[68] BUSOM I. An empirical evaluation of the effects of R&D subsidies[J]. Economics of innovation and new technology, 2000, 9 (2): 111-148.

[69] BUSOM I, CORCHUELO B, MARTÍNEZ-ROS E. Tax incentives... or subsidies for business R&D?[J]. Small business economics, 2014, 43 (3): 571-596.

[70] BUSOM I, FERNÁNDEZ-RIBAS A. The impact of firm participation in R&D programmes on R&D partnerships[J]. Research policy, 2008, 37 (2): 240-257.

[71] CAPPELEN Å, RAKNERUD A, RYBALKA M. The effects of R&D tax credits on patenting and innovations[J]. Research policy, 2012, 41 (2): 334-345.

[72] CARBONI O A. R&D subsidies and private R&D expenditures: evidence from Italian manufacturing data[J]. International review of applied economics, 2011, 25 (4): 419-439.

[73] CARBONI O A. An empirical investigation of the determinants of R&D cooperation: an application of the inverse hyperbolic sine transformation[J]. Research in economics, 2012, 66 (2): 131-141.

[74] CARLSSON B, JACOBSSON S. In search of useful public policies: key lessons and issues for policy makers[M]//CARLSSON B. Technological systems and industrial dynamics. Boston, MA: Springer US, 1997: 299-315.

[75] CARNABUCI G, OPERTI E. Where do firms' recombinant capabilities come from? Intraorganizational networks, knowledge, and firms' ability to innovate through technological recombination[J]. Strategic management journal, 2013, 34 (13): 1591-1613.

[76] CARPENTER R E, PETERSEN B C. Capital market imperfections, high-tech investment, and new equity financing[J]. The economic journal, 2002, 112 (477): F54- F72.

[77] CERULLI G. Modelling and measuring the effect of public subsidies on business R&D: a critical review of the econometric literature[J]. Economic record, 2010, 86 (274): 421-449.

[78] CERULLI G, GABRIELE R, POTÌ B. The role of firm R&D effort and collaboration as mediating drivers of innovation policy effectiveness[J]. Industry and innovation, 2016, 23 (5): 426-447.

[79] CERULLI G, POTI B. Evaluating the robustness of the effect of public subsidies on firms' R&D: an application to Italy[J]. Journal of applied economics, 2012, 15 (2): 287-320.

[80] CHAPMAN G, HEWITT-DUNDAS N. The effect of public support on senior manager attitudes to innovation[J]. Technovation, 2018, 69: 28-39.

[81] CHAPMAN G, HEWITT-DUNDAS N. Behavioural additionality: an innovation orientation perspective[C]//DRUID Academy Conference 2015, Aalborg, Denmark, 2015.

[82] CHEN C J P, LI Z, SU X, et al. Rent-seeking incentives, corporate political connections, and the control structure of private firms: Chinese evidence[J]. Journal of corporate finance, 2011, 17 (2): 229-243.

[83] CHEN J, LIU L. TMT entrepreneurial passion diversity and firm innovation performance: the mediating role of knowledge creation[J]. Journal of knowledge management, 2023, 28 (1): 268-291.

[84] CHENG H, CHEN X. The effect of government subsidies on private R&D expenditure: evidence from Zhejiang province of China[C]//IEEE Engineering Management Society's Annual International Engineering Management Conference IEMC 2006, Bahia, Brazil, 2006.

[85] CHUNG L, TAN K H. The unique Chinese innovation pathways: lessons from Chinese small and mediuem sized manufacturing firms[J]. International journal of production economics, 2017, 190: 80-87.

[86] CIN B C, KIM Y J, VONORTAS N S. The impact of public R&D subsidy on small firm productivity: evidence from Korean SMEs[J]. Small business economics, 2017, 48 (2): 345-360.

[87] CLARYSSE B, WRIGHT M, MUSTAR P. Behavioural additionality of R&D subsidies: a learning perspective[J]. Research policy, 2009, 38 (10): 1517-1533.

[88] CLAUSEN T H. Do subsidies have positive impacts on R&D and innovation activities at the firm level?[J]. Structural change and economic dynamics, 2009, 20 (4): 239-253.

[89] CLOUGHERTY J A, DUSO T, MUCK . Correcting for self-selection based endogeneity in management research: review, recommendations and simulations[J]. Organizational research methodsJ, 2015, 19 (2): 286-347.

[90] COHEN W M, LEVINTHAL D A. Innovation and learning: the two faces of R&D[J]. The economic journal, 1989, 99 (397): 569-596.

[91] COHEN W M, LEVINTHAL D A. Absorptive capacity: a new perspective on learning and innovation[J]. Administrative science quarterly, 1990, 35 (1): 128-152.

[92] COLANDER D. The death of neoclassical economics[J]. Journal of the history of economic

thought, 2000, 22（2）: 127-143.

[93] CUNNINGHAM P, GÖK A, LARÉDO P. The impact of direct support to R&D and innovation in firms[M]//EDLER J, CUNNINGHAM P, GÖK A, et al. Handbook of innovation policy impact. London: Edward Elgar Publishing, 2016: 505-542.

[94] CYERT R M, MARCH J G. A behavioral theory of the firm[R]. University of Illinois at Urbana-Champaign's Academy for Entrepreneurial Leadership Historical Research Reference in Entrepreneurship, 1963.

[95] CZARNITZKI D, DELANOTE J. Incorporating innovation subsidies in the CDM framework: empirical evidence from Belgium[J]. Economics of innovation and new technology, 2017, 26（1-2）: 78-92.

[96] CZARNITZKI D, EBERSBERGER B, FIER A. The relationship between R&D collaboration, subsidies and R&D performance: empirical evidence from Finland and Germany[J]. Journal of applied econometrics, 2007, 22（7）: 1347-1366.

[97] CZARNITZKI D, HANEL P, ROSA J M. Evaluating the impact of R&D tax credits on innovation: a microeconometric study on Canadian firms[J]. Research policy, 2011, 40(2): 217-229.

[98] CZARNITZKI D, HOTTENROTT H. Collaborative R&D as a strategy to attenuate financing constraints[R].ZEW-Centre for European Economic Research, 2012.

[99] CZARNITZKI D, HOTTENROTT H, THORWARTH S. Industrial research versus development investment: the implications of financial constraints[J]. Cambridge journal of economics, 2010, 35（3）: 527-544.

[100] CZARNITZKI D, HUSSINGER K. The link between R&D subsidies, R&D spending and technological performance[R].ZEW-Centre for European Economic Research, 2004.

[101] CZARNITZKI D, LICHT G. Additionality of public R&D grants in a transition economy.: the case of eastern Germany[J]. The economics of transition, 2006, 14（1）: 101-131.

[102] CZARNITZKI D, LOPES-BENTO C. Value for money? New microeconometric evidence on public R&D grants in Flanders[J]. Research policy, 2013, 42（1）: 76-89.

[103] CZARNITZKI D, THORWARTH S. Productivity effects of basic research in low-tech and high-tech industries[J]. Research policy, 2012, 41（9）: 1555-1564.

[104] DAI X, CHENG L. Public selection and research and development effort of manufacturing enterprises in China: state owned enterprises versus non-state-owned enterprises[J]. Innovation, 2015, 17（2）: 182-195.

[105] DAI X, CHENG L. The effect of public subsidies on corporate R&D investment: an application of the generalized propensity score[J]. Technological forecasting and social change, 2015, 90 (B): 410–419.

[106] DASGUPTA P. The welfare economics of knowledge production[J]. Oxford review of economic policy, 1988, 4 (4): 1–12.

[107] DASGUPTA P, STONEMAN P. Economic policy and technological performance[M]. Cambridge: Cambridge University Press, 2005.

[108] DAVID P A, HALL B H, TOOLE A A. Is public R&D a complement or substitute for private R&D? A review of the econometric evidence[J]. Research policy, 2000, 29 (4–5): 497–529.

[109] DEL GIUDICE M, SCUOTTO V, GARCIA-PEREZ A, et al. Shifting wealth II in Chinese economy. The effect of the horizontal technology spillover for SMEs for international growth[J]. Technological forecasting and social change, 2019, 145: 307–316.

[110] D'ESTE P, RENTOCCHINI F, VEGA-JURADO J. The role of human capital in lowering the barriers to engaging in innovation: evidence from the Spanish innovation survey[J]. Industry and innovation, 2014, 21 (1): 1–19.

[111] DIMOS C, FAI F M, TOMLINSON P R. The speed of the effects of publicly funded research on business R&D, innovation and innovation behaviour: evidence from UK firms[J]. British journal of management, forthcoming, 2024, 35 (3): 1468–1488.

[112] DIMOS C, PUGH G. The effectiveness of R&D subsidies: a meta-regression analysis of the evaluation literature[J]. Research policy, 2016, 45 (4): 797–815.

[113] DIXIT A. Power of incentives in private versus public organizations[J]. American economic review, 1997, 87 (2): 378–382.

[114] DOH S, KIM B. Government support for SME innovations in the regional industries: the case of government financial support program in south Korea[J]. Research policy, 2014, 43 (9): 1557–1569.

[115] DOSI G, NELSON R R. An introduction to evolutionary theories in economics[J]. Journal of evolutionary economics, 1994, 4 (3): 153–172.

[116] DYER J H, SINGH H. The relational view: cooperative strategy and sources of interorganizational competitive advantage[J]. Academy of management review, 1998, 23 (4): 660–679.

[117] EDQUIST C. Systems of innovation perspectives and challenges[M]//MOWERY D,

FAGERBERG J, NELSON R. Oxford handbook of innovation. Oxford: Oxford University Press, 2005: 181-208.

[118] ELLISON G, GLAESER E L, KERR W R. What causes industry agglomeration? Evidence from coagglomeration patterns[J]. American economic review, 2010, 100（3）: 1195-1213.

[119] ENSTHALER L, GIEBE T. A dynamic auction for multi-object procurement under a hard budget constraint[J]. Research policy, 2014, 43（1）: 179-189.

[120] FALK R. Measuring the effects of public support schemes on firms' innovation activities - survey evidence from Austria[J]. Research policy, 2007, 36（5）: 665-679.

[121] FELDMAN M P, AUDRETSCH D B. Innovation in cities: science-based diversity, specialization and localized competition[J]. European economic review, 1999, 43（2）: 409-429.

[122] FELDMAN M P, KELLEY M R. The ex-ante assessment of knowledge spillovers: government R&D policy, economic incentives and private firm behavior[J]. Research policy, 2006, 35（10）: 1509-1521.

[123] FLEMING L. Recombinant uncertainty in technological search[J]. Management science, 2001, 47（1）: 117-132.

[124] FLORIDA R, MELLANDER C, STOLARICK K. Inside the black box of regional development—human capital, the creative class and tolerance[J]. Journal of economic geography, 2008, 8（5）: 615-649.

[125] FLYNN D M. Sponsorship and the survival of new organizations[J]. Journal of small business management, 1993, 31（1）: 51.

[126] FRANCO C, GUSSONI M. The role of firm and national level factors in fostering R&D cooperation: a cross country comparison[J]. The journal of technology transfer, 2014, 39（6）: 945-976.

[127] FRITSCH M, MEDRANO ECHALAR L F. New technology in the region - agglomeration and absorptive capacity effects on laser technology research in west Germany, 1960-2005[J]. Economics of innovation and new technology: productivity, networks and knowledge flows, 2015, 24（1-2）: 65-94.

[128] FURMAN J L, PORTER M E, STERN S. The determinants of national innovative capacity[J]. Research policy, 2002, 31（6）: 899-933.

[129] GANS J S, HSU D H, STERN S. The impact of uncertain intellectual property rights on

the market for ideas: evidence from patent grant delays[J]. Management science, 2008, 54(5): 982-997.

[130] GAO P. Government in the catching-up of technology innovation: case of administrative intervention in China[J]. Technological forecasting and social change, 2015, 96: 4-14.

[131] GAO Y, HU Y. The upgrade to hybrid incubators in China: a case study of Tuspark incubator[J]. Journal of science and technology policy management, 2017, 8(3): 331-351.

[132] GAO Y, HU Y, LIU X, et al. Can public R&D subsidy facilitate firms' exploratory innovation? The heterogeneous effects between central and local subsidy programs[J]. Research policy, 2021, 50: 104221.

[133] GAO Y, ZHANG S, HU Y. The effects of public R&D subsidized loans on firms' R&D outputs: evidence from China[J]. Journal of business economics and management, 2021, 22(6): 1655-1678.

[134] GAO Y, ZHANG S, LIU X. Too much of a good thing: the dual effect of R&D subsidy on firms' exploratory innovation[J]. IEEE transactions on engineering management, 2023, 70(4): 1639-1651.

[135] GARCIA-QUEVEDO J. Do public subsidies complement business R&D? A meta-analysis of the econometric evidence[J]. KYKLOS, 2004, 57(1): 87-102.

[136] GEELS F W, SCHOT J. Typology of sociotechnical transition pathways[J]. Research policy, 2007, 36(3): 399-417.

[137] GEORGE G, ZAHRA S A, WOOD D R. The effects of business-university alliances on innovative output and financial performance: a study of publicly traded biotechnology companies[J]. Journal of business venturing, 2002, 17(6): 577-609.

[138] GEORGHIOU L. Impact and additionality of innovation policy[R]. Brussels: IWT-Observatory, 2002.

[139] GEORGHIOU L, CLARYSSE B. Introduction and synthesis[M]//OECD. Government R&D funding and company behaviour. Measuring behavioural additionality. Paris: OECD publishing, 2006: 9-38.

[140] GEORGHIOU L, CLARYSSE B, STEURS G. 'Making the difference': the evaluation of 'behavioural additionality' of R&D subsidies[R]. Brussels: IWT-Observatory, Agency for Innovation by Science and Technology, 2004.

[141] GEORGHIOU L, LAREDO P. Evaluation of publicly funded research: recent trends and

perspectives[M]//OECD. OECD science, technology and industry outlook. Paris: OECD Publishing, 2006.

[142] GILSING V, NOOTEBOOM B, VANHAVERBEKE W, et al. Network embeddedness and the exploration of novel technologies: technological distance, betweenness centrality and density[J]. Research policy, 2008, 37 (10): 1717-1731.

[143] GIMENEZ-FERNANDEZ E M, SANDULLI F D, BOGERS M. Unpacking liabilities of newness and smallness in innovative start-ups: investigating the differences in innovation performance between new and older small firms[J]. Research policy, 2020, 49 (10): 104049.

[144] GLAESER E L, KALLAL H D, SCHEINKMAN J A, et al. Growth in cities[J]. Journal of political economy, 1992, 100 (6): 1126-1152.

[145] GNYAWALI D R, PARK B R. Co-opetition and technological innovation in small and medium-sized enterprises: a multilevel conceptual model[J]. Journal of small business management, 2009, 47 (3): 308-330.

[146] GÖK A, EDLER J. The use of behavioural additionality evaluation in innovation policy making[J]. Research evaluation, 2012, 21 (4): 306-318.

[147] GONZALEZ X, JAUMANDREU J, PAZO C. Barriers to innovation and subsidy effectiveness[J]. RAND journal of economics, 2005, 36 (4): 930-950.

[148] GONZALEZ X, PAZO C. Do public subsidies stimulate private R&D spending?[J]. Research policy, 2008, 37 (3): 371-389.

[149] GÖRG H, STROBL E. The effect of R&D subsidies on private R&D[J]. Economica, 2007, 74 (294): 215-234.

[150] GRANT R M. Toward a knowledge-based theory of the firm[J]. Strategic management journal, 1996, 17 (S2): 109-122.

[151] GRAU T, HUO M, NEUHOFF K. Survey of photovoltaic industry and policy in Germany and China[J]. Energy policy, 2012, 51: 20-37.

[152] GRECO M, GRIMALDI M, CRICELLI L. Hitting the nail on the head: exploring the relationship between public subsidies and open innovation efficiency[J]. Technological forecasting and social change, 2017, 118: 213-225.

[153] GRILICHES Z. Patent statistics as economic indicators: a survey[J]. Journal of economic literature, 1990, 28 (4): 1661-1707.

[154] GRILICHES Z. Productivity, R&D, and the data constraint[J]. American economic

review, 1994, 84（1）: 1-23.

[155] GRILICHES Z. Issues in assessing the contribution of research and development to productivity growth[J]. The Bell journal of economics, 1998, 10（1）: 92-116.

[156] GRIMPE C, HUSSINGER K. Formal and informal knowledge and technology transfer from academia to industry: complementarity effects and innovation performance[J]. Industry and innovation, 2013, 20（8）: 683-700.

[157] GROSSMAN G M, HELPMAN E. Endogenous innovation in the theory of growth[J]. The journal of economic perspectives, 1994, 8（1）: 23-44.

[158] GUAN J, LIU N. Exploitative and exploratory innovations in knowledge network and collaboration network: a patent analysis in the technological field of nano-energy[J]. Research policy, 2016, 45（1）: 97-112.

[159] GUAN J, YAM R C M. Effects of government financial incentives on firms' innovation performance in China: evidences from Beijing in the 1990s[J]. Research policy, 2015, 44（1）: 273-282.

[160] GUARIGLIA A, LIU P. To what extent do financing constraints affect Chinese firms' innovation activities?[J]. International review of financial analysis, 2014, 36（C）: 223-240.

[161] GUELLEC D, VAN POTTELSBERGHE DE LA POTTERIE B. The impact of public R&D expenditure on business R&D[J]. Economics of innovation and new technology, 2003, 12（3）: 225-243.

[162] GUISADO-GONZÁLEZ M, FERRO-SOTO C, GUISADO-TATO M. Assessing the influence of differentiation strategy and R&D subsidies on R&D cooperation[J]. Technology analysis & strategic management, 2016, 28（7）: 857-868.

[163] GUO D, GUO Y, JIANG K. Government-subsidized R&D and firm innovation: evidence from China[J]. Research policy, 2016, 45（6）: 1129-1144.

[164] GUO D, GUO Y, JIANG K. Government R&D support and firms' access to external financing: funding effects, certification effects, or both?[J]. Technovation, 2022, 115: 102469.

[165] GUO S, FRASER M W. Propensity score analysis: statistical methods and applications[M]. Thousand Oaks: SAGE publications, 2014.

[166] GUSTAFSSON A, STEPHAN A, HALLMAN A, et al. The "sugar rush" from innovation subsidies: a robust political economy perspective[J]. Empirica, 2016, 43（4）: 729-756.

[167] HAANS R F J, PIETERS C, HE Z. Thinking about u: theorizing and testing u-and inverted u-shaped relationships in strategy research[J]. Strategic management journal, 2016, 37 (7): 1177-1195.

[168] HALL B H. The assessment: technology policy[J]. Oxford review of economic policy, 2002, 18 (1): 1-9.

[169] HALL B H. The financing of research and development[J]. Oxford review of economic policy, 2002, 18 (1): 35-51.

[170] HALL B H, LERNER J. The financing of R&D and innovation[M]//HALL B H, ROSENBERG N. Handbook of the economics of innovation. Amsterdam: North-Holland, 2010: 609-639.

[171] HALL B H, LOTTI F, MAIRESSE J. Innovation and productivity in SMEs: empirical evidence for Italy[J]. Small business economics, 2009, 33 (1): 13-33.

[172] HALL B, VAN REENEN J. How effective are fiscal incentives for R&D? A review of the evidence[J]. Research policy, 2000, 29 (4-5): 449-469.

[173] HALL R. The strategic analysis of intangible resources[J]. Strategic management journal, 1992, 13 (2): 135-144.

[174] HALL R, ANDRIANI P. Managing knowledge associated with innovation[J]. Journal of business research, 2003, 56 (2): 145-152.

[175] HARGADON A. How breakthroughs happen: the surprising truth about how companies innovate[M]. Boston, Massachusetts: Harvard Business Press, 2003.

[176] HARGADON A, SUTTON R I. Technology brokering and innovation in a product development firm[J]. Administrative science quarterly, 1997, 42 (4): 716-749.

[177] HE C, ZHU S. Industrial agglomeration and labour productivity in transition: an empirical study of Chinese manufacturing industries[J]. Post-communist economies, 2009, 21 (1): 103-115.

[178] HEIJS J. Identification of firms supported by technology policies: the case of Spanish low interest credits[J]. Science and public policy, 2005, 32 (3): 219-230.

[179] HERRERA L, NIETO M. The determinants of firms' PhD recruitment to undertake R&D activities[J]. European management journal, 2015, 33 (2): 132-142.

[180] HERRERA L, SÁNCHEZ-GONZÁLEZ G. Firm size and innovation policy[J]. International small business journal: researching entrepreneurship, 2013, 31 (2): 137-155.

[181] HEWITT-DUNDAS N, ROPER S. Output additionality of public support for innovation: evidence for Irish manufacturing plants[J]. European planning studies, 2010, 18（1）: 107-122.

[182] HITT M A, AHLSTROM D, DACIN M T, et al. The institutional effects on strategic alliance partner selection in transition economies: China vs. Russia[J]. Organization science, 2004, 15（2）: 173-185.

[183] HITT M A, HOSKISSON R E, JOHNSON R A, et al. The market for corporate control and firm innovation[J]. Academy of management journal, 1996, 39（5）: 1084-1119.

[184] HONG J, FENG B, WU Y, et al. Do government grants promote innovation efficiency in China's high-tech industries?[J]. Technovation, 2016, 57-58（SI）: 4-13.

[185] HOTTENROTT H, LOPES-BENTO C.（International）R&D collaboration and SMEs: the effectiveness of targeted public R&D support schemes[J]. Research policy, 2014, 43（6）: 1055-1066.

[186] HOTTENROTT H, RICHSTEIN R. Start-up subsidies: does the policy instrument matter?[J]. Research policy, 2020, 49（1）: 103888.

[187] HSU D H, ZIEDONIS R H. Resources as dual sources of advantage: implications for valuing entrepreneurial-firm patents[J]. Strategic management journal, 2013, 34（7）: 761-781.

[188] HSU F, HSUEH C. Measuring relative efficiency of government-sponsored R&D projects: a three-stage approach[J]. Evaluation and program planning, 2009, 32（2）: 178-186.

[189] HUBER G P. Organizational learning: the contributing processes and the literatures[J]. Organization science, 1991, 2（1）: 88-115.

[190] HUD M, HUSSINGER K. The impact of R&D subsidies during the crisis[J]. Research policy, 2015, 44（10）: 1844-1855.

[191] HUERGO E, MORENO L. Subsidies or loans? Evaluating the impact of R&D support programmes[J]. Research policy, 2017, 46（7）: 1198-1214.

[192] HUERGO E, TRENADO M. The application for and the awarding of low-interest credits to finance R&D projects[J]. Review of industrial organization, 2010, 37（3）: 237-259.

[193] HUERGO E, TRENADO M, UBIERNA A. The impact of public support on firm propensity to engage in R&D: Spanish experience[J]. Technological forecasting and social change, 2016, 113（B）: 206-219.

[194] HUSSINGER K. R&D and subsidies at the firm level: an application of parametric and

semiparametric two-step selection models[J]. Journal of applied econometrics, 2008, 23 (6): 729-747.

[195] HYYTINEN A, TOIVANEN O. Do financial. Constraints hold back innovation and growth? Evidence on the role of public policy[J]. Research policy, 2005, 34 (9): 1385-1403.

[196] IMAI K, VAN DYK D A. Causal inference with general treatment regimes[J]. Journal of the American Statistical Association, 2004, 99 (467): 854-866.

[197] IMBENS G. The role of the propensity score in estimating dose-response functions[J]. Biometrika, 2000, 87 (3): 706-710.

[198] JAFFE A B, TRAJTENBERG M. Flows of knowledge from universities and federal laboratories: modeling the flow of patent citations over time and across institutional and geographic boundaries[J]. Proceedings of the national academy of sciences, 1996, 93(23): 12671-12677.

[199] JANSEN J J, VAN DEN BOSCH F A, VOLBERDA H W. Exploratory innovation, exploitative innovation, and performance: effects of organizational antecedents and environmental moderators[J]. Management science, 2006, 52 (11): 1661-1674.

[200] JIA N, HUANG K G, ZHANG C M. Public governance, corporate governance, and firm innovation: an examination of state-owned enterprises[J]. Academy of management journal, 2019, 62 (1): 220-247.

[201] JIANG F, GUO H, WEI Z, et al. The fit between managerial ties and resource bundling capabilities: implications for performance in manufacturing firms[J]. IEEE transactions on engineering management, 2018, 65 (2): 216-226.

[202] JIANG G G, WANG D, CHEN J. Market analysis and policy design of led industry in Jiangsu province[J]. Advanced materials research, 2012, 512-515: 2705-2708.

[203] JIAO H, ZHOU J, GAO T, et al. The more interactions the better? The moderating effect of the interaction between local producers and users of knowledge on the relationship between R&D investment and regional innovation systems[J]. Technological forecasting and social change, 2016, 110: 13-20.

[204] JONES J, CORRAL DE ZUBIELQUI G. Doing well by doing good: a study of university-industry interactions, innovationess and firm performance in sustainability-oriented Australian SMEs[J]. Technological forecasting and social change, 2017, 123: 262-270.

[205] JOURDAN J, KIVLENIECE I. Too much of a good thing? The dual effect of public sponsorship on organizational performance[J]. Academy of management journal, 2017, 60

(1): 55-77.

[206] KALE P, SINGH H, PERLMUTTER H. Learning and protection of proprietary assets in strategic alliances: building relational capital[J]. Strategic management journal, 2000, 21 (3): 217-237.

[207] KANG K, PARK H. Influence of government R&D support and inter-firm collaborations on innovation in Korean biotechnology SMEs[J]. Technovation, 2012, 32 (1): 68-78.

[208] KARNANI F. The university's unknown knowledge: tacit knowledge, technology transfer and university spin-offs findings from an empirical study based on the theory of knowledge[J]. The journal of technology transfer, 2013, 38 (3): 235-250.

[209] KASH D E, RYCROFT R. Emerging patterns of complex technological innovation[J]. Technological forecasting and social change, 2002, 69 (6): 581-606.

[210] KIM B K, PARK S K. The role of partner communication on cooperative R&D between SMEs and public research institutes in Korea[J]. Asian journal of technology innovation, 2015, 23 (3): 366-382.

[211] KLEER R. Government R&D subsidies as a signal for private investors[J]. Research policy, 2010, 39 (10): 1361-1374.

[212] KLETTE T J, MOEN J, GRILICHES Z. Do subsidies to commercial R&D reduce market failures? Microeconometric evaluation studies[J]. Research policy, 2000, 29 (4-5): 471-495.

[213] KLINE S J, ROSENBERG N. An overview of innovation[M]//LANDAU R, ROSENBERG N. The positive sum strategy: harnessing technology for economic growth. Washington, D.C.: National Academy of Sciences Press, 1986.

[214] KNOCKAERT M, SPITHOVEN A, CLARYSSE B. The impact of technology intermediaries on firm cognitive capacity additionality[J]. Technological forecasting and social change, 2014, 81: 376-387.

[215] KOBAYASHI Y. Effect of R&D tax credits for SMEs in Japan: a microeconometric analysis focused on liquidity constraints[J]. Small business economics, 2014, 42 (2): 311-327.

[216] KODAMA T. The role of intermediation and absorptive capacity in facilitating university-industry linkages—an empirical study of TAMA in Japan[J]. Research policy, 2008, 37(8): 1224-1240.

[217] KOGA T. R&D subsidy and self-financed R&D: the case of Japanese high-technology start-ups[J]. Small business economics, 2005, 24 (1): 53-62.

[218] KOTABE M, JIANG C X, MURRAY J Y. Managerial ties, knowledge acquisition, realized absorptive capacity and new product market performance of emerging multinational companies: a case of China[J]. Journal of world business, 2011, 46（2）: 166-176.

[219] LACH S. Patents and productivity growth at the industry level: a first look[J]. Economics letters, 1995, 49（1）: 101-108.

[220] LACH S. Do R&D subsidies stimulate or displace private R&D? Evidence from Israel[J]. The journal of industrial economics, 2002, 50（4）: 369-390.

[221] LARÉDO P, KÖHLER C, RAMMER C. The impact of fiscal incentives for R&D[M]// EDLER J, CUNNINGHAM P, GÖK A, et al. Handbook of innovation policy impact. Cheltenham and Northampton: Edward Elgar, 2016: 18-53.

[222] LAVIE D, DRORI I. Collaborating for knowledge creation and application: the case of nanotechnology research programs[J]. Organization science, 2012, 23（3）: 704-724.

[223] LAZZARINI S G. Strategizing by the government: can industrial policy create firm-level competitive advantage?[J]. Strategic management journal, 2015, 36（1）: 97-112.

[224] LECLUYSE L, KNOCKAERT M, SPITHOVEN A. The contribution of science parks: a literature review and future research agenda[J]. The journal of technology transfer, 2019, 44（2）: 559-595.

[225] LEE B K, SOHN S Y. Disparities in exploitative and exploratory patenting performance across regions: focusing on the roles of agglomeration externalities[J]. Papers in regional science, 2019, 98（1）: 241-263.

[226] LEE E Y, CIN B C. The effect of risk-sharing government subsidy on corporate R&D investment: empirical evidence from Korea[J]. Technological forecasting and social change, 2010, 77（6）: 881-890.

[227] LEE K, MALERBA F. Catch-up cycles and changes in industrial leadership: windows of opportunity and responses of firms and countries in the evolution of sectoral systems[J]. Research policy, 2017, 46（2）: 338-351.

[228] LEI D, HITT M A, BETTIS R. Dynamic core competences through meta-learning and strategic context[J]. Journal of management, 1996, 22（4）: 549-569.

[229] LEONARD BARTON D. Core capabilities and core rigidities: a paradox in managing new product development[J]. Strategic management journal, 1992, 13（1）: 111-125.

[230] LERNER J. The government as venture capitalist: the long-run impact of the SBIR program[J]. Journal of business, 1999, 72（3）: 285-318.

[231] LEVINTHAL D A, MARCH J G. The myopia of learning[J]. Strategic management journal, 1993, 14（S2）: 95-112.

[232] LEVITT B, MARCH J G. Organizational learning[J]. Annual review of sociology, 1988, 14（1）: 319-338.

[233] LI J, XIA J, ZAJAC E J. On the duality of political and economic stakeholder influence on firm innovation performance: theory and evidence from Chinese firms[J]. Strategic management journal, 2018, 39（1）: 193-216.

[234] LI X. China's regional innovation capacity in transition: an empirical approach[J]. Research policy, 2009, 38（2）: 338-357.

[235] LI X. Behind the recent surge of Chinese patenting: an institutional view[J]. Research policy, 2012, 41（1）: 236-249.

[236] LIANG L H. Analysis the new pattern of solar PV industry development in China and the enlightenment from Germany[C]//2014 IEEE 9th Conference on Industrial Electronics and Applications（ICIEA）, Hangzhou, China, 2014.

[237] LINK A N, SCOTT J T. Public R&D subsidies, outside private support, and employment growth[J]. Economics of innovation and new technology, 2013, 22（6）: 537-550.

[238] LIPSEY R G, CARLAW K. Technology policies in neo-classical and structuralist-evolutionary models[J]. STI review, 1998, 22: 31-73.

[239] LIU D, CHEN T, LIU X, et al. Do more subsidies promote greater innovation? Evidence from the Chinese electronic manufacturing industry[J]. Economic modelling, 2019, 80: 441-452.

[240] LIU F, SIMON D F, SUN Y, et al. China's innovation policies: evolution, institutional structure, and trajectory[J]. Research policy, 2011, 40（7）: 917-931.

[241] LIU X, GAO T, WANG X. Jiangsu: from traditional industry to high-tech industry - the role of tve and FDI[M]//LIU X, GAO T, WANG X. Regional innovation index of China: 2017. Berlin: Springer, 2018: 91-109.

[242] LIU X, LI X, LI H. R&D subsidies and business R&D: evidence from high-tech manufacturing firms in Jiangsu[J]. China economic review, 2016, 41: 1-22.

[243] LIU X, SCHWAAG SERGER S, TAGSCHERER U, et al. Beyond catch-up—can a new innovation policy help China overcome the middle income trap?[J]. Science and public policy, 2017, 44（5）: 656-669.

[244] LIU X, WHITE S. Comparing innovation systems: a framework and application to China's

transitional context[J]. Research policy, 2001, 30 (7): 1091-1114.

[245] LUNDVALL B. National innovation system: towards a theory of innovation and interactive learning[M]. London: Pinter Publishers, 1992.

[246] LUNDVALL B. Higher education, innovation and economic development[M]//LIN J Y, PLESKOVIC B. Annual World Bank Conference on Development Economics 2008, Regional: Higher Education and Development. Chicago, IL: World Bank Publications, 2008: 201-228.

[247] LUO Y. Industrial dynamics and managerial networking in an emerging market: the case of China[J]. Strategic management journal, 2003, 24 (13): 1315-1327.

[248] LYU L, WU W, HU H, et al. An evolving regional innovation network: collaboration among industry, university, and research institution in China's first technology hub[J]. The journal of technology transfer, 2019, 44 (3): 659-680.

[249] MADHAVAN R, GROVER R. From embedded knowledge to embodied knowledge: new product development as knowledge management[J]. The journal of marketing, 1998, 62(4): 1-12.

[250] MADSEN E L, CLAUSEN T H, LJUNGGREN E. Input, output and behavioural additionality: concepts and relationships[C]//25th Celebration DRUID Conference 2008, Copenhagen, Denmark, 2008.

[251] MALERBA F. Increase learning, break knowledge lock-ins and foster dynamic complementarities: evolutionary and system perspectives on technology policy in industrial dynamics[M]//FORAY D. The new economics of technology policy. Cheltenham: Edward Elgar, 2009: 33-45.

[252] MANSO G. Motivating innovation[J]. The journal of finance, 2011, 66 (5): 1823-1860.

[253] MARCH J G. Exploration and exploitation in organizational learning[J]. Organization science, 1991, 2 (1): 71-87.

[254] MARINO M, LHUILLERY S, PARROTTA P, et al. Additionality or crowding-out? An overall evaluation of public R&D subsidy on private R&D expenditure[J]. Research policy, 2016, 45 (9): 1715-1730.

[255] MARQUES P, MORGAN K, HEALY A, et al. Spaces of novelty: can universities play a catalytic role in less developed regions?[J]. Science and public policy, 2019, 46 (5): 763-771.

[256] MARTIN R, SUNLEY P. Path dependence and regional economic evolution[J]. Journal of

economic geography, 2006, 6 (4): 395-437.

[257] MARTIN S, SCOTT J T. The nature of innovation market failure and the design of public support for private innovation[J]. Research policy, 2000, 29 (4-5): 437-447.

[258] MARZUCCHI A, ANTONIOLI D, MONTRESOR S. Industry-research co-operation within and across regional boundaries. What does innovation policy add?[J]. Papers in regional science, 2015, 94 (3): 499-524.

[259] MATUSIK S F, HILL C W. The utilization of contingent work, knowledge creation, and competitive advantage[J]. Academy of management review, 1998, 23 (4): 680-697.

[260] MAZZUCATO M. From market fixing to market-creating: a new framework for innovation policy[J]. Industry and innovation, 2016, 23 (2): 140-156.

[261] MCCAFFREY D F, GRIFFIN B A, ALMIRALL D, et al. A tutorial on propensity score estimation for multiple treatments using generalized boosted models[J]. Statistics in medicine, 2013, 32 (19): 3388-3414.

[262] MCDERMOTT G A, KRUSE G. Public-private institutions as catalysts of upgrading in emerging market societies[J]. Academy of management journal, 2009, 52 (6): 1270-1296.

[263] MEHRALIAN G, NAZARI J A, GHASEMZADEH P. The effects of knowledge creation process on organizational performance using the BSC approach: the mediating role of intellectual capital[J]. Journal of knowledge management, 2018, 22 (4): 802-823.

[264] METCALFE J S. Systems failure and the case for innovation policy[M]//MATT M, LLERENA P, AVADIKYAN A. Innovation policy in a knowledge-based economy: theory and practice. Hidelberg: Springer, 2005: 47-74.

[265] METCALFE J S, GEORGHIOU L. Equilibrium and evolutionary foundations of technology policy[M]. Manchester: Centre for Research on Innovation and Competition, University of Manchester, 1997.

[266] METCALFE S. The economic foundations of technology policy[M]//STONEMAN P. Handbook of the economics of innovation and technological change. Hoboken, New Jersey: Blackwell Publishers, 1995: 409-512.

[267] MEULEMAN M, DE MAESENEIRE W. Do R&D subsidies affect SMEs' access to external financing?[J]. Research policy, 2012, 41 (3): 580-591.

[268] MITCHELL W. Whether and when? Probability and timing of incumbents' entry into emerging industrial subfields[J]. Administrative science quarterly, 1989, 34 (2): 208-

230.

[269] MOTOHASHI K. Assessment of technological capability in science industry linkage in China by patent database[J]. World patent information, 2008, 30（3）: 225-232.

[270] MOTOHASHI K. The role of the science park in innovation performance of start-up firms: an empirical analysis of Tsinghua science park in Beijing[J]. Asia pacific business review, 2013, 19（4）: 578-599.

[271] MUSCIO A. The impact of absorptive capacity on SMEs' collaboration[J]. Economics of innovation and new technology, 2007, 16（8）: 653-668.

[272] NAHM J. Exploiting the implementation gap: policy divergence and industrial upgrading in China's wind and solar sectors[J]. The China quarterly, 2017, 231: 705-727.

[273] NEE V. Organizational dynamics of market transition: hybrid forms, property rights, and mixed economy in China[J]. Administrative science quarterly, 1992, 37（1）: 1-27.

[274] NELSON R R. The simple economics of basic scientific research[J]. Journal of political economy, 1959, 67（3）: 297-306.

[275] NELSON R R. National systems of innovation: a comparative study[M]. Oxford: Oxford University Press, 1993.

[276] NELSON R R, WINTER S G. An evolutionary theory of economic change[M]. Cambridge: Harvard University Press, 1982.

[277] NERKAR A. Old is gold? The value of temporal exploration in the creation of new knowledge[J]. Management science, 2003, 49（2）: 211-229.

[278] NGUYEN M, RUNDLE-THIELE S, MALIK A, et al. Impact of technology-based knowledge sharing on employee outcomes: moderation effects of training, support and leadership[J]. Journal of knowledge management, 2023, 27（8）: 2283-2301.

[279] NING L, GUO R, CHEN K. R&D subsidies, novelty of firm innovation and industrial technological complexity: the knowledge recombinant view[J]. R&D management, 2022, 52（5）: 820-837.

[280] NONAKA I. The knowledge-creating company[J]. Harvard business review, 2007, 85（7-8）: 162-171.

[281] NONAKA I, TAKEUCHI H. The knowledge-creating company: how Japanese companies create the dynamics of innovation[M]. Oxford: Oxford University Press, 1995.

[282] NONAKA I, TOYAMA R. The knowledge-creating theory revisited: knowledge creation as a synthesizing process[J]. Knowledge management research & practice, 2003, 1（1）:

2-10.

[283] NONAKA I, TOYAMA R, KONNO N. SECI, BA and leadership: a unified model of dynamic knowledge creation[J]. Long range planning, 2000, 33 (1): 5-34.

[284] OECD. OECD reviews of innovation policy: China[R]. Paris: OECD Publishing, 2008.

[285] OEZCELIK E, TAYMAZ E. R&D support programs in developing countries: the Turkish experience[J]. Research policy, 2008, 37 (2): 258-275.

[286] OKAMURO H, NISHIMURA J. Not just financial support? Another role of public subsidy in university-industry research collaborations[J]. Economics of innovation and new technology, 2015, 24 (7): 633-659.

[287] OZER M, ZHANG W. The effects of geographic and network ties on exploitative and exploratory product innovation[J]. Strategic management journal, 2015, 36 (7): 1105-1114.

[288] PEREZ-SEBASTIAN F. Market failure, government inefficiency, and optimal R&D policy[J]. Economics letters, 2015, 128: 43-47.

[289] PHELPS C C. A longitudinal study of the influence of alliance network structure and composition on firm exploratory innovation[J]. Academy of management journal, 2010, 53 (4): 890-913.

[290] PLANK J, DOBLINGER C. The firm-level innovation impact of public R&D funding: evidence from the German renewable energy sector[J]. Energy policy, 2018, 113: 430-438.

[291] POWELL W W, KOPUT K W, SMITH-DOERR L. Interorganizational collaboration and the locus of innovation: networks of learning in biotechnology[J]. Administrative science quarterly, 1996, 41 (1): 116-145.

[292] PRIME P B. Industry's response to market liberalization in China: evidence from Jiangsu province[J]. Economic development and cultural change, 1992, 41 (1): 27-50.

[293] QIAN Y, WEINGAST B R. Federalism as a commitment to reserving market incentives[J]. Journal of economic perspectives, 1997, 11 (4): 83-92.

[294] QIU S, LIU X, GAO T. Do emerging countries prefer local knowledge or distant knowledge? Spillover effect of university collaborations on local firms[J]. Research policy, 2017, 46 (7): 1299-1311.

[295] RADAS S, ANIT I, TAFRO A, et al. The effects of public support schemes on small and medium enterprises[J]. Technovation, 2015, 38: 15-30.

[296] RANGAN S, SAMII R, VAN WASSENHOVE L N. Constructive partnerships: when alliances between private firms and public actors can enable creative strategies[J]. Academy of management review, 2006, 31 (3): 738-751.

[297] REUS B, MOSER C, GROENEWEGEN P. Knowledge sharing quality on an enterprise social network: social capital and the moderating effect of being a broker[J]. Journal of knowledge management, 2023, 27 (11): 187-204.

[298] RODAN S, GALUNIC C. More than network structure: how knowledge heterogeneity influences managerial performance and innovativeness[J]. Strategic management journal, 2004, 25 (6): 541-562.

[299] ROMER P M. Increasing returns and long-run growth[J]. Journal of political economy, 1986, 94 (5): 1002-1037.

[300] ROMER P M. Endogenous technological change[J]. Journal of political economy, 1990, 98 (5, Part 2): S71-S102.

[301] ROPER S, HEWITT-DUNDAS N. The legacy of public subsidies for innovation: input, output and behavioural additionality effects[R]. Enterprise Research Centre, 2014.

[302] SABHERWAL R, SABHERWAL S. How do knowledge management announcements affect firm value? A study of firms pursuing different business strategies[J]. IEEE transactions on engineering management, 2007, 54 (3): 409-422.

[303] SCHULZE A, HOEGL M. Organizational knowledge creation and the generation of new product ideas: a behavioral approach[J]. Research policy, 2008, 37 (10): 1742-1750.

[304] SEGARRA-BLASCO A, ARAUZO-CAROD J. Sources of innovation and industry - university interaction: evidence from Spanish firms[J]. Research policy, 2008, 37 (8): 1283-1295.

[305] SERGER S S, BREIDNE M. China's fifteen-year plan for science and technology: an assessment[J]. Asia policy, 2007, 4 (1): 135-164.

[306] SMITH K. Innovation as a systemic phenomenon: rethinking the role of policy[J]. Enterprise and innovation management studies, 2000, 1 (1): 73-102.

[307] SODERBLOM A, SAMUELSSON M, WIKLUND J, et al. Inside the black box of outcome additionality: effects of early-stage government subsidies on resource accumulation and new venture performance[J]. Research policy, 2015, 44 (8): 1501-1512.

[308] STIGLITZ J E. Economics of the public sector[M]. New York: WW Norton, 1988.

[309] STIGLITZ J E, WALLSTEN S J. Public-private technology partnerships promises and

pitfalls[J]. American behavioral scientist, 1999, 43（1）: 52-73.

[310] STUART T, WANG Y. Who cooks the books in China, and does it pay? Evidence from private, high-technology firms[J]. Strategic management journal, 2016, 37（13）: 2658-2676.

[311] SUGHEIR J, PHAN P H, HASAN I. Diversification and innovation revisited: an absorptive capacity view of technological knowledge creation[J]. IEEE transactions on engineering management, 2012, 59（4）: 530-539.

[312] SUNG B. Do government subsidies promote firm-level innovation? Evidence from the Korean renewable energy technology industry[J]. Energy policy, 2019, 132: 1333-1344.

[313] TAKALO T, TANAYAMA T. Adverse selection and financing of innovation: is there a need for R&D subsidies?[J]. The journal of technology transfer, 2010, 35（1）: 16-41.

[314] TAN J. Growth of industry clusters and innovation: lessons from Beijing Zhongguancun science park[J]. Journal of business venturing, 2006, 21（6）: 827-850.

[315] TANG Y, HU X, PETTI C, et al. Institutional incentives and pressures in Chinese manufacturing firms' innovation[J]. Management decision, 2019, 58（5）: 812-827.

[316] TEACHMAN J D. Analysis of population diversity: measures of qualitative variation[J]. Sociological methods & research, 1980, 8（3）: 341-362.

[317] TOOLE A A, TURVEY C. How does initial public financing influence private incentives for follow-on investment in early-stage technologies?[J]. The journal of technology transfer, 2009, 34（1）: 43-58.

[318] TURBAN D B, CABLE D M. Firm reputation and applicant pool characteristics[J]. Journal of organizational behavior, 2003, 24（6）: 733-751.

[319] VERKASOLO M, LAPPALAINEN P. A method of measuring the efficiency of the knowledge utilization process[J]. IEEE transactions on engineering management, 1998, 45（4）: 414-423.

[320] VERONA G. A resource-based view of product development[J]. Academy of management review, 1999, 24（1）: 132-142.

[321] WALDER A G. Local governments as industrial firms: an organizational analysis of China's transitional economy[J]. American journal of sociology, 1995, 101（2）: 263-301.

[322] WALLSTEN S J. The effects of government-industry R&D programs on private R&D: the case of the small business innovation research program[J]. RAND journal of economics, 2000, 13（1）: 82-100.

[323] WANG F, CHEN J, WANG Y, et al. The effect of R&D novelty and openness decision on firms' catch-up performance: empirical evidence from China[J]. Technovation, 2014, 34 (1): 21-30.

[324] WANG Y, LI J, FURMAN J L. Firm performance and state innovation funding: evidence from China's Innofund program[J]. Research policy, 2017, 46 (6): 1142-1161.

[325] WANG Y, NING L, LI J, et al. Foreign direct investment spillovers and the geography of innovation in Chinese regions: the role of regional industrial specialization and diversity[J]. Regional studies, 2016, 50: 805-822.

[326] WANZENBOECK I, SCHERNGELL T, FISCHER M M. How do firm characteristics affect behavioural additionalities of public R&D subsidies? Evidence for the Austrian transport sector[J]. Technovation, 2013, 33 (2-3): 66-77.

[327] WEI J, ZUO Y. The certification effect of R&D subsidies from the central and local governments: evidence from China[J]. R&D management, 2018, 48 (5): 615-626.

[328] WERNERFELT B. A resource-based view of the firm[J]. Strategic management journal, 1984, 5 (2): 171-180.

[329] WILLIAMS T. How do organizations learn lessons from projects—and do they?[J]. IEEE transactions on engineering management, 2008, 55 (2): 248-266.

[330] WILLIAMSON I O, CABLE D M, ALDRICH H E. Smaller but not necessarily weaker: how small businesses can overcome barriers to recruitment[M]//KATZ J A, WELBOURNE T M. Managing people in entrepreneurial organizations. New Bechi: Emerald Group Publishing Limited, 2002: 83-106.

[331] WOLFF M F. Federal innovation policy can help - and hurt - economy, economists say[J]. Research-technology management, 2002, 45 (4): 2-8.

[332] WOOLTHUIS K R, LANKHUIZEN M, GILSING V. A system failure framework for innovation policy design[J]. Technovation, 2005, 25 (6): 609-619.

[333] WRIGHT M, LIU X, BUCK T, et al. Returnee entrepreneurs, science park location choice and performance: an analysis of high-technology SMEs in China[J]. Entrepreneurship theory and practice, 2008, 32 (1): 131-155.

[334] WU A. The signal effect of government R&D subsidies in China: does ownership matter?[J]. Technological forecasting and social change, 2017, 117: 339-345.

[335] WU W, ZHOU Y. The third mission stalled? Universities in China's technological progress[J]. The journal of technology transfer, 2012, 37 (6): 812-827.

[336] XIE K, SONG Y, ZHANG W, et al. Technological entrepreneurship in science parks: a case study of Wuhan Donghu high-tech zone[J]. Technological forecasting and social change, 2018, 135: 156-168.

[337] XIN F, ZHANG J, CHEN Z, et al. Do the types of subsidies and firms' heterogeneity affect the effectiveness of public R&D subsidies? Evidence from China's Innofund programme[J]. Asian journal of technology innovation, 2016, 24 (3): 317-337.

[338] XIONG Y, YANG X Government subsidies for the Chinese photovoltaic industry[J]. Energy policy, 2016., 99: 111-119.

[339] XU K, HUANG K, XU E. Giving fish or teaching to fish? An empirical study of the effects of government research and development policies[J]. R&D management, 2014, 44 (5): 484-497.

[340] YAM R C, GUAN J C, PUN K F, et al. An audit of technological innovation capabilities in Chinese firms: some empirical findings in Beijing, China[J]. Research policy, 2004, 33 (8): 1123-1140.

[341] YU F, GUO Y, LE-NGUYEN K, et al. The impact of government subsidies and enterprises' R&D investment: a panel data study from renewable energy in China[J]. Energy policy, 2016, 89: 106-113.

[342] ZAHRA S A, GEORGE G. Absorptive capacity: a review, reconceptualization, and extension[J]. Academy of management review, 2002, 27 (2): 185-203.

[343] ZENG S X, XIE X M, TAM C M. Relationship between cooperation networks and innovation performance of SMEs[J]. Technovation, 2010, 30 (3): 181-194.

[344] ZHANG J, TAN J, WONG P K. When does investment in political ties improve firm performance? The contingent effect of innovation activities[J]. Asia pacific journal of management, 2015, 32 (2): 363-387.

[345] ZHANG W, JIANG Y, ZHANG W. Capabilities for collaborative innovation of technological alliance: a knowledge-based view[J]. IEEE transactions on engineering management, 2021, 68 (6): 1734-1744.

[346] ZHAO B, ZIEDONIS R. State governments as financiers of technology startups: evidence from Michigan's R&D loan program[J]. Research policy, 2020, 49 (4): 103926.

[347] ZHAO J, LI Y, LIU Y. Organizational learning, managerial ties, and radical innovation: evidence from an emerging economy[J]. IEEE transactions on engineering management, 2016, 63 (4): 489-499.

[348] ZHENG W, SINGH K, MITCHELL W. Buffering and enabling: the impact of interlocking political ties on firm survival and sales growth[J]. Strategic management journal, 2015, 36 (11): 1615-1636.

[349] ZHOU J, LI J, JIAO H, et al. The more funding the better? The moderating role of knowledge stock on the effects of different government-funded research projects on firm innovation in Chinese cultural and creative industries[J]. Technovation, 2020, 92-93: 102059.

[350] ZHOU K Z, LI C B. How knowledge affects radical innovation: knowledge base, market knowledge acquisition, and internal knowledge sharing[J]. Strategic management journal, 2012, 33 (9): 1090-1102.

[351] ZHOU Y, XU G, MINSHALL T, et al. How do public demonstration projects promote green-manufacturing technologies? A case study from China[J]. Sustainable development, 2015, 23 (4): 217-231.

[352] ZIMMERMAN M A, ZEITZ G J. Beyond survival: achieving new venture growth by building legitimacy[J]. Academy of management review, 2002, 27 (3): 414-431.

[353] ZOU Y, ZHAO W. Anatomy of Tsinghua university science park in China: institutional evolution and assessment[J]. The journal of technology transfer, 2014, 39 (5): 663-674.

[354] ZUNIGA-VICENTE J A, ALONSO-BORREGO C, FORCADELL F J, et al. Assessing the effect of public subsidies on firm R&D investment: a survey[J]. Journal of economic surveys, 2014, 28 (1): 36-67.

后记

　　书稿源于我博士研究生期间的研究，并结合了我在清华大学从事教职后的一系列学术和政策研究，是对我从 2015 年以来近九年研究的总结。

　　本书的主题源自博士研究生期间和我的导师柳卸林老师所做的一项江苏省科技厅的政府咨询项目。2017 年，项目中期交流时，省科技厅相关同志介绍道："从实践角度出发，他们认为研发补贴最大的贡献可能不是促进了企业多少专利产出，对于江苏省研发补贴而言，他们觉得一方面是通过研发补贴为当地企业提供了机会去学习如何做研发，另一方面是推动了一些江苏的传统制造业企业去做了些新的事情。"其中，一个故事让我颇为印象深刻。一家江苏从事传统纺织的企业想要去发展纺织新材料，虽然这也不是什么特别"高大上"的研发活动，但是对这家从事纺织的企业而言却是一项新的技术，需要去学习新的知识，如能成功则肯定是可以帮助这家企业在价值链上的地位得到提升。但是，这家企业一开始心里"打鼓"，怕钱投进去做不成。江苏省科技厅相关单位了解到情况后，鼓励该企业申请相关研发补贴，申请成功后拨付了一笔专项经费。虽然数额不大，却给这家企业吃下了"定心丸"，最终经过三年的努力完成了新材料的研发。

　　这个鲜活的故事为我当时的研发补贴政策研究展开了一个全新的视角。我意识到，这实际上也是我国大量企业所面临的抉择与挑战，尤其是在强调产业升级的当下。对于企业而言，创新也许并不完全是前沿科技的研发，还有一大部分是在于企业能否走出自己的"舒适区"，进入对于自己而言全新的技术领域，来完成技术的转型升级，即使这项技术已经是完全成熟的。我当时脑海中的第一反应是"研发补贴""组织学习"和在欧洲学习时接触到的"行为附加性"。这三者形成了奇妙的化学反应，于是在回京的火车上，

后记

我与柳老师讨论，旋即确定了我的博士论文题目："研发补贴、行为附加性和企业创新产出：一个学习视角"。之后，随着我对理论的更深刻的理解以及在该领域的进一步深耕，我最终确定了本书的主题——政府研发补贴与企业探索性创新。

本书的成稿离不开和众多资深专家、青年学者们的交流、讨论与合作。在此，要由衷感谢为本书内容作出贡献的胡依梅、张焕人、张思、杨培培、吴君毅、董彩婷、朱子钦、戴培超、张容嘉、方元欣、陆帆、许丽颖。他们来自国内、丹麦和英国的多所高校，都一直与我保持十分紧密的合作关系，互相砥砺。特别感谢清华大学公共管理学院的薛澜老师和周源老师，对我工作上的关心以及在政策与学术研究方面的悉心指导。还要感谢江苏省科技发展战略研究院的张华、马永浩等同志，与他们的访谈和交流，帮助我从政策提供者和执行者的角度思考问题，使该书研究既能"顶天"，又可"立地"。

借此机会，感谢我在中国科学院大学经济与管理学院的博士研究生导师，柳卸林老师。他一直关心和支持我的学术研究，传授他对于创新管理与创新政策的研究真谛。尤其感谢柳老师为本书作序，给我以鼓励和肯定。

本书获得了国家自然科学基金青年科学基金项目（No.72104121）的资助，在此致谢！

感谢清华大学出版社和本书的责任编辑徐永杰老师，他们专业、认真的工作确保了本书的编辑质量。

由于自己的学力、学识和思想深度有限，恐对许多问题的思考深度不足，书稿难免存在不足之处，敬请广大读者不吝赐教！

目前，我国正处于新发展阶段，在加快实现高水平科技自立自强的过程中，为科技创新政策与创新理论的研究提供了丰富的素材。我希望自己的研究可以为我国促进高质量发展和实现中国式现代化贡献一份微不足道的力量。

高雨辰

2024 年 1 月 25 日

于清华园